公認心理師のための

「心理査定」講義

HARUHIKO SHIMOYAMA
監 修 下山晴彦／編 著［講義］ HARUHIKO SHIMOYAMA JUN MIYAGAWA OSAMU MATSUDA YOSHIHIKO KUNISATO 下山晴彦・宮川 純・松田 修・国里愛彦

JUN MIYAGAWA
編集協力［講義メモ & 確認問題］ 宮川 純

北大路書房

「**臨床心理フロンティア**」は，**講義動画**と組み合わせて**現代臨床心理学**の最重要テーマを学ぶ画期的なテキストシリーズです。しかも，本書は，単に動画を学ぶためのテキストというだけでなく，下記のように読者の学習を支援するユニークな工夫がされています。

①いずれの講義でもその領域の重要語を解説する「**講義メモ**」がついているので，初学者でも安心して学習を深めることができます。
②講義の終わりには「**確認問題**」がついているので，ご自身の習得度をチェックでき，試験対策としても活用できます。
③巻末には関連する法律を掲載するなど，テーマごとに専門活動を深めるための**付録**がついているので，現場の心理職の専門技能の強化にも役立ちます。

したがって，本シリーズの読者は，本書を活用することで，日本を代表する現代臨床心理学のエキスパートの，密度の濃い講義を視聴し，そこで解説される最新の知識と技法を的確に習得し，専門性を高めることができます。

日本の心理職は，公認心理師法施行によって，新たな地平（**フロンティア**）に大きな一歩を踏み出しました。そして，国家資格をもつ専門職として，国民のニーズに責任をもって応えていくために，臨床心理学の最新の知識と技能を実践できることが義務となりました。これから公認心理師を目指す人はもちろん，これまでメンタルヘルス活動を実践してきた心理職も，現代臨床心理学を改めて学ぶことが必要となっています。

幸いなことに，現代臨床心理学の最重要テーマについては，臨床心理 iNEXT が e-ラーニング教材として講義動画プログラム「臨床心理フロンティア」を公開しています。本シリーズは，この臨床心理フロンティア動画の講義ノートとして作成されたものです。

もちろん本シリーズの書籍は，テキストを読むだけでも，最先端（**フロンティア**）の現代臨床心理学を学ぶことができます。しかし，臨床心理フロンティアの講義動画を視聴したうえで，本書を活用することで，知識と技能の習得度は飛躍的に高まります。本書では，各講義における重要語句を**太字**で示すとともに，要点となる箇所には下線（点線）を引いて強調してあります。ですので，読者は，注意を集中すべきポイントを押さえながら講義を聴くことができます。

なお，臨床心理フロンティアの講義動画の視聴には申請が必要です。

申請サイト　https://cpnext.pro/
申請できる条件
［心理職］公認心理師，臨床心理士，臨床心理 iNEXT 会員
［心理職を目指す方］公認心理師や臨床心理士といった心理職になることに関心がある人

上記条件を満たす方は，申請サイトの「フロンティア会員登録」のボタンをクリックし，臨床心理 iNEXT の会員登録の申請をしてください。登録が完了した場合，番組を無料で視聴できます。なお，臨床心理 iNEXT の会員登録の申請受付は，2020 年 4 月からです。

本シリーズは，臨床心理フロンティアの主要な講義動画をカバーできるように，順次書籍を出版していきます。シリーズテキストは，いずれも公認心理師の養成カリキュラムや国家試験にも対応する内容となっています。多くの皆様が本シリーズをとおして現代臨床心理学を学び，心理職としての専門性を高めていくことを祈念しております。

シリーズ監修　下山 晴彦

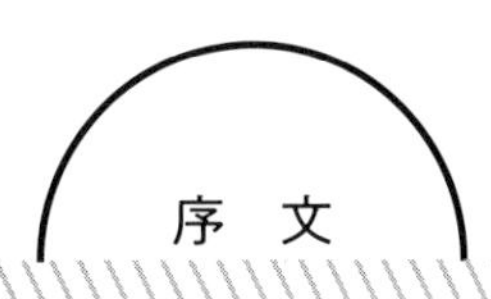

序文

本書は，心理職の基本技能である「心理査定」を解説したテキストです。心理査定は，「心理的アセスメント」とも呼ばれており，本書では両者を併用しています。

心理査定は，解決すべき心理的問題に関するデータを収集し，そのデータを分析して問題の成り立ちを明らかにしていくための活動です。問題がどのように成立し，維持されているのかがわからないと，問題解決に向けて，適切な心理的な支援や介入ができません。その点で心理査定は，心理職にとって非常に重要な技能となっています。

公認心理師法第２条において公認心理師は，「保健医療，福祉，教育その他の分野において，心理学に関する専門知識及び技術をもって，次に掲げる行為を行うことを業とする者」と定義されています。そして，その行為として，次の４つがあげられています（要約を掲載）。

心理支援を要する者の心理状態の観察，その結果の分析
心理支援を要する者の，心理に関する相談，助言，指導その他の援助
心理支援を要する者の関係者に対する相談，助言，指導その他の援助
心の健康に関する知識の普及を図るための教育および情報の提供

ここで，最初に「心理状態の観察，その結果の分析」としてあげられている業務が心理査定です。では，この心理査定を適切に実施するためには，どのような専門的な知識や技術が必要なのでしょうか。心理状態を観察するだけでよいのでしょうか。結果の分析とはどのように行なうのでしょうか。精神障害の診断とはどのように異なっているのでしょうか。

本書を読むことで，このような疑問に答えることができるようになります。答えを少し先取りしてお伝えするならば，心理査定は，心理状態の観察をするだけでは実施できません。観察法だけでなく，面接法や検査法を用いて，心理状態に関連する多様なデータを収集する必要があります。多様なデータとは，心理状態だけでなく，それと関連する生物的（生理的）なデータや社会的データも含まれることになります。このような多様なデータを分析し，心理職がかかわる問題の成り立ちを明らかにしていくのが心理査定ということになります。

本書では，まずPART 1で，イントロダクションとして「心理査定とはどのようなものか」をテーマとして，心理査定の技法全体を体系的に解説します。そして，面接法を中心とする心理査定によって問題をどのように理解していくのかについて事例を用いて説明します。次にPART 2では，心理検査法を体系的に解説します。心理検査法は，質問紙法や投影法などさまざまな技法があり，さらに対象も，性格や発達など多様な側面を査定する検査法があります。このように多岐にわたる心理検査をわかりやすく分類整理して説明を行ないます。PART 3では，子どもの学習能力との関連や高齢者の認知機能障害など，幅広く知的能力を査定する方法として重視されている知能

検査の活用について解説します。最後のPART 4では，近年発展が著しい脳科学の知見を前提とする脳画像検査を中心に神経心理学的検査を解説します。ここでは，脳の構造なども学ぶことができます。

このように本書は，心理職の必須技能である心理査定の知識と技能を，幅広く，しかも体系的に解説したテキストです。要所要所にイラストを提示し，ビジュアルの面からも理解を深めることができるように工夫してあります。本書の各PARTの著者が実際に本書の内容を具体的に，わかりやすく解説している臨床心理iNEXT動画講義とともに活用していただけるとさらに理解が深まります。

本書の内容は，初学者が心理査定を最初に学ぶ入門レベルから説き起こし，最終的な公認心理師試験の準備に役立つレベルの専門的な解説となっております。心理査定（心理的アセスメント）の学部カリキュラムのテキストとして，さらに公認心理師試験の受験参考書として広く活用していただき，心理職の技能向上に役立つことを祈念しております。

下山 晴彦

目次

PART 2　公認心理師のための心理検査概論

PART 4 心理職のための神経科学入門

PART 1

臨床心理アセスメント 基本講義

生物－心理－社会モデルに基づくクライエントの多面的理解，観察・面接・検査に基づくデータ収集の方法，初回面接における関係形成と情報収集のポイントなど，心理アセスメントとは何かを包括的に学びます。

講 義

下山晴彦

跡見学園女子大学心理学部　教授

0 はじめに：講義の概略

1. 公認心理師の業務

臨床心理アセスメントの基本講義を担当する下山です。よろしくお願いします。まず，講義の概略をお話しします。表 0-1 をご覧ください。

表 0-1　公認心理師の業務（公認心理師法第１章第２条）

「公認心理師」とは，…心理学に関する専門的知識及び技術をもって，次に掲げる行為を行うことを業とする者をいう。
1. 心理支援を要する者の心理状態の観察，その結果を分析　→**心理的アセスメント** 2. 心理支援を要する者の，心理に関する相談，助言，指導その他の援助　→**本人支援技能（※心理療法のみではない）** 3. 心理支援を要する者の関係者に対する相談，助言，指導その他の援助　→**関係者支援（コンサルテーション・リエゾン）技能** 4. 心の健康に関する知識の普及を図るための教育及び情報の提供　→**コミュニティ支援技能**

これは，公認心理師法第１章第２条に書かれている公認心理師の業務です。本講義は，この中の１に注目します。心理支援を要する者の心理状態の観察，その結果を分析すること，これが**心理的アセスメント**です。この心理的アセスメントは，公認心理師の業務の４本柱の一つです。一番最初に学ばなければならない，そして一番最初に実践しなればならないという意味で，とても重要なものです。

2. 心理的アセスメントとは

では，心理的アセスメントとはどのようなものでしょうか。心理的アセスメントを理解するために，まず心理職の実践活動を整理してみましょう。図0-1をご覧ください。

まず**社会**という場があります。その中で，社会のメンバーはそれぞれの人生を生きているわけです。そして，社会における生活の場で何か問題が起きてきます。すると問題の当事者や関係者が**クライエント**（来談者）になって相談の申し込みをします。

そして，心理相談機関に受付します。その後，最初に行なわれるのが**アセスメント**になります。「問題点は何だろう」ということをお聴きしていき，その中で「この問題はどのように起きてしまったんだろう」「どのように続いているんだろう」「何が問題の本質なんだろう」という問題の成り立ちを理解していきます。これが，**ケース・フォーミュレーション**[01]です。ケース・フォーミュ

講義メモ

01 ケース・フォーミュレーション　心理的アセスメントの対象となっている問題に関する情報を体系的に収集し，それらを整理・統合して生成された問題の成り立ちに関する作業仮説のこと。詳細は次章参照。

02 クライエント中心療法　ロジャース（Rogers, C.）による，クライエントの自己実現を支援する非指示的心理療法。理想とする自分と現実の自分のズレが，不適応の原因とみなす理論に基づく。

03 心理力動療法　フロイト（Freud, S.）に代表される精神分析的アプローチを用いた心理療法の総称。無意識に抑圧された過去の心的外傷経験が不適応の原因とみなす理論に基づく。

04 認知心理学　言語や思考，記憶など人間の情報処理過程に注目した心理学の領域。

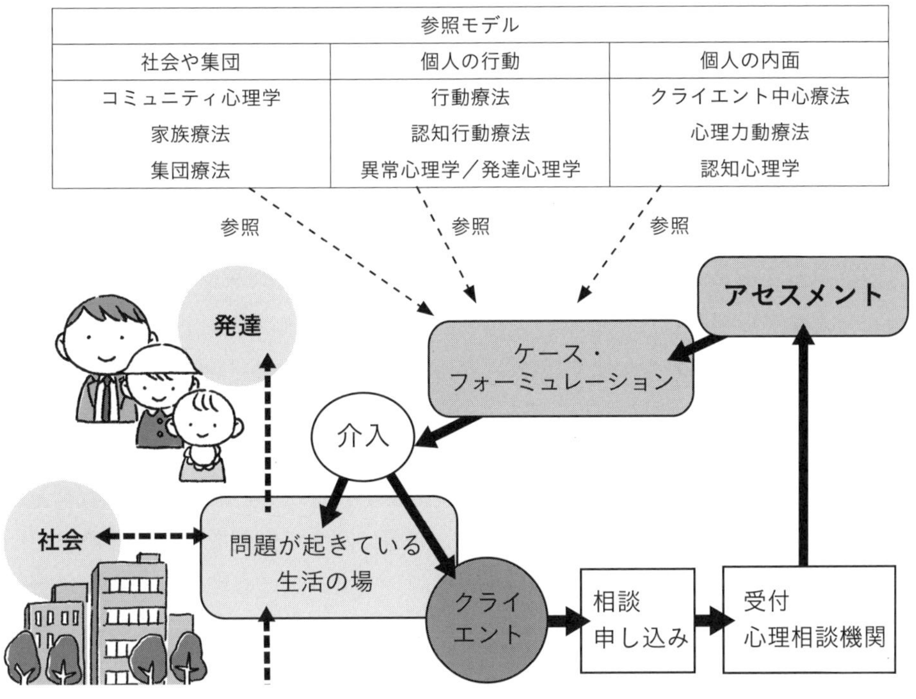

図 0-1　心理職の実践活動

レーションは，アセスメントの一部という理解でよいと思います。

ケース・フォーミュレーションを形成するときには，さまざまなモデルを参照します。個人の内面を見る場合には，クライエント中心療法[02]や心理力動療法[03]，認知心理学[04]などが役に立ちます。個人の行動を見る場合は，行動療法[05]，認知行動療法[06]，あるいは異常心理学[07]や発達心理学[08]などが役に立ちます。社会や集団という生活の部分を見る場合は，コミュニティ心理学[09]や，家族療法[10]，集団療法[11]などをモデルとして参照しながら，問題点が何かを見ていきます。

問題点が見えてきたら，介入していきます。介入はクライエントの内面や行動に介入していく場合もあれば，問題が起きているクライエントと周囲の環境との相互作用に介入していく場合もあります。たとえば学校で学級崩壊が起きて，とても学校に行ける状態でなければ，クライエントが生活している環境である学校というコミュニティに介入し，クライエントと環境との相互作用を調整し，改善していかなければなりません。

このように，相談を始めたときに最初に行なうべき，クライエントを理解する過程がアセスメントであり，ケース・フォーミュ

宮川 純（河合塾 KALS 講師）

05 行動療法　条件づけなど学習理論を用いた心理療法の総称。不適応行動の学習と，適応行動の未学習が不適応の原因とみなす理論に基づく。

06 認知行動療法　前述の行動療法の技法に，人間の情報処理過程に注目した認知療法の技法を適宜組み合わせるかたちでクライエントの問題解決を目指す心理療法。

07 異常心理学　心理機能の障害に関する心理学研究の成果に基づき，心理状態の異常性のメカニズムを明らかにする心理学の領域。

08 発達心理学　生まれてから死にいたるまでの一連の変化の過程を追う心理学の領域。

レーションです。本講義ではこの部分を扱っていきます。

3. 架空の事例の紹介

本講義ではわかりやすくするために，架空の事例を交えながら紹介したいと思います。具体的には，教室に入れないという主訴をもつ「心理君」という人がいたとします。

心理君（主訴：教室に入れない）

泣いてじっとして動かない。教室に入ろうとしない。学校から逃げ帰ってしまう。心理君に何が起きているんでしょうか。心理君の問題をどのように理解したらよいでしょうか。これらのことを明らかにするために，心理師がどのようにアセスメントしたらよいか，本講義の中で見ていきたいと思います。

4. 講義の構成

講義の構成は，次のとおりです。

1. 心理的アセスメントとは何か
2. 心理的アセスメントにおけるデータ収集
3. 心理的アセスメントの方法
4. 心理的アセスメントとしての初回面接
5. 心理的アセスメントの要点

まず心理的アセスメントは何かについて，問題に関する情報を処理する過程として解説します。次に心理的アセスメントにおけるデータ収集について，生物－心理－社会モデルに基づくデータの重要性を解説します。その次に，心理的アセスメントの方法として面接法，観察法，検査法のそれぞれについて，どのようなものかを紹介します。

その後に，心理的アセスメントを実施する面接法である初回面接を解説します。初回面接においては，関係形成と情報収集が重要となります。詳しい手続きは，心理系大学院で学ぶことになります。ただ，学部においても初回面接がどんなものかを知っておくことは必要です。最後に心理的アセスメントの要点を見直します。これは精神学的診断との違いということに注目して説明します。

講義メモ

09 コミュニティ心理学　個人だけではなく，個人の所属するコミュニティに働きかけていくことを目指す心理学の領域。
10 家族療法　家族システム全体の悪循環が問題であると考え，家族全体に介入していく心理療法の総称。
11 集団療法　複数のクライエントが集まって行なう心理療法の総称。クライエント同士の交流が期待される。

心理的アセスメントとは何か

1 心理的アセスメントの定義とそのプロセス

それでは，心理的アセスメントとは何かということで，まずは心理的アセスメントの定義を確認します。以下をご覧ください。

ポイント1　心理的アセスメントの定義

・心理的援助を必要とする問題（個人または事態）について，その人格，状況，規定因に関する情報を系統的に収集し，分析し，その結果を総合して問題への介入方針を決定するための作業仮説を生成する**情報処理の過程**

心理的アセスメントとは，上記のように理解できます。特に**情報処理の過程**という点が，とても重要です。どのようなデータを取り，どのように分析し，どのようにそれを総合して問題を理解していくか，その過程は，次のようにまとめることができます。なお，作業仮説については次のページで説明します。

ポイント2　心理的アセスメントのプロセス

・心理的アセスメント：クライエントとの対話をとおして問題に関する仮説を生成する協働作業

主訴　問題に関するクライエントなりの主観的判断・理解

↓

仮説　問題に関するデータを収集・分析し，事実を確認しながら，問題の成り立ちについての作業仮説（ケース・フォーミュレーション）を生成

↓

検討　作業仮説をクライエントに提示し，相互に検討

↓

合意　両者が合意できる問題理解の仮説構造

心理的アセスメントとは，データを収集し，分析することを通じて問題の成り立ちに関する作業仮説を生成する作業です。作業仮説とは，決定的なものではなく「多分こうだろうな」という仮説であることを理解しておいてください。そのため，必要に応じて後から仮説を修正していくことが重要になります。

したがって，ここで述べられている**作業仮説**とは，適切な介入をするための仮説のことです。つまり，心理的アセスメントにおいて「なぜ情報を収集するのか」というと，作業仮説としてケース・フォーミュレーションを作成し，適切な介入を行なうためです。ですから，心理的アセスメントとケース・フォーミュレーションは，切っても切れない関係にあります。以下では，作業仮説は仮説と略して記載します。

講義メモ

01 主訴　クライエントが相談機関に改善や解決を求めていること。クライエントにとって，解決すべき問題と考えている内容のこと。

まずはクライエント（来談者）は，**主訴**[01]をもってこられます。主訴は，問題に対するクライエントなりの判断・理解であり，かなり主観的であることが多いのです。よって，クライエントの主訴は心理的アセスメントにおいて重要ですが，話されている内容が正確ではない可能性に注意する必要があります。そして，情報をいろいろなかたちで確認しながら，問題の成り立ちに関する**仮説**（ケース・フォーミュレーション）を生成していきます。

問題はどのように成り立っているのかという仮説ができたならば，次にその仮説（ケース・フォーミュレーション）をクライエントに提示・説明し，「これでいいでしょうか」と仮説の内容をともに検討していく段階となります。そして，仮説を相互に検討し合意ができたならば，その仮説をもとに問題解決に向けて動き出していきます。このような説明と合意を，**インフォームド・コンセント**と言い，心理職の活動において非常に重要なものとなります。

以上が心理的アセスメントのプロセスになります。なお，上記で紹介したケース・フォーミュレーションは，次のように定義されます。

ポイント3　**ケース・フォーミュレーション**

- 心理的アセスメントの対象となっている問題に関する情報を体系的に収集し，それらを整理・統合して生成された問題の成り立ちに関する仮説をケース・フォーミュレーションと呼ぶ

▶心理的アセスメントの目標：ケース・フォーミュレーションを作成すること

2 「心理君」の心理的アセスメント

さて，本講義で扱う「教室に入れない心理君」の事例をもとに，これまでお話しした内容を確認しましょう。

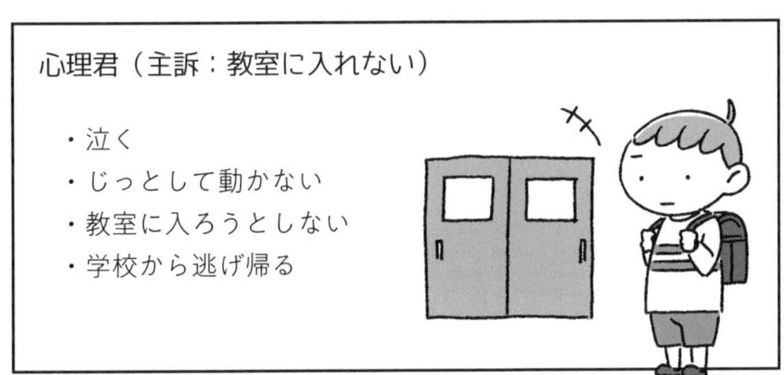

＊心理君に何が起きているのでしょうか？
＊心理君の“問題”をどのように理解したらよいでしょうか？

心理君自身あるいは心理君のご家族を含めた主訴は，「心理君が泣いて，動けなくなって教室に入れない」「教室に入ろうとしない」「学校から逃げ帰ってしまう」「どのようにしたらよいのか」というものです。心理君に何が起きているのでしょうか。心理君の問題をどのように理解したらよいかについて，心理的アセスメントをしてみましょう。

まずは図 1-1 の「**行動　表現**」のところを見てください。「教室に入れない」とあります。この部分が問題行動であり，主訴になっています。心

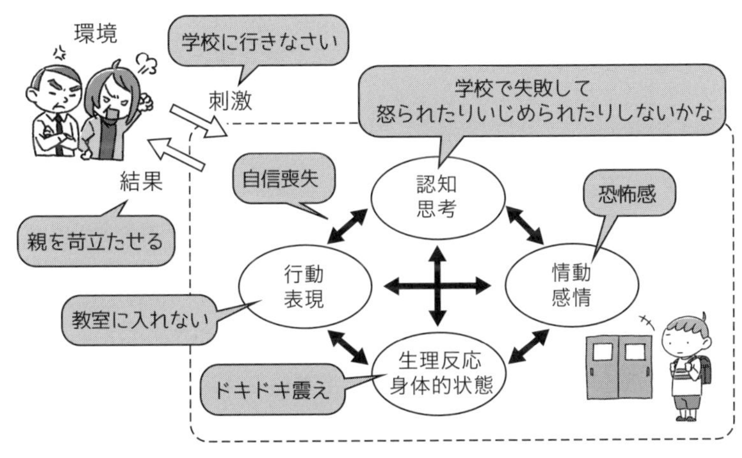

図 1-1　主訴の背景にある問題

理君や心理君のご家族は，このことだけが問題だと思って相談に来ています。

ところが，問題はこれですべてでしょうか。よく話を聴いてみると，お母さんが「学校に行きなさい」と，しきりに言っているようです。すると心理君は「学校で失敗して，先生に怒られないかな，友だちにいじめられたりしないかな」と，心配ばかりしています。これは，過度の心配という点で否定的な面への「考え方の偏り」が生じているといえます。

多くのお子さんは登校時に「学校行ったら何しようかな？」「友だちと鬼ごっこしようかな？」「今日は何の勉強しようかな」などを考えることが多いでしょう。ところが「怒られないかな」「いじめられないかな」と考えていると，恐怖感や不安感といった感情や情動が生じます。さらに生理的反応としてはドキドキや震えが出ます。

「教室に入れない」という行動面の問題は確かにあります。しかし，その前から「考え方の偏り」であったり,「感情的な恐怖感」をもっていたり，学校に行く前から「動悸や震え」が増えていたりします。これらも大きな問題なわけです。

さらに，教室に入れなかったりすることで，もともと厳しい両親を苛立たせる可能性があります。お父さんお母さんが「これでは困るじゃない。親に恥をかかせないで」と厳しく叱ります。すると，さらに心理君は自信喪失してしまい，「怒られないかな」「教室に入れないから友だちからいじめられるよな，きっと」となり，不安や緊張が増大していきます。

つまり問題は，単に教室に入れないだけではなくて，それにまつわるさまざまな行動や要因がかかわっているのです。考え方（**認知**）や**感情**，生理反応や身体的状態もかかわってきます。そして**環境**です。ご家族の環境，学校の環境もかかわってきます。こういうことが主訴の背景にあります。このような背景を組み取っていかなければ，問題を理解することはできません。

3　主訴は問題の一部

主訴は問題の一部にすぎません。図 1-2 をご覧ください。

図の行動の部分には「泣く」「じっとして動かない」「教室に入ろうとしない」「学校から逃げ帰る」とあり，これらが問題のように見えます。

しかし実は，認知（考え方），感情，生理的な反応が問題の成り立ちの要因となっています。さらに，登校刺激としての「学校に行きなさい」という母親の声などは，彼にとって，とてもきつい刺激要因になっています。これら全体が問題なのです。つまり，このプロセスが，結果とし

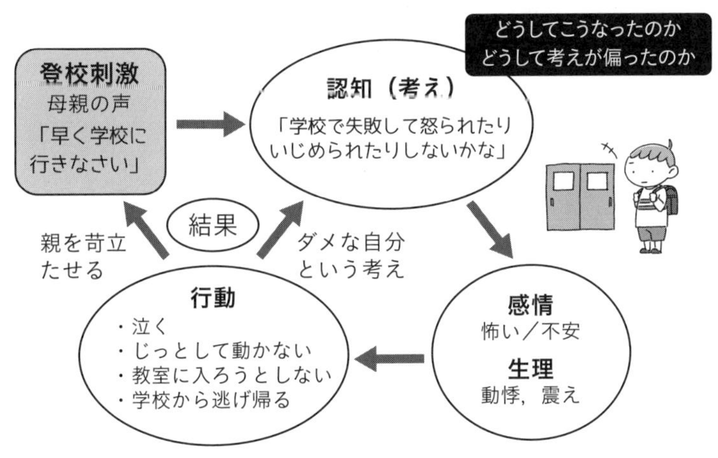

図 1-2　主訴は，問題の一部でしかない

て悪循環を起こしていることが問題なのです。問題は単一の要因ではなく，さまざまな要因がかかわりあって成り立っているということを理解できないと，問題解決は難しくなります。

心理師が心理君の主訴である行動面だけに注目して，その行動を改善しようとして「学校に行きなさい」と厳しく言ってしまったならば，どうなるでしょうか。その対応は両親と同じなので，ますます心理君を追い詰めてしまう可能性があります。よって，心理的アセスメントにおいては，主訴のみ理解しようとするのではなく，問題の全体を理解することが必要です。

4　問題が形成されたプロセス

では，次に「どうしてこうなったのか」「どうしてこんなに考えが偏ってしまったのか」という，問題が形成されたプロセスも確認していきましょう。問題は一晩で発生したわけではありません。ですから，問題の発生経過も見なければならないのです。

心理君について，発達検査や知能検査などの結果も含めて情報をいろいろ集めたところ，新たなことがわかってきたことがありました。心理君は，他者の意図や会話の理解，状況や文脈を読むことが非常に苦手だということが，検査からわかってきたのです。どうやら心理君には，自閉スペクトラム症[02]の傾向が一次的な障害としてあったようです。ポイント 4 をご覧ください。

講義メモ

02 自閉スペクトラム症　コミュニケーションの困難さとこだわりの強さを主な特徴とする発達障害の一つ。ASD と略されることが多い。

詳しくは，本シリーズ『臨床心理フロンティア　公認心理師のための「発達障害」講義』を参照。

また，発達検査・知能検査については，本書 PART 2「4 知能検査・発達検査」を参照。

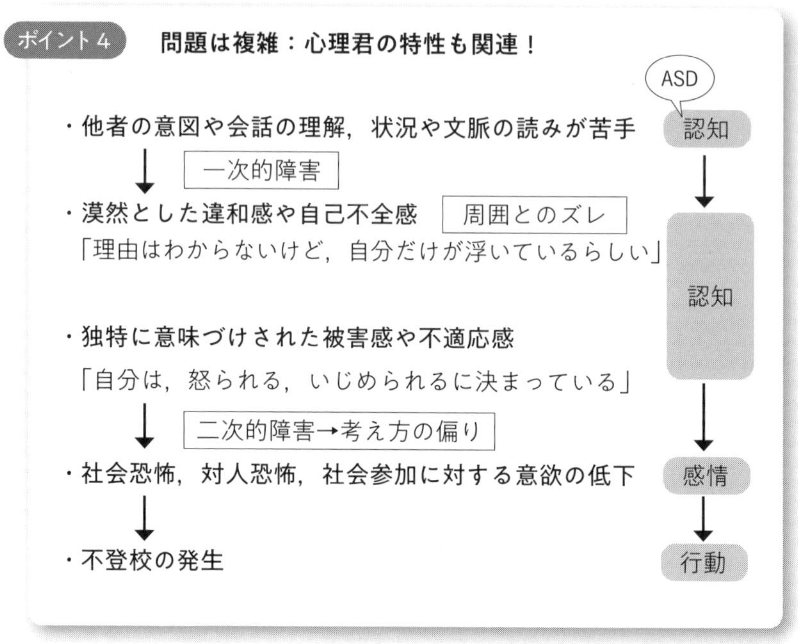

さらに情報を集めてみると心理君は，漠然とした違和感や自己不全感を感じていたようです。「理由はわからないけど，自分だけが浮いているらしい」と，心理君は周囲とのズレを感じていたのです。両親も心理君の考え方や行動は他の多くの子とは「何か違うな」と感じていたこともわかってきました。

周囲とズレていますから，からかわれたり無視されたり，場合によってはいじめられたりします。そうすると，ますます心理君独特の意味づけられた被害感や不適応感が出てきます。ポイント４にありますように「自

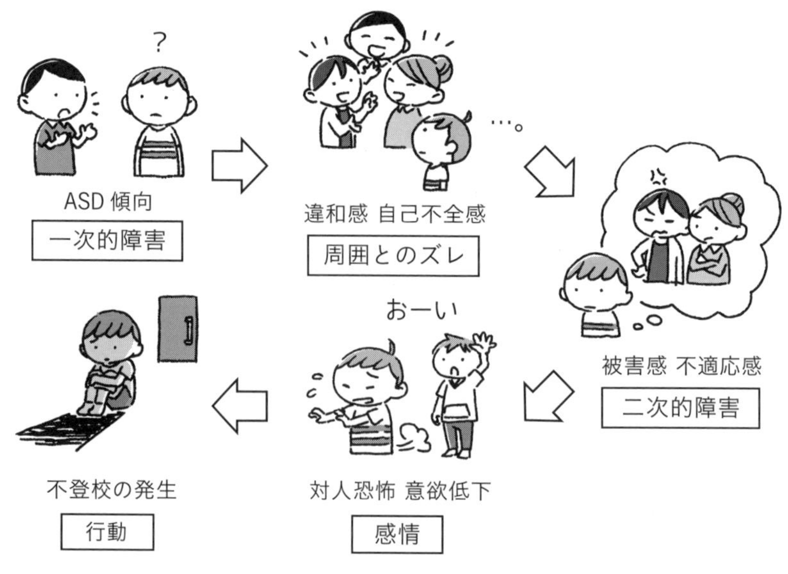

分は，怒られる，いじめられるに決まっている」という二次的な障害として，考え方の偏りが出てきます。

そして，このような心理君の認知の問題から，恐怖感が出てきてしまいます。社会恐怖，対人恐怖，社会参加に対する意欲の低下といった感情の問題が出てきます。そして，不登校の発生という問題行動が起きてくるわけです。

このように問題が形成されたプロセスを見ていかないと「学校に行けなくなった心理君」という表面的な理解にとどまってしまいます。「問題がどのように形成され，維持されているのか」という，問題の全体構造を見ていく作業が心理的アセスメントです。

5 心理的アセスメントで扱う事柄

心理的アセスメントで扱う事柄をまとめましょう。

ポイント5 心理的アセスメントで扱う事柄

- 主訴は何か？
- 問題は何か？
- 問題を成り立たせている要因は何か？
  ▶ケース・フォーミュレーション
- どのように問題解決をするか？
  ▶介入支援の方法
- 介入方針をどのように説明し，同意を得るか？
  ▶インフォームド・コンセント

まずは入り口として「主訴は何か」をしっかり聴かなければなりません。しかし，その主訴は問題のすべてではないことが，心理君の例でわかっていただけたと思います。そこで改めて主訴の背景にある「問題は何か」を理解する必要があります。また，その問題を成り立たせている要因は何かを確認し，その理解を総合して問題の成り立ちに関する仮説を立てます。この仮説が，ケース・フォーミュレーションになるわけです。ケース・フォーミュレーションがあって初めて，どのように問題を解決するのかが明確になってきます。そこで，介入支援の方針を立てていきます。その内容をクライエントに説明し，同意を得ていきます。それが，インフォームド・コンセントになります。

以上の内容が心理的アセスメントで行なうことになります。次章では，これらの内容を具体的にどのように進めていくか，見ていきます。

まとめ

・心理的アセスメントとは，心理的支援を必要とする問題について，情報を系統的に収集・分析し，問題への介入方針を決定するための作業仮説を生成する，情報処理の過程のことである。
・主訴は重要だが，問題の一部にすぎない。
・心理的アセスメントにおいては，問題の成り立ちに関する仮説であるケース・フォーミュレーションの形成が重要となる。

心理的アセスメントにおけるデータ収集

1 情報の収集段階

本章では，心理的アセスメントにおけるデータ収集に関する説明をしていきます。まずは以下をご覧ください。

ポイント1　情報の収集段階

- データ収集法には面接法，検査法，観察法がある
- 主要情報は面接で収集し，必要に応じて検査や観察を加える
- 発達障害や知的障害が想定される場合には，面接法だけでなく，検査法（知能検査・発達検査等）や観察法による情報収集を行なう
- 親や教師，上司や知人に言われて来た場合や問題行動を起こし送致された場合には，まず信頼関係を形成することが重要となる

適切な情報を得るためには，まずクライエントとの**協働関係**の形成が前提になります。クライエントは，心理職との間に信頼関係ができていなければ，「自分の秘密や恥ずかしいことを話そう，伝えてみよう」と思わないでしょう。したがって，信頼関係がなければ，心理的アセスメントで適切な情報を得ることができないのです。クライエントとの間に「協働して問題を解決していこう」という信頼関係を作ることが，心理的アセスメントではまず何においても重要になります。

本講義で例としてあげている「心理君」は，親に連れられて来ました。会社であれば上司に連れてこられる場合が，学校では教師に「相談に行きなさい」と言われて来た，あるいは教師に連れられて来た場合があるでしょう。そのような場合，本人にあまりモチベーションがないので，協働関係の形成が難しくなります。したがって，協働関係の形成を丁寧に進めていく必要があります。この点については，本講義の後半で改めて説明します[01]。

情報データを収集していく方法としては，面接法，検査法，観察法があります。まず主要な情報は面接で収集し，必要に応じて検査や観察を加え

講義メモ

01 協働関係の形成　協働関係の形成については，「4　心理的アセスメントとしての初回面接」を参照。

ていきます。本講義の事例である「心理君」もそうでしたが，発達障害あるいは知的障害が想定される場合，言語のコミュニケーションが苦手なことが多くなります。そのため，面接法だけで対応すると十分な情報を取れないことになります。そのような場合には，知能検査や発達検査をしたり，観察によって行動に関する情報を収集したりします。

2 複雑な問題状況

収集するデータは，複雑かつ多様なものです。なぜ複雑なのでしょうか。問題は，複雑な状況の中で起きており，さまざまな要因がかかわっているからです。「心理君」もさまざまな要因がかかわっていました。

この問題状況の複雑さや多様さは，**生物－心理－社会モデル**[02]で見ていくと理解しやすくなります。図 2-1 をご覧ください。

講義メモ

02 生物－心理－社会モデル
問題状況や介入方針を生物学的な面，心理学的な面，社会学的な面の 3 つから把握しようとするモデル。BPS モデルとも呼ばれる。

主に医師や看護師は生物学的な面から，福祉職や行政職は社会学的な面から理解や介入を行なう。心理専門職は主に心理学的な面から理解や介入を行なうが，それだけでなく，クライエントの多元的な理解のために，生物学的な面や社会学的な面からの視点ももてることが望ましい。

生物－心理－社会モデルを用いることにより，多元的に現実を理解することができます。まず，図の中心には「**行動**」があります。問題は，行動として最初に注目されやすいのです。しかし，問題は，単に行動だけではありません。認知，思考，感情，感覚，イメージといった**心理的な面**もあります。さらには，お腹が痛くなったりなど**生物・生理的な面**もあります。発達障害やさまざまな重篤な障害は，身体的な問題ももっていたり，脳神経的なバランスの悪さがあったりします。このような認知や身体の要因が，問題行動にかかわっています。これらは，個人システムの問題と言えます。

個人システム以外には，対人関係などの**社会システムの問題**もあげら

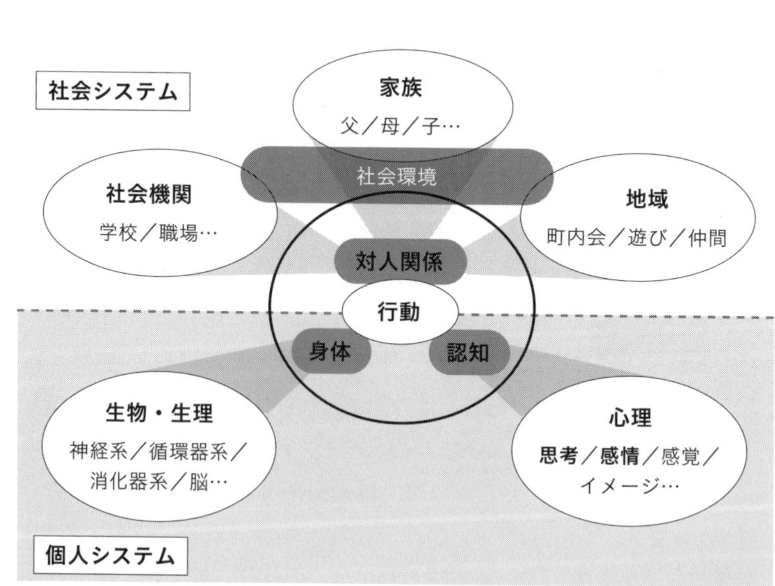

図 2-1 複雑な問題状況：生物－心理－社会モデルによる多元的現実理解

れます。たとえば，家族はどうなのか。お父さん，お母さん，あるいは兄弟姉妹の関係はどうなのか。お住いの地域がどのようなコミュニティで町内会がどうなのか，どのような仲間がいるか。悪いグループに入っていないか。社会的な機関である学校や職場が，本人にとって不安を引き起こすような場ではないか。ハラスメントがあったり，いじめがあったりすることはないか。このような社会的なシステムの問題に伴う対人関係の要因も影響して問題行動が起きてきます。

3　生物－心理－社会モデルに基づく多元的情報収集

これまで紹介してきたような複雑な状況を前提として問題を探っていかなければなりません。そのためには，多様な情報が必要です。そして，多様な情報を取るためには，ただ話を聴くだけではすみません。

まずは，認知面の理解については，面接法が重要になります。しかし，面接法だけでは，対人関係などの社会システムの情報が十分でないことがあります。ご家族との関係や学校での対人関係はどうなのかという点については，実際に観察してみたり，観察している人から情報を取ってみたりします。また，お父さんお母さんに「お子さんの家庭の中での人間関係はどうですか」と聞いてみたり，あるいは学校の先生方に「あの子は，クラスの中ではどうなんでしょうか」とお伺いして行動に関するデータを取っていくということもあります。

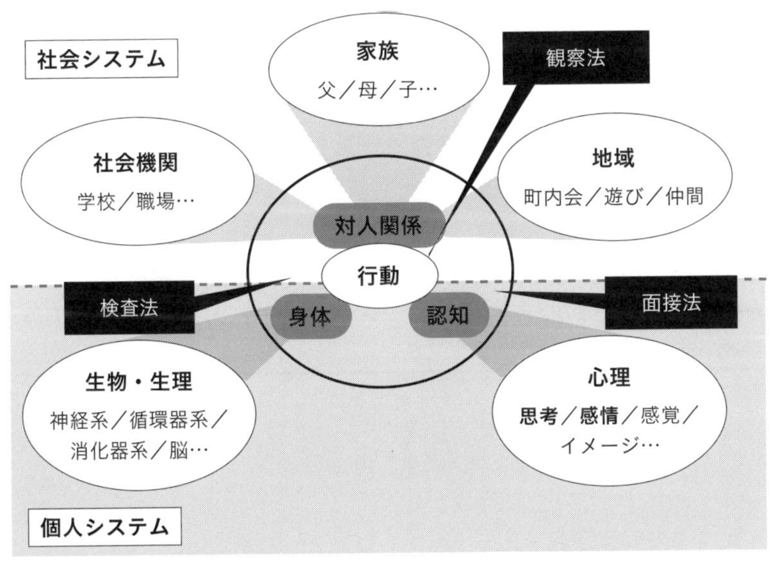

図 2-2　生物－心理－社会モデルに基づく多元的情報収集

それから，生理的な問題や脳の神経的な問題もあります。発達障害や知的障害だけでなく，脳損傷や認知症などでは，生理的な問題や脳の神経的な問題の存在が疑われます。したがって，心理職は，これら生理・神経的な情報も含めて，さまざまな状況の問題を見ていかければなりません。そのため，心理職は，心理検査だけではなく，fMRI などの脳画像検査[03]なども，ある程度知っていかなければならないわけです。

では，「心理君」はどうでしょう。心理君は認知や感情といった心理的な問題だけでなく，発達障害にかかわる生物学的要因もあったわけです。それから，どうも厳しいご家族のようでした。そのような場合は，社会的な関係も見ていかなければなりません。このように問題に関連する状況全体についての情報を取り，問題の成り立ちを見ていくことが必要となります。

面接は重要です。しかし，それだけでは不十分な場合があります。「ご家族との関係はどうなんだろう」という疑問をもち，家族関係に関する観察をすることも重要です。さらに発達障害があるとしたら，その障害としてどのような特性をもっているのかを調べるための検査をしていく必要もあります。

このようにさまざまな方法を用いてデータを集めていくことが，問題を全体として理解することにつながります。

03 脳画像検査　脳画像検査については，PART 4「心理職のための神経科学入門」を参照。

まとめ

- データの収集法には，面接法・観察法・検査法がある。
- 複雑で多様な問題状況を，生物－心理－社会モデルでとらえると，多元的に現実を理解することができる。
- 主要な情報は面接法で収集するが，家族関係や学校環境などを観察したり，個人の特性を客観的に検査で把握したりすることも必要になる。

心理的アセスメントの方法

1　心理的アセスメントのプロセス

本章では，情報を収集するための面接法，観察法，検査法のそれぞれについて，見ていきます。ただし，それぞれの方法の解説に入る前に，まずは心理的アセスメントの全体的なプロセスを確認しましょう。

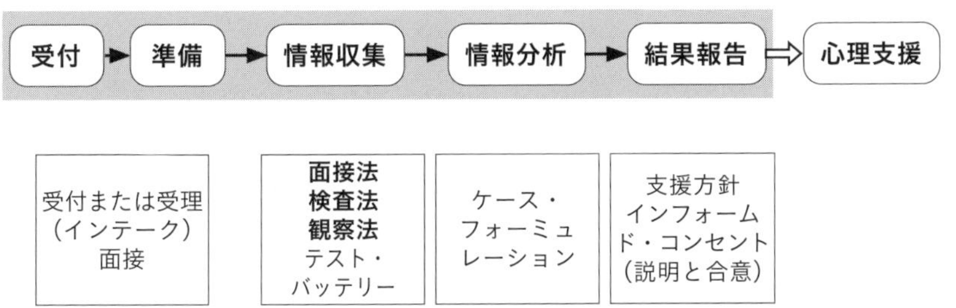

受付	情報収集	情報分析	結果報告
受付または受理（インテーク）面接	**面接法** **検査法** **観察法** テスト・バッテリー	ケース・フォーミュレーション	支援方針 インフォームド・コンセント（説明と合意）

図 3-1　心理的アセスメントのプロセス

まずは相談申し込みがあって，これを受け付けます。多くの場合は電話による受け付けとなります。しかし，最近ではネットで受け付けたりすることもあります。あるいは，まず相談機関に来ていただいたうえで，**受理（インテーク）面接**[01] をする場合もあります。このような受け付け段階で，問題についての事前情報がすでに得られていることになります。

そこで，その事前情報を参考として準備をしたうえで，本格的な心理的アセスメントを実施します。心理的アセスメントの段階では，通常はまず面接法によって問題に関する多角的な情報を収集します。ただし，受付情報から面接法以外の客観的情報が最初から求められていることもあります。そのようなときには，最初から検査をしてみる場合もありますし，観察を同時にしていく場合もあります。1つの検査では情報が不足する場合には，種類の異なる複数の検査を組み合わせた**テスト・バッテリー**[02] を実施する場合もあります。

情報収集したら，次に**ケース・フォーミュレーション**を形成します。この部分はこれまでに紹介してきました。情報を統合して，問題を分析し

講義メモ

01 受理面接　相談機関としてクライエントを受理するか否かを判断する面接。インテーク面接とも呼ぶ。

講義メモ

02 テスト・バッテリー　クライエントの多面的な理解のために，複数の検査などを組み合わせること。検査が多ければ理解が多面的になるが，結果クライエントの負担が大きくなる点に注意したい。

ていく過程になります。そして，ケース・フォーミュレーションの結果をもとに支援方針を定め，**インフォームド・コンセント**（説明と同意）をして次に進んでいくというプロセスになります。

本章では，上記の過程の情報収集における「面接法」「検査法」「観察法」について，詳しく解説していきます。

2 面接法

まずは**面接法**です。定義としては，会話をとおして情報を得る方法であり，コミュニケーションをとおして情報を得る方法とも言えます。

ポイント1 **面接法：会話をとおして情報を得る**

- **構造化（調査）面接法**：目的に関する情報を収集するための質問を系統的に行なう構造性が特徴
- **非構造化（臨床）面接法**：非面接者の自発的な語りに応じて対話を発展させる非構造性が特徴
  - ▶目的に合わせ，調査面接法と臨床面接法の割合を調整してデータを収集する

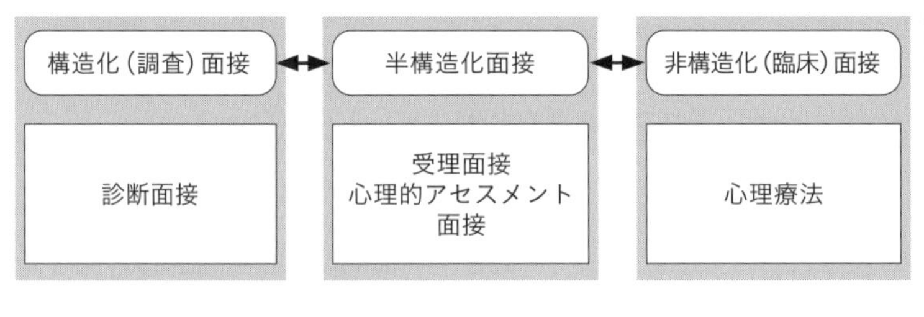

面接法は，大きく分けて**構造化面接**と，**非構造化面接**に分類できます。なお，構造化面接は調査をするために使うことが多いため，**調査面接法**とも呼ばれています。構造化面接は，目的に関する情報を収集するための質問を，系統的に行なう構造性が特徴です。どのような質問をするのかは事前に決まっています。また，話を聞くときに「この順番でこの質問をしていきましょう」という手続きも決まっています。そのように面接の枠組みが事前に決まっているという点で構造化面接ということになります。ですから，構造化面接はマニュアルがあって，それに従って聞いていくことになります。

医療現場で用いられる構造化面接としては，**診断面接**があります。DSMやICDなどの精神障害の診断マニュアル[03]があり，その枠組みに従って聞いていきます。クライエントの表現している症状内容によって適

講義メモ

03 精神障害の診断マニュアル 主にDSMとICDの２つが用いられる。

DSMとは，アメリカ精神医学会によって作成された「精神疾患の診断・統計マニュアル（Diagnostic and Statistical Manual of Mental Disorders：DSM）のことであり，最新版はDSM-5である。

ICDとは，世界保健機構（WHO）によって作成された「国際疾病分類（International Classification of Disease：ICD）」のことであり，最新版はICD-11である。

宜質問の順番を変えていくことはありますが，ほぼ聞く手続きはマニュアルで決まっています。そのため，診断面接は構造化面接と言えます。

その反対にあるのが非構造化面接です。これは心理療法において用いられるため，**臨床面接法**とも呼ばれます。非構造化面接は，被面接者（面接を受ける人）の自発的な語りに応じて自由に対話を発展させるという点で，非構造性が特徴です。つまり，最初から質問内容を決めて構造化しているわけではありません。来談者がお話をするのに合わせて，それに即して質問し，丁寧に話を聴いていきながら柔軟に対応します。

そして構造化と非構造化の中間に**半構造化面接**があります。半構造化面接では質問内容はだいたい決まっています。しかし，被面接者の話の内容によって，質問の順番を変えたりしながら，柔軟に対応していきます。臨床場面においては**受理面接**や**電話受付**などが該当します。「どういうきっかけで来られたんですか」「どこで紹介されたんですか」「どんな問題ですか」など，おおよそ聞くことは決まっていますが，相手の話す内容によって柔軟な対応が求められる場面があるからです。また，**心理的アセスメント面接**も緩やかですけれども，ある程度聞く内容は決まっているため，半構造化面接と言えます。以上が面接法の種類になります。

3 観察法

次に**観察法**です。これは文字のごとく，行動を観ることで情報を得ていく方法です。どんな状況で観るかによって種類がいくつかあります。

ポイント2　観察法：行動を観ることで情報を得る

- **自然観察法**：日常場面を観察。自然な状態を把握できるが，多様な要因が介在するので焦点が絞りにくい
- **実験観察法**：条件を統制して観察。標的行動に焦点を当てて観察できるが，行動が不自然になりやすい
- **組織観察法**：観察の内容や基準を明確にし，観察場面や時間を限定し，効率的に自然観察をする

自然観察法	↔ 組織観察法	↔ 実験観察法
・アウトリーチ ・家庭・学校訪問	・行動分析 ・教室内での行動観察	・面接室内やプレイルームでの行動観察

まず，日常場面を観察する**自然観察法**です。通常，問題は日常生活の場で起きてくるわけですから，日常場面で何が起きているかを観察することが，とても重要になってきます。自然な状態を把握できることがメリットと言えます。

しかし，日常場面では，いろいろなことが起こります。しかも，特定の問題行動であっても，そこには多様な要因が介在します。そのため，日常場面のさまざまな出来事が観察対象になりえます。その結果，観察対象を焦点を絞りにくいというデメリットが生じます。多様な要因のうち，どれが問題に関係しているのかわかりにくいのです。そのような難しさはありますが，問題が起きている場面から直接情報を得られるという面で，自然観察法はやはりとても重要と言えます。

次に，条件を統制して観察する**実験観察法**です。余計な条件を外して「この行動について知りたい」という標的行動に焦点化しやすい状況を作って観察する方法です。標的行動に焦点化しやすい反面，自然な条件ではないので，行動が不自然になりやすいという問題があります。

自然観察法と実験観察法の間を取ったものが**組織観察法**です。観察内容や基準を明確にし，観察場面や時間を限定して効率的に自然観察をする方法です[04]。たとえば「標的行動が朝方に起きる」ということであれば朝に絞って観察します。しかも「教室内で起きる」ということだったら朝の学校の教室場面だけに観察場面や時間を限定し，効率的に自然場面で観察をします。

臨床場面においては，自然観察法は**アウトリーチ**[05]で活用します。従来の心理職の活動は，相談室の中でお話を聞いたり介入したりする面接法による活動が中心でした。しかし，たとえば虐待のように，現場に行ってみないとわからないことがあります。家庭や学校を訪問し，そこで何が起きているのか直接見なければわからないこともあるでしょう。このように，今後は面接室を出てアウトリーチをして現場での様子や出来事を観察する活動が多く必要になると思われます。

実験観察法は，臨床場面において，実はさまざまなかたちで実施しています。面接室の中での行動は，かなり限られた条件下で行なわれた行動と言えます。その点で，面接室は人工的な場面です。心理職は，その中でクライエントがどのような行動をするのか観察しています。ですから，面接室での行動観察は実験観察法と言えます。また，遊戯療法においては，おもちゃがあったり箱庭があったりするプレイルームという限定された条件の中で，子どもがどのように遊ぶのか観察しています。これも人工的な状況ですから，実験観察法と言えます。

行動療法でよく使う行動分析は，標的行動を決めたうえで，どのような刺激状況に対して，どんな行動が起きて，その結果何が起きるのかを分析

04 組織観察法　組織観察法として代表的なものに，観察する場面を限定する場面見本法，観察する時間を限定する時間見本法，観察する事象を限定する事象見本法があげられる。

05 アウトリーチ　援助を要する者であるにもかかわらず，自発的に申し出をすることが困難な人々に対して，専門家が積極的に働きかけていくことで支援の実現を目指す訪問活動のこと。

します。その分析を行なう際，基準を決めて観察を行ないます。そのため行動分析は組織観察法を前提としています。

4 検査法

最後に**検査法**です。ある課題に取り組み，その遂行結果をデータとして情報収集していく方法になります。

ポイント3 **検査法：課題の遂行結果を情報とする**

- **人格検査**：質問紙法（簡便，意識的防衛），投影法（基準不明法，要熟練）
- **発達検査**：新版K式発達検査，乳幼児精神発達診断法，ADOSなど
- **知能検査**：WAIS-Ⅱ，WISC-Ⅳ，田中ビネー知能検査Ⅴなど
- **作業検査**：内田クレペリン精神作業検査，ブルドン抹消検査，ベンダー・ゲシュタルト検査など
- **神経心理学検査**：ベントン視覚記銘検査，ウィスコンシンカードソーティングテスト（分類検査），改訂長谷川式簡易知能評価スケール，MMSEなど

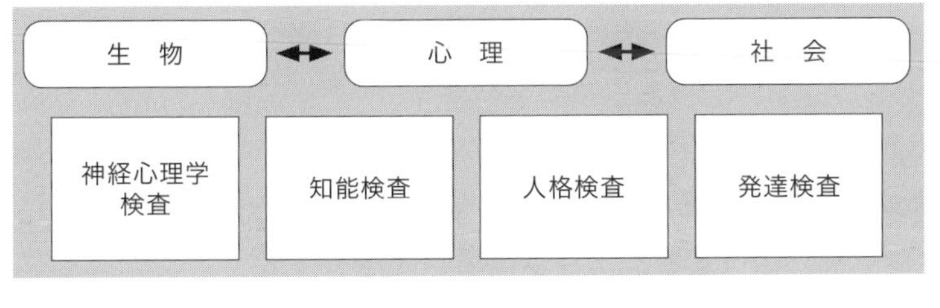

検査法にはさまざまな検査があります[06]。

人格検査には，まず**質問紙法**があります。質問紙法は簡便ですが，「何を聞いているか」は質問の内容を見ればわかってしまいます。ですから，意識的な防衛により，社会的に望ましいものに丸をつけてしまう，ということができてしまいます。

人格検査には**投影法**というものもあります。これは，あいまいな刺激を出して，それにどう答えるかをもとに人格を判断するものです。質問紙法とは違い，何を目的としているかわからないため，社会的望ましさに左右されることは少なくなります。しかし，被検査者の反応内容を分析し，その反応が何を意味しているのか判断するためには，かなり熟達が必要です。

06 さまざまな心理検査　さまざまな心理検査については，PART 2「公認心理師のための心理検査概論」を参照。

また，投影法から得られた結果が本当に妥当なのかという点についても，実証されていません。

次に**発達検査**です。発達がどのくらいのレベルに達しているかという程度を見る検査です。新版K式発達検査が代表的です。またADOSといわれる自閉スペクトラム症の検査などもあります。次に**知能検査**[07]です。WAISやWISC，あと田中ビネー知能検査などがあります。それから**作業検査**，これは内田クレペリン精神作業検査や，ベンダー・ゲシュタルト検査などがあります。あとは，**神経心理学検査**があります。心理職が最近よく行なうものにベントン視覚記銘検査や，ウィスコンシンカードソーティングテスト（分類検査）があります。

検査法には実にさまざまなものがあります。生物的な側面を見るのは神経心理学検査です。心理的な側面については，知能検査や人格検査が用いられます。定型発達と比べて発達の程度がどの程度かという観点から，発達検査には，社会的な側面が取り入れられています。このように，さまざまな検査によって生物・心理・社会的な情報を取っていくことになります。

講義メモ

07 知能検査　特にウェクスラー知能検査については，PART 3「知能検査を臨床場面で活用するために」を参照。

まとめ

- 面接法は，構造化面接，半構造化面接，非構造化面接に分類される。心理的アセスメント面接で主に用いられるのは半構造化面接である。
- 観察法は，自然観察法，実験観察法，組織観察法に分類される。面接場面は人工的な場面であるため，面接場面での観察は実験観察に近い。
- 検査法にはさまざまな種類があり，組み合わせながら生物・心理・社会の各側面の情報を集めていくことになる。

心理的アセスメントとしての初回面接

1　初回面接とは

次に心理的アセスメントとしての初回面接について解説します。本章のポイントは**関係形成**と**情報収集**の２点です。前章でもお伝えしたように，心理的アセスメントにおいてはさまざまな方法によってデータを得るわけですが，やはり面接法がメインになります。

本章はその面接法について，特に初回面接に注目して見ていきます。

ポイント1　初回面接

- 目的：クライエント（事例の当事者や関係者）と協働関係（ラポール）を形成し，それを基盤として問題に関する情報を聴き取り，問題の成り立ちを把握し，問題解決に向けての対応方針を策定し，それをクライエントに伝えて合意を得ること。なお，複雑な問題に関しては複数回に分けて行なうことがある
  - ▶問題情報を収集するだけの場合は“受理面接”として，情報を統合して対処方針を伝える“初回面接”と区別する
- 意義：心理職から問題の理解と対応方針の説明を受けてクライエントが問題に取り組む見通しと動機づけをもてることが初回面接の目標である

初回面接の最初の目標は，クライエントと**協働関係（信頼関係）**を作ることです。ここでいうクライエントは，事例の当事者だけでなく，関係者が来る場合もあります。また，協働関係や信頼関係のことを，**ラポール**と呼ぶこともあります。

次に，形成された協働関係を基盤として，問題に関する情報を聞き取り，問題の成り立ちを把握し，問題解決に向けての対応方針を策定します。そして策定した対応方針をクライエントに伝えて合意を得ます。以上の作業を行なうのが初回面接になります。

複雑な問題に関しては，１回の面接で情報を収集することが困難な場合

もあります。そのような場合は，複数回に分けて行ないます。そのため，どのような問題が起きているのかという問題情報をマニュアルに従って聞いていくだけの**受理面接**と，収集した情報を総合して「この後，問題の改善に向けてこのようにかかわっていきます」という対処伝達も含めてお伝えしていく初回面接を区別します。しっかり丁寧に時間をかけて対応するためには，受理面接をしたうえで初回面接を設定することが必要となります。時間的余裕などがない場合には，初回面接において受理面接まで含めて行なうこともあります。

初回面接において，心理職から問題の理解と対応方針の説明を受けて，クライエントが問題に取り組む見通しと動機づけをもてることが，初回面接の目標になります。ただ情報を取るだけではなく，クライエントが納得し「自分の問題はこういうことなのか」「このようにすればいいんだ」という**見通し**をもてること，そして「問題を解決していこう」という**動機づけ**をもてること。この 2 点が初回面接の重要な目標となるわけです。

2　初回面接の構造

では，初回面接がどのような構造になっているか見ていきましょう。図 4-1 をご覧ください。

まず重要になるのは協働関係であり，ラポールの構築です。クライエントとの間に信頼関係がなければ情報収集はできません。

次に基本情報を集めていきます。問題の成り立ちに関連する情報を探索的に収集していきます。先ほど「心理君」の例をとおして見たように，生物・心理・社会的要因が問題の成り立ちに関連していました。そこで，関連するさまざまな情報を収集し，それらを統合し，分析して問題の成り立

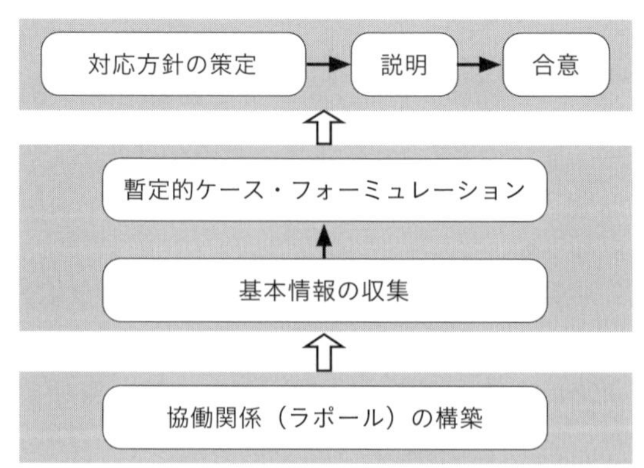

図 4-1　初回面接の構造

ちを推測します。初回面接では問題の成立に直接に関連する基本情報を中心に収集し，問題の成り立ちに関する仮説である暫定的なケース・フォーミュレーションを作ります。この後，クライエントに提示して意見交換をし，さらに関連情報を収集することをとおして，次第にケース・フォーミュレーションを洗練させていきます。

そして対応方針を策定し，決めていきます。対応方針について説明して，これからどうするかをお互いに合意していくことになるわけです。初回面接は，このような段階を追って進めていくことになります。

3　初回面接の要点

1．協働関係の形成

初回面接の，各段階の要点を紹介します。まず協働関係の形成について説明します。

クライエントは，主訴をもって来談します。ところが，実際には主訴以外にもさまざまな問題が起きていることがあります。したがって，主訴は問題のすべてではないということが多くあります。時には，主訴は，本当の問題とは異なるものであったという場合もあります。

そこで，まずはクライエントの主訴を尊重して共感的にクライエントの語りを傾聴します。そして，それをとおして形成される協働関係を土台として，真の問題はどのようなものかを探っていく作業をするのが，第一段階です。

協働関係を形成していくうえで重要なことがあります。それは，プライバシーを重んじた快適な空間を用意するということです。

となりでガンガン音がしたり，声が漏れてしまっていたりすると，クライエントは自分の恥ずかしいことや知られたくないことを話しにくくなります。ですから，まずはプライバシーを守る快適な空間を作る必要があります。そしてその空間の中で心理職は，受容的で公平な雰囲気でクライエントの主訴についての語りを聴いていきます。クライエントは不安やとまどいをもって来談するわけですから，しっかり受容的な雰囲気でお話を聴くことが重要となるのです。

2. 基本情報の収集

次に，第二段階として基本情報を収集していきます。

まずはクライエントにとって話しやすいのは主訴です。ですから「どういうことでお困りになったんですか」と，まずお聞きします。次に来談の経緯をお聞きします。「どういう経緯で今回こちらに来られたんですか」ということです。ここもクライエントにとって話しやすいところです。ここまでは，第一段階の協働関係とかかわっています。

しかし，それだけではなく「どのように問題が生じてきたのか」「問題が続いてしまっていることに，どのような要因がかかわっているのか」という問題の成立や維持に関連する要因を，少しずつ話題を広げながら聴い

ていくことになります。これらが基本情報の収集になります。

まずは主訴や来談の経緯を共感的に聴きます。そして，少しずつ主訴に関連する問題状況の情報を訊いていきます。さらに，問題の成立や維持に関連する要因も探っていきます。たとえば，問題を取り巻く環境や過去の出来事についての情報を訊いていきます。その際，精神症状が疑われる情報があった場合には，その内容や程度を確認しておく必要があります。

「とても落ち込んで眠れない」「自分を責める声が聞こえる」といった事柄が語られた場合は，精神症状として，その状態について詳しく情報を聴き取っていきます。「死にたい」といった自殺念慮がある場合も，危機介入の可能性がある情報として詳しくその状態を訊いていきます。

対人関係のあり方についても「どのような人間関係を形成しているのか」「小さい頃の対人関係はどのようなものだったのか」といった情報は，発達障害ともかかわってとても重要なことです。また，これまでの生活史も重要です。どのような育ち方をしているのか，どのような家族関係なのかということも聴いていきます。結婚をしている，お子さんがいるならば「どのような家族関係，どのような夫婦関係なのか」ということも聴いていくことになるわけです。

そのとき，クライエントの声の調子や態度も観察します。前章でご紹介した，観察法も重要になってくるわけです。クライエントの話は，クライエント自身の認知に基づく主観的な情報です。ですから，話をしているクライエントの様子を観察することはとても重要になります。面接場面という条件が統制された中ではありますが，クライエントの声の調子や態度，落ち着きのなさ，そういうことがあればしっかり観察しておかなければなりません。

3. 問題の明確化と介入方針の決定

次の第三段階では，問題を明確化し，介入方針を決定していきます。これが，ケース・フォーミュレーションにあたります。基本情報を得たうえで，問題は「このように成り立っているのではないか」という問題の成り立ちについての仮説であるケース・フォーミュレーションを作成し，それをクライエントに伝えていきます。そして，その内容の妥当性についてクライエントと話し合いをして修正をしていきます。クライエントと同意ができたならば，介入方針の話し合いをしていきます。

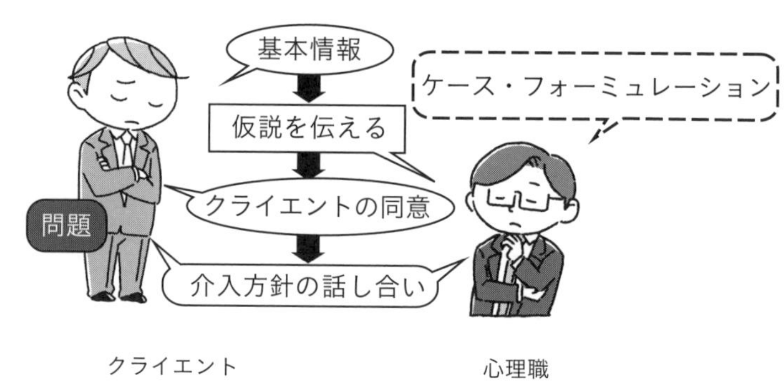

最終的にまとめますと，図 4-2 のようになります。

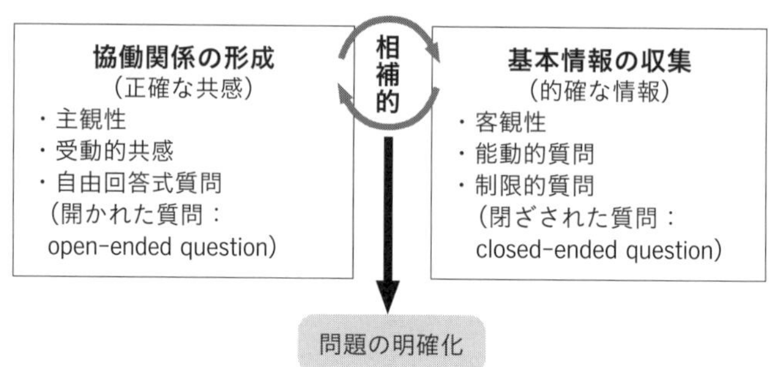

図 4-2　問題の明確化と介入方針の決定

協働関係の形成には**共感**が必要になります。そのために，クライエントの主観性を大事にします。クライエントの主観の世界を大事にして，受動的に共感的に聴いていきます。そこでは自由回答式質問をします。構造化された決まった質問をするのではなく「自由にお話しください」という**開かれた質問**[01]をしていきます。

このようにクライエントに主訴について自由に話してもらい，それに共

講義メモ

01 開かれた質問　「朝に何を食べた？」など自由に回答できる質問を「開かれた質問（open-ended question）」と言います。

対して「朝にパン食べた？」のように「はい」または「いいえ」のいずれかから選ぶような制限的な質問を「閉ざされた質問（closed-ended question）」と言います。

感して協働関係を形成するところから始め，次に，基本情報となる的確な情報を取っていきます。そこでは次第に，客観的に何が起きているのか，どのような場合でどのようなことが起きているのかといったことに関する情報をとっていきます。このときは，こちらから疑問に思ったこと，つまり知りたい情報を能動的に取っていくことになります。

能動的に的確な情報を得る技術は，心理職が専門的に学んでいく技術でもあります。事実を確認する場合には，**閉ざされた質問**になります。「何か声が聴こえますか」「死にたいと思うことはありますか」というかたちで，ポイントを限定して訊いていきます。

このようにして問題に関する基本情報が収集されることで，客観的情報に基づく**正確な共感**が可能となります。

心理職は，協働関係の形成と基本情報の収集，そして的確な情報と正確な共感を総合的に組み合わせて問題を明確化していきます。このようにケース・フォーミュレーションの形成に必要な情報を収集していく技術が，心理職の専門的な技能になります。

まとめ

- 初回面接の目的は，クライエントと協働関係を形成し，それを基盤として情報を聴き取り，問題の成り立ちを把握したうえで，問題解決に向けての対応方針を策定し，クライエントに伝えて合意を得ることである。
- クライエントの主観を尊重し，受動的に主訴を聴くことでクライエントと協働関係を形成し，さらに能動的な質問による客観的かつ的確な基本情報を収集し，それらを総合的に組み合わせて問題を明確化していく技能が心理職には求められる。

5 心理的アセスメントの要点

1 心理的アセスメントの諸段階

最後に，心理的アセスメントの要点を復習するとともに，精神医学的診断との違いについて見ていきます。まずは，心理的アセスメントの諸段階を復習していきましょう。

ポイント1　心理的アセスメントの諸段階

1．**受付段階（※予約受付：多くの場合は電話で聞き取り）**
問題の基礎情報（状況・申し込み理由等）を確認し，依頼者の申し込みを受け付ける
2．**準備段階**
受付情報に基づいて心理的アセスメントの計画を立てる
3．**情報の収集段階**
面接（初回面接），観察，検査の技法を用いて問題理解に必要な情報を得る
4．**情報の分析段階（＋結果整理）**
収集情報を分析し，その結果を統合して問題の成り立ちに関する作業仮説（ケース・フォーミュレーション）を生成する
5．**結果報告の段階**
作業仮説をクライエント，あるいは関係者に説明する
6．**介入効果の評価とケース・フォーミュレーションの修正**
作業仮説に基づいて支援を実施した効果を評価し，効果が見られない場合には，ケース・フォーミュレーションを修正する

まず受付段階（予約受付）です。多くの場合は電話で聞き取りをします。問題の基礎情報を確認し，依頼者の申し込みを受け付けます。次に**準備段階**です。受付情報に基づいて心理的アセスメントの計画を立てます。通常は，最初に初回面接を実施する準備をします。しかし，たとえば，受付段階で「子どもの就学について相談をしたい。知的障害の可能性も含めて意見をほしい」という申し込みの内容であったとします。その場合は，初回面接と

同時に知能検査もあわせて実施する準備をしておくこともあるわけです。

次に**情報の収集段階**になります。まずは，初回面接で基本情報を収集します。面接を中心としながらも適宜，必要に応じて観察や検査の技法を用いて，問題理解に必要な情報を得ていきます。そして，**情報の分析段階**になります。得た情報を整理していき，その結果を総合して，問題の成り立ちに関する作業仮説であるケース・フォーミュレーションを生成します。

その後に**結果報告の段階**になります。ケース・フォーミュレーションをクライエント，あるいは関係者に説明します。関係者としては，クライエントが子どもであれば親や家族がそれにあたります。また，心理的アセスメントが，クライエント以外の人から依頼された場合には，その依頼人が関係者となります。たとえば，学校の先生から依頼を受けた場合や，病院の主治医から依頼を受けた場合などがあげられます。この場合，本人の了解を得て依頼人に報告をしていくということになるわけです。

最後に，**介入効果の評価とケース・フォーミュレーションの修正**の段階となります。実際に合意ができて介入が始まった場合は，その効果を見ていかなければなりません。場合によってはケース・フォーミュレーションを修正していくということもあるわけです。介入を実施したものの効果が見られない場合は，ケース・フォーミュレーションを修正して，異なる介入支援の方法を選んでいかなければなりません。この効果評価も心理的アセスメントと呼ぶ場合があります。

2　精神医学的診断との違い

さて，このような心理的アセスメントと**精神医学的診断**の違いについて見ていきましょう。

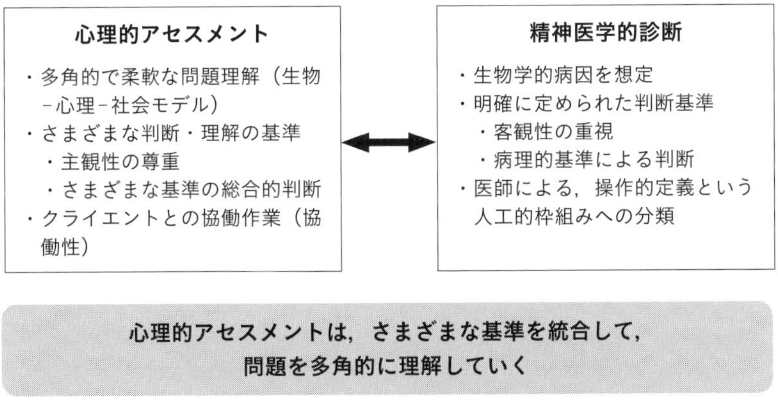

心理的アセスメント		精神医学的診断
・多角的で柔軟な問題理解（生物−心理−社会モデル） ・さまざまな判断・理解の基準 　・主観性の尊重 　・さまざまな基準の総合的判断 ・クライエントとの協働作業（協働性）	⟷	・生物学的病因を想定 ・明確に定められた判断基準 　・客観性の重視 　・病理的基準による判断 ・医師による，操作的定義という人工的枠組みへの分類

心理的アセスメントは，さまざまな基準を統合して，問題を多角的に理解していく

図 5-1　心理的アセスメントと精神医学的診断との違い

まず心理的アセスメントとは，今まで見てきたように生物－心理－社会モデルに基づく多角的で柔軟な問題理解を目指すものです。脳科学的・脳神経的な問題だけでなく，親子関係もかかわっていると考えます。クライエントのものの考え方（主観的ものの見方）もかかわっていると考えます。これらを多角的に見ていって，総合的に判断することが求められます。

対して精神医学的診断は，基本的に生物学的な病因を想定しています。精神医学的診断の対象となるのは疾病です。疾病というのは基本的に生物学的な原因が前提とされていなければなりません。ですから，生物学的な病因を想定している点がまずは違いとしてあげられます。

心理的アセスメントは，生物学的病因に限らず，さまざまな判断や理解の基準があります。同じようにお腹が痛くても，それで学校に行けない人もいれば，その痛みはあまり気にならずに学校に行ける人もいたりします。ですから生物学的病因だけでなく，さまざまな基準によって問題は何なのかを把握していきます。

実は「この問題の背景には家族関係があった」ということが情報として出てきて，新しい問題が見えてくることがあります。また，主訴であるクライエントの気持ちがとても重要です。クライエントの主観性を尊重しながら，相対的かつ多様な基準で情報を収集して総合的に問題を見立てていくことが重要となります。

対して精神医学的診断の場合は，DSM や ICD など客観的に定められた診断基準があります。その限定的な枠組みに入るか入らないかで判断を絞っていきます。たとえば「週何回落ち込んでいるか」「落ち込みがどのくらい続くか」などに関する基準があって，そこにはめ込んでいきます[01]。このように病理的な基準に客観的に当てはめていくというのが精神医学的診断の特徴です。

心理的アセスメントは，本人の主観性を大事にしながら，時に想像力や直感を働かせてさまざまな要因を探りながら「問題は何なんだろう」と見ていくことになります。心理的アセスメントにおいては，さまざまな要因を探るためにもクライエントとの共同作業が重要になります。ですから 3 分間診療や 5 分間診療などはあり得ないわけです。じっくり最低でも 30 分ぐらいはお話を聴かなければなりません。できるなら 1 時間は丁寧にお話を聴いていくことになります。

精神医学的診断は，医師によって**操作的定義**[02]という人工的な枠組みで個人を分類していくことになるため，原則としては構造化面接・調査面接になります。もちろん患者との信頼関係は重要になりますけれども，情報を取ることが重要であり，診断基準の枠にはめて判断していきます。そして，その診断や，その診断の根拠となる症状に即して薬物療法をしていきます。そのため，症状を把握し，薬物の処方を判断するだけの対応とな

講義メモ

01 診断基準　参考までに，DSM-5（APA, 2013／日本精神神経学会監訳，2014）におけるうつ病の診断基準の一部を紹介する。DSM-5 におけるうつ病は，下記の基準を満たすか否かによって診断される。

以下の症状のうち 5 つ以上が同じ 2 週間の間に存在している（少なくとも 1 つは（1）または（2）である）

（1）抑うつ気分
（2）興味または喜びの著しい減退
（3）食欲の減退または増加
（4）不眠または過眠
（5）精神運動焦燥または制止
（6）疲労感，または気力の減退
（7）無価値観，または過剰な罪責感
（8）思考力や集中力の減退，決断困難
（9）死についての反復思考

02 操作的定義　概念を手続きによって定義すること。たとえば DSM においてうつ病は，上記の **01** で紹介した基準を満たした心理的障害と定義づけられている。

り，5分間診療ということが起きてしまうし，できてしまうことになるわけです。このあたりが，心理的アセスメントと精神医学的診断の違うところだと言えます。

まとめると，心理的アセスメントは，さまざまな基準を統合して問題を多元的に理解していくことが特徴です。このような心理的アセスメントを適確にできることは，心理職特有の技能となります。

最後に推薦図書を見ていきたいと思います。

ポイント2　推薦図書

- 下山晴彦（2014）『臨床心理学をまなぶ2　実践の基本』 東京大学出版会
- 下山晴彦（2008）『臨床心理アセスメント入門』 金剛出版
- 沼初枝（2020）『臨床心理アセスメントの基礎［第2版］』 ナカニシヤ出版
- 松本真理子・森田美弥子（編）（2018）『心理アセスメント――心理検査のミニマム・エッセンス』 ナカニシヤ出版
- 下山晴彦（編）（2019）『公認心理師技法ガイド』 文光堂

本稿で紹介した基本的な技能については，『臨床心理学をまなぶ2　実践の基本』で詳しく解説されています。同書においては，大学院で基本的に学ぶ技能が網羅されているので，ぜひ参考にしてください。

さらにケース・フォーミュレーションの仕方，それから初回面接の詳しい情報の取り方に関しては，『臨床心理アセスメント入門』で詳しく学んでいただきたいと思います。

検査法に関しては本当に多様なものがあります。まずは，本書のPART 2で心理検査の概略を学ぶことから始めましょう。そして，さらに詳しく各検査を知るためには，心理検査のミニマムエッセンスがまとめてあるものとして『臨床心理アセスメントの基礎［第2版］』や『心理アセスメント』があります。非常にたくさんの多様な検査のエッセンスがまとめられているので，どのような検査があるかを見たいときに，ご覧になるとよいと思います。

それから最終的に心理的アセスメントの全体について，かなり専門的なものも含めて学ぶならば文光堂の『公認心理師技法ガイド』がお勧めです。この本は，心理職に求められる技能について，心理的アセスメントもケース・フォーミュレーションも含めて専門的な内容がすべて入っていますので，専門職になろうとする方は，ぜひ参考にして，心理的アセスメントの専門的な全体を理解していただけたらと思っております。

以上で，臨床心理アセスメント基本講義を終わります。

まとめ

- 操作的定義に基づき疾病に分類していく精神医学的診断とは異なり，心理的アセスメントは，主訴などクライエントの主観性を尊重しながら相対的かつ多様な基準で問題を見立てていく過程である。
- 心理的アセスメントは，さまざまな基準を統合して問題を多元的に理解していくことが特徴であり，これは心理職特有の技能である。

確 認 問 題

TEST 1

以下の文章について，正しい文章には○，正しいとは言えない文章には×をつけなさい。

(1) 主訴は問題に対するクライエントの主観的な判断・理解であるため，その内容は必ずしも正確ではない可能性がある。 (　　　)

(2) 一旦生成したケース・フォーミュレーションは，支援の方向性を決定づけるものになるため，修正するべきではない。 (　　　)

(3) 心理的アセスメントにおいて主要情報は，検査法で収集する。 (　　　)

(4) 心理的アセスメントにおいて，親や教師・上司や知人に言われて来談した場合や，問題行動を起こして送致されてきた場合は，まず信頼関係を形成することが特に重要である。 (　　　)

(5) 自然観察法とは，特定の行動に対して多様な要因が介在するため，焦点が絞りにくいというデメリットがあるが，問題が起きている場面から直接情報を得られるというメリットがある。 (　　　)

(6) 組織観察法とは，組織に属している個人の様子をありのままに観察する手法のことである。 (　　　)

(7) 面接室での行動観察は，限られた条件下で人工的な場面の観察を行なっていることから，実験観察法に近いと言える。 (　　　)

(8) 面接法において，質問内容は決まっているものの，話の内容や状況に応じて質問の順番や問い方を柔軟に変更していく面接は，非構造化面接と呼ばれる。 (　　　)

(9) 心理的アセスメントにおいて協働関係を形成するためには，開かれた質問を用いるべきではない。 (　　　)

(10) 心理的アセスメントにおいて，精神医学的診断の対象となる生物学的な病因には注目しない。 (　　　)

確認問題

TEST 2

次の文章の空欄に当てはまる語を答えなさい。

(1) クライエントが相談機関に求めていることであり，クライエントにとって解決すべき課題と考えている内容のことを（　　　　）と呼ぶ。

(2) アセスメントの目的は，問題に関する仮説である（　　　　）を作成することにある。

(3) アセスメントの結果，生成した仮説をクライエントに説明し，合意を得る。このような説明と合意のことを（　　　　）と呼ぶ。

(4) 組織的観察法は，時間見本法，（　　　　），事象見本法に大別される。

(5) 主に研究や調査で用いられる，質問内容や順番を厳密に定めて行なう面接のことを（　　　　）と呼ぶ。

(6) 心理的アセスメントの面接は，質問する内容がある程度決まっていながらも，クライエントの様子に合わせて質問の順番を変えて柔軟に対応する（　　　　）であることが多い。

(7) 援助を要する者であるにもかかわらず，自発的に申し出ることが困難な人々に対して，専門家が積極的に働きかけることで支援の実現を目指す訪問活動を（　　　　）と呼ぶ。

(8) クライエントの多面的な理解のために，複数の検査を組み合わせることを（　　　　）と呼ぶ。

(9) 初回面接の結果，より適切な機関にクライエントを案内することを（　　　　）と言う。

(10) 精神科医が病理面に注目して病名を与える過程は（　　　　）と呼ばれており，心理的アセスメントとは異なる。

確 認 問 題

TEST 3

以下の表について，各問いに答えなさい。

(1) 初回面接のポイントをまとめた以下の表の空欄に適する言葉を，記号で選んで答えなさい。

	協働関係の形成	基本情報の収集
目的	①	②
視点	③	④
姿勢	⑤	⑥
質問	⑦	⑧

ア．的確な情報　イ．正確な共感　ウ．客観性　エ．主観性　オ．能動的質問　カ．受動的共感　キ．自由回答式質問（open-ended question）
ク．制限的質問（closed-ended question）

(2) 以下のア～カの文章について，心理的アセスメントと精神医学的診断のどちらに当てはまるか分類しなさい。

心理的アセスメント	精神医学的診断

ア．多角的で柔軟な問題理解　イ．明確に定められた判断基準
ウ．操作的定義という人工的枠組みへの分類　エ．クライエントとの協働作業
オ．生物学的病因を想定　カ．さまざまな判断・理解の基準

確 認 問 題

TEST 4

以下の問いに答えなさい。

(1) 心理的アセスメントのプロセスについて，説明しなさい。

(2) 複雑な問題を理解するうえで重要となる生物－心理－社会モデルについて説明しなさい。

(3) 構造化面接と非構造化面接・半構造化面接を区別しながら説明しなさい。

(4) 初回面接の目的と意義について述べなさい。

(5) クライエントとの協働関係の構築において求められるものは何か，述べなさい。

(6) 心理的アセスメントと精神医学的診断の差異を述べなさい。

解答例

TEST 1

(1) ○
(2) ×　面接の進行やクライエントの意見に合わせて，柔軟に修正すべきである。
(3) ×　主要情報は面接で収集し，必要に応じて検査や観察を加える。
(4) ○
(5) ○
(6) ×　観察内容や基準を明確にし，観察場面や時間を限定し，効率的に自然観察をする方法を組織観察法と呼ぶ。
(7) ○
(8) ×　非構造化面接ではなく，半構造化面接である。
(9) ×　協働関係の形成には，開かれた質問が望ましいと考えられている。
(10) ×　生物学的病因に限らず，心理学的，社会学的要因も含めながら，問題を多元的に理解することが求められる。

TEST 2

(1) 主訴
(2) ケース・フォーミュレーション
(3) インフォームド・コンセント
(4) 場面見本法
(5) 構造化面接
(6) 半構造化面接
(7) アウトリーチ
(8) テスト・バッテリー
(9) リファー
(10)（精神医学的）診断

TEST 3

(1) ①イ，②ア，③エ，④ウ，⑤カ，⑥オ，⑦キ，⑧ク
(2)
心理的アセスメント　ア，エ，カ
精神医学的診断　　イ，ウ，オ

TEST 4

(1)　心理的アセスメントは，受付から始まる。多くの場合は電話で聞き取りを行ない，問題の基礎情報を確認し，依頼者の申し込みを受け付ける。次に，受付情報に基づいて心理的アセスメントの計画を準備する。たとえば知能検査が必要と考えられる場合は，あらかじめ準備をしておく。その後に初回面接を行ない，情報の収集段階に移る。面接を中心としながらも適宜，観察や検査の技法を用いて，問題理解に必要な情報を得ていく。次に得た情報を整理していき，その結果を総合して，問題理解のための作業仮説であるケース・フォーミュレーションを生成する。そして生成した作業仮説をクライエントあるいは関係者に説明し，同意を得る。介入が始まってからは支援効果の評価を行ない，場合によってはケース・フォーミュレーションを修正する。

(2)　問題状況や介入方針を生物学的な面，心理学的な面，社会学的な面の３つから把握しようとするモデル。BPS モデルとも呼ばれる。主に医師や看護師は生物学的な面から，福祉職や行政職は社会学的な面から理解や介入を行なう。心理職は主に心理学的な面から理解や介入を行なうが，それだけでなく，クライエントの多元的な理解のために，生物学的な面や社会学的な面からの視点ももてることが望ましい。

(3)　構造化面接は，目的に関する情報を収集するための質問を，系統的に行なう構造性が特徴である。どのような質問をするかマニュアルがあり，それに従って情報を収集する。対して非構造化面接は，被面接者の自発的な語りに応じて対話を発展させる，非構造性が特徴である。つまり，最初から質問内容を決めて構造化しているわけではなく，来談者の話に合わせて，それに即して質問し，丁寧に話を聴いていきながら柔軟に対応する。そして構造化と非構造化の中間に半構造化面接がある。半構造化面接とは質問内容はだいたい決まっているが，被面接者の話の内容によって，質問の順番を変えたりしながら，柔軟に対応していく。心理的アセスメント面接は，ある程度聞く内容は決まっているものの，クライエントに合わせて話の内容や順番を変化させて対応するため，半構造化面接と言える。

(4)　初回面接の目的はクライエントと協働関係を形成し，それを基盤として問題に関する情報を聞き取り，問題の成り立ちを把握してケース・フォーミュ

レーションを形成し，問題解決に向けての対応方針を策定し，それをクライエントに伝えて合意を得ることである。心理職から問題の理解と対応方針の説明を受けて，クライエントが問題に取り組む見通しと動機づけをもてることが，初回面接の意義としてあげられる。

(5)　協働関係の構築において求められるものとして，2点あげる。第1に主訴の尊重である。主訴は問題のすべてではなく，本当の問題と異なっている場合もある。しかし，クライエントの主訴を尊重して，受動的に共感的に聴いていくことが協働関係の構築に必要となる。第2にプライバシーを重んじた快適な空間を用意することである。クライエントは不安やとまどいをもって来談するため，プライバシーを守る快適な空間の中で心理職が受容的で公平な雰囲気で話を聴くことが重要となる。

(6)　心理的アセスメントは，生物－心理－社会モデルに基づく多角的で柔軟な問題理解を目指している。脳科学的・脳神経的な問題，親子関係の問題，当人の認知の問題など，さまざまな問題を多角的に見ていくことが求められる。対して精神医学的診断は，基本的に生物学的な病因を想定している。精神医学的診断の対象となるのは疾病であり，疾病は基本的に生物学的な原因が想定されていなければならない。そのため，生物学的な病因を想定している点がまずは違いとしてあげられる。

また，心理的アセスメントは，生物学的病因に限らず，さまざまな判断や理解の基準がある。クライエントの主訴を尊重しながら，相対的かつ多様な基準で総合的に問題を見立てていくことが重要となる。対して精神医学的診断の場合は，DSMやICDなど客観的に定められた診断基準があり，その限定的な基準に客観的に当てはめていくことが重要となる。

以上のことから，主に疾病性に注目するか，個別性に注目するかが違いとしてまとめられる。精神医学的診断は主に疾病性に注目し，心理的アセスメントは主に個別性に注目する点で異なる。

PART 2

公認心理師のための心理検査概論

パーソナリティ検査，症状評価尺度，知能検査，発達検査など，さまざまな心理検査とその特徴について，特に検査の目的や用途・検査の対象（適用年齢）・検査の留意点などを整理しながら理解を深めます。

講義

宮川　純
河合塾 KALS　講師

0 はじめに：講義の概略

1. 心理検査の必要性

公認心理師のための心理検査概論の講義をはじめます。担当講師は河合塾 KALS の宮川です。よろしくお願いいたします。

まず「人の心を理解する」ということについて，少し考えたいと思います。たとえばある心理師が，A さんと話をした結果，A さんはとても活発で明るくて，他者との関係性はとても良好であると感じたとします。また，ある心理師が B さんの様子を観察した結果，B さんは表情が暗くて，行動はゆったりしており，どこか抑うつ的に見えたとします。

皆さんいかがでしょうか。この心理師が面接や観察から得た理解は，はたして妥当なのでしょうか。つまり A さんは，本当に活発で明るくて他者との関係性は良好なのでしょうか。B さんは，本当に表情が暗くて行動はゆっくりで抑うつ的なのでしょうか。もちろんこれらの理解は適切かもしれません。しかし，あくまで心理師の主観的な意見であり，適切ではない可能性もあります。

このように観察や面接だけでクライエントを理解しようとすると，理解が主観的に偏りがちです。今回の例で言えば，心理師の主観的な感想だけで A さんは活発，B さんは抑うつ的とみなしてよいかは疑問があります。そこで**心理検査**です。心理的アセスメントや，心理学的介入の効果判定を行なう際，心理検査を用いた客観的な評価が重要になります。

ただもちろん「心理検査だけが重要」「観察や面接に意味がない」というわけではあ

Aさんは，とても活発で，明るく，他者との関係性も良好であるように見えます。

Bさんは，表情が暗く，行動がゆったりしており，抑うつ的に見えます。

Aさん

Bさん

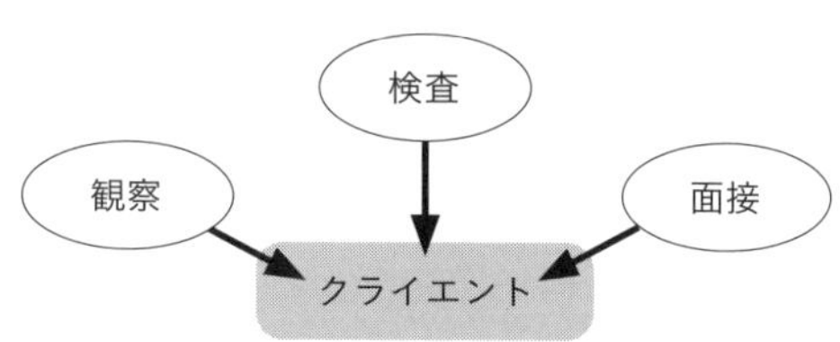

図 0-1　心理検査の必要性

・観察や面接だけでは，**主観的**になりやすい。
・アセスメントや介入効果の判定を行なうためには，心理検査を用いた**客観的な評価**が重要。

講義メモ

01 検査に偏ったアセスメントの危険性　検査に偏った理解にどのような問題があるかは，「本講義のまとめ」で説明されています。

りません。本講義の最後にも触れますが，心理検査の結果だけでクライエントを理解することも，やはり問題があります。心理検査の結果は，観察や面接から得られた理解をもとに，総合的に判断することが重要となります[01]。

2. 心理検査が求められる場面

では具体的に心理検査が求められる場面として，どのような場面があるでしょうか。心理教育相談室などで心理検査を実施する場合を，以下にあげてみました（小山，2008）。

[心理検査が求められる場面1：心理職主体で実施の場合（例：心理教育相談室）]

- 今ある知能水準と知的能力の詳細を知りたい
- クライエントの性格面の特徴を知りたい。
- 精神病の疑いがある場合，精神科にリファーするか判断するための資料を得たい
- 心理面接の実施に向けて，面接目的を明確化するための資料を得たい
- 家族がクライエントに対してとる態度に関して，家庭で留意すべき心理的情報を得たい
- 面接の効果判定資料として用いたい

まず，現在の知能水準と知的能力の詳細を知りたい場合です。たとえばクライエントが子どもである場合，ウェクスラー知能検査[02]を行なうことがあります。そこで，言語理解・知覚推理・ワーキングメモリー・処理速度という4つの知的能力が明らかになります。目の前の子どもは，ただ単に「知的な困難が見られる」ということだけでなく，「ワーキングメモリーに困難を抱えているのか」それとも「処理速度で困難を抱えているのか」など，どのような面で困難が見られるのか，そしてどのような強みがあるのかを理解することができ，支援の方向性をより適切なものにすることが可能です。

また心理検査を用いる場面として，クライエントの性格面の特徴を知りたい場合があげられます。たとえば内向的なのか外向的なのか，いろいろなことに興味・関心を示すのかなど，性格面の特徴を客観的に明らかにしたい場合に心理検査が用いられます。

他には，精神病の疑いがある場合があげられます。精神病の場合は，薬物療法を受けるためにも精神科医へのリファー[03]が必要になります。目の前のクライエントについて，はたして精神科にリファーするべきかそうではないのかを判断するために，心理検査を用いることがあります。

さらに，心理面接の目的を明確化するための資料を得たり，家族に説明するときの情報を得たりする目的でも心理検査は用いられます。たとえばうつが疑われる場合，「頑張ってください」「早く良くなってね」という家族からの言葉がけは，望ましくないも

宮川純（河合塾 KALS 講師）

02 ウェクスラー知能検査　ウェクスラー知能検査の詳細は，PART 3「知能検査を臨床場面で活用するために」を参照。
03 リファー　より適切な支援が受けられる他の専門機関を紹介すること。
04 うつ病患者への励まし　うつ病患者への励ましは，励ましに応えられない自分に対する自責感を強めるため，逆効果と言われている。無理に変容を促したりせず，うつ病患者の現状を受け止めていく支持的な対応が望ましいとされている。

のとされています[04]。このとき，クライエントがうつ的な傾向をもっているか否かを検査により客観的に評価することで，家族に「励ましや声かけに気をつけてください」という情報提供が可能になります。

あとは，面接の効果判定資料としても心理検査は用いられます。たとえば心理学的な介入を行なった結果，うつ傾向が変化したのか否かを判断するために心理検査が用いられることがあります。他にもいろいろな目的で心理検査が使われます。

他職の依頼で心理検査を実施する場合もあります。たとえば医師の依頼で心理検査の実施が求められる場合を以下にあげました（小山，2008)。

［心理検査が求められる場面２：他職の依頼で実施の場合（例：医師の依頼)］

・知的側面に関する資料を得るため
・性格的側面に関する資料を得るため
・各医療場面で治療に寄与する資料を得るため
・臨床の場（環境）を良くするため
・医学的治療効果および面接の効果をみるため

知的能力を知りたいから知能検査を，性格面を知りたいからパーソナリティ検査を，患者のうつの程度や不安の程度などが知りたいから症状評価尺度を，それぞれ求められることがあります。また，臨床の場（環境）を良くするために心理検査が用いられる場合があります。心理検査の結果を看護師や福祉士など他の専門職と共有することによって，チームで活動することができます。クライエント（患者）[05]に対する共通の理解を得るために，心理検査の情報を用いる場合もあります。また，先程お伝えしたような治療の効果を見るために心理検査が用いられる場合もあります。

このように，心理検査はさまざまな場面で用いられているのです。

3．テスト・バッテリーの重要性

複数の検査を組み合わせることを，**テスト・バッテリー**と言います。なぜ，テスト・バッテリーが求められるのでしょうか。

１つの検査でクライエントのすべてがわかることはありません。むしろ，それぞれの検査が注目してる内容しかわからないと言えます。うつの検査だったらうつのことが，不安の検査だったら不安のことが，知能検査だったら知的能力がわかるわけで，原則として他の情報はわからないのです。そこで心理検査は，目的に合わせて複数組み合わせることが重要になるのです。

適切な検査の組み合わせで，よりクライエントを客観的に理解するためにも，公認心理師はできるだけ多くの心理検査に精通していることが求められます。多くの検査について知識をもっているからこそ「この組み合わせで，クライエントをより理解できるのではないか？」と提案でき，その組み合わせによって，クライエントの多面的

講義メモ

05 クライエントと患者　心理面接においては心理相談室に来談した人のことをクライエントと呼び，医療現場においては患者と呼ぶが，本講義では混乱を防ぐために，クライエントと表記を統一する。

な理解につなげることができるのです。なお，公認心理師試験でも，さまざまな種類の心理検査が出題されています。そのような点からも，公認心理師を目指す方や公認心理師として活躍したいと思っていらっしゃる方は，さまざまな種類の心理検査に精通しておくべきでしょう。

4. 本講義の目的と流れ

本講義の目的は以下になります。

- パーソナリティ検査，症状評価尺度，知能検査・発達検査など，さまざまな心理検査とその特徴を概観的に理解する
- 特に，「検査の目的（用途）」「検査の対象（適用年齢）」「検査の特徴・留意点」を整理して理解を深めることを主な目的とする

本講義は，パーソナリティ検査や症状評価尺度，知能検査や発達検査などさまざまな心理検査を概観しながら，網羅的に理解することを目的とします。それぞれの検査を深掘りしていくというより，幅広く知っていただくことを目標にしています。とはいえ，心理検査の数や内容は膨大ですから，代表的な検査を中心に，各検査の目的や用途，各検査の対象や適用年齢，各検査の特徴や留意点をまとめながら，心理検査について網羅的に理解していただける講義を目指します[06]。

本講義は，以下の流れで進めていきます。

1. パーソナリティ検査
2. 症状評価尺度
3. 認知症の評価・神経心理学検査
4. 知能検査・発達検査
5. 本講義のまとめ

まずはパーソナリティ検査に関して紹介します。次に症状評価尺度について，そして次に認知症の評価も含めた神経心理学的な検査について紹介します。その後，知能検査と発達検査について紹介し，最後に本講義のまとめという流れで進めていきます。どうぞよろしくお願いいたします。

06 本講義の方向性　本講義では，原則として検査としての信頼性と妥当性が確保された心理検査を紹介しています。各検査の信頼性と妥当性の検証に関する記述は省略させていただいております。あらかじめご了承ください。

パーソナリティ検査

質問紙法（尺度法）とは

本章では，**パーソナリティ検査（性格検査）**について見ていきたいと思います。パーソナリティ検査は大きく以下の３種類に分かれます。**質問紙法（尺度法）**，**投影法**，そして**作業検査法**です。ここでは，質問紙法について重点的にご紹介したいと思います。

ポイント1　パーソナリティ検査の種別

- 質問紙法（尺度法）
  - ▶ YG 性格検査，MMPI など
- 投影法（投映法）
  - ▶ロールシャッハ・テスト，TAT など
- 作業検査法
  - ▶内田クレペリン精神作業検査など

質問紙法（尺度法）とは，どのような方法でしょうか。まず質問紙には，あらかじめ用意された質問項目が並んでいます。たとえば質問項目の例として「人に構わず，正しいと思うことを実行する」「決心がつかずに機会を失ってしまうことが多い」「自分から話すより人の話を聞くほうである」「人と一緒にいても寂しくなることがある」などがあげられます。

これらの質問項目に対し，回答者が「当てはまる」「やや当てはまる」「どちらとも言えない」「やや当てはまらない」「当てはまらない」などを各自で答えていきます。すべての質問が終わったあと質問紙は回収され，「当てはまる」が 5，「やや当てはまる」が 4，「どちらとも言えない」が 3，「やや当てはまらない」が 2，「当てはまらない」が 1，といったように数量化して集計します。この形式は**5 件法**と呼ばれますが，検査ごとにさまざまな形式があります[01]。このように，各質問に対して自分を振り返って回答してもらい，その回答結果によって性格を把握しようとする検査のことを，**質問紙性格検査**と言います。

01 5 件法以外の形式　たとえば「当てはまる」「やや当てはまる」「やや当てはまらない」「当てはまらない」の場合，4 件法となります。「どちらとも言えない」を抜くことにより，回答が「どちらとも言えない」に偏りやすくなる中心化傾向（中心バイアス）がなくなる反面，回答者は「当てはまる」か「当てはまらない」を常に選択しなければならなくなり，回答の負担が高くなりやすいと言われています。

ポイント2　質問紙法とは

・あらかじめ用意された各質問項目に，回答者が「当てはまる－当てはまらない」などを回答することにより，性格特徴を把握しようとする検査

・質問の例

▶「人にかまわず，正しいと思うことを実行する」

▶「決心がつかず，機会を失ってしまうことが多い」

▶「自分から話すより，人の話を聞くほうである」

▶「人と一緒にいても，寂しくなることがある」

質問紙法の欠点として，**回答の歪み（バイアス）**があげられます。たとえば先ほど例示した「人と一緒にいても寂しくなることがある」という質問項目に対し，「私はぜんぜん寂しくなんかない」と考えて「当てはまらない」と答えた人がいたとします。しかしその人は，本当に寂しくないのでしょうか。「ぜんぜん寂しくなんかない」と考えている人は，実は自分が感じている寂しさに，自分で気づいていないだけかもしれません。

同様に「自分から話すよりも，人の話を聞くほうである」という質問に対し「僕は人の話しっかり聞いてるよ。『よく話を聞いてくれるね』って他の人から言われるんだよね」と本人は普段から口にしており「当てはまる」と答えるかもしれません。しかし実際にその人の様子を見てみると，明らかに人の話を聞かず，自分だけがベラベラ喋ってるかもしれないわけです。

つまり質問紙法は，どうしても「自分が知っている自分」が反映される傾向にあります。人の話をあまり聞いてない人でも「僕は，人の話をきちんと聞いている」と自分を認識してたら，その認識に合うように質問紙に

「寂しくない」と回答する

人の話よく聞くよ！

「人の話をよく聞く」と回答する

質問紙は
「自分の知っている自分」が反映される

講義メモ

02 社会的望ましさの表出
他者から判断される際，社会的に求められるであろう態度を自分がもっているかのように，自分を見せること。

答えてしまうわけです。また**社会的望ましさの表出**[02]によって「寂しいと思われたくない人」は,「寂しくない」と回答してしまうこともあるでしょう。このあたりに，質問紙法の限界があります。

2　質問紙法の利点と欠点

他にも質問紙にはさまざまな利点と欠点があります。質問紙法の利点と欠点を整理してみましょう。

ポイント3　質問紙法の利点と欠点

・質問紙法の利点
　▶統計的処理による客観的解釈
　▶集団実施が可能
　▶検査者の熟練に左右されにくい

・質問紙法の欠点
　▶無意識的側面がとらえられない
　▶回答のバイアスが生じやすい
　▶言語能力に依存する

利点としては，統計的な処理による客観的な解釈が可能である点があげられます。たとえば，先ほど「当てはまる」を5点「やや当てはまる」を4点……という話をしました。その得点を集計することにより，性格特性を数量化することが可能です。後から紹介するYG性格検査は，12個の性格特性それぞれについて，0点～20点の範囲で数量化することが可能です。数量化することで個人内の比較や個人間の比較が可能となります。症状評価尺度の場合は，**カットオフ値**[03]による解釈も可能です。

講義メモ

03 カットオフ値　何点以上（何点以下）から困難を抱えているか，その判断基準となる値のこと。同じ尺度であっても，研究者や文献によってカットオフ値が異なることがあるため，注意したい。

また，質問紙法は集団実施が可能という利点があります。質問紙をたくさんの人に一気に配布して，一気に回収する，という方法が可能です。さらに質問紙法は，検査者の熟練に左右されにくいという利点もあります。たとえば1問めが「当てはまる（5)」，2問めが「やや当てはまる（4)」，3問めが「当てはまらない (1)」ならば,5 + 4 + 1 = 10と計算するだけです。検査者の熟練は求められません。実は後から紹介する投影法は，集団実施が難しいうえに，熟達した検査者でなければ解釈が難しいと言われています。よって，質問紙法は「実施しやすい」という特徴があると言えます。

欠点としてはまず，無意識面をとらえることが難しい点があげられます。

先程お伝えしたように「実は寂しい」と思っていても，その無意識的な内容は，質問紙に反映されないことが多いです。また回答のバイアスが生じやすいことも欠点です。「僕は人の話をよく聞く人だ」とアピールしたい人は，現実に話を聞かない人でも「私は人の話を聞きます」と回答してしまう可能性があります。このように，回答者側の回答操作の可能性を考慮しなければならないことが，質問紙法の欠点と言えます。あとは，言語能力に依存するという特徴があります。言語面に困難を示している方は，質問の文面をうまく読み取ることが難しく，適切に答えられない可能性が高いです。

質問紙性格検査は，心理検査の中ではポピュラーな部類に入りますが，このような利点・欠点があることをおさえておくとよいでしょう。

3 代表的な質問紙法

1. YG 性格検査

ここからは，代表的な質問紙性格検査について見ていきましょう。まずは，先ほど少し触れました **YG 性格検査（YGPI）**です。

対象年齢は小学生以上で，日本で最もポピュラーな性格検査と言われており，多くの場面で使われています。なお，小学生以上が対象とありますが成人にも多く使われています。たとえば企業において，社員のパーソナリティを把握するために使われることがあるようです。このように，非常に幅広い場面で使われている検査です。

ポイント 4　YG 性格検査

- 対象年齢：小学生以上
- 日本で最もポピュラーな性格検査の一つ
- 120 の質問項目から，12 の心理特性を測定
- 結果を 5 つの類型に分類することも可能

D	抑うつ性	Ag	愛想のなさ
C	回帰性傾向	G	一般的活動性
I	劣等感	R	のんきさ
N	神経質	T	思考的内向−外向
O	客観性のなさ	A	支配性
Co	協調性のなさ	S	社会的内向−外向

120 の質問項目に 3 件法[04]で答えることで，12 の性格特性を測定する

講義メモ

04 3 件法　「はい」「どちらでもない」「いいえ」の 3 つから当てはまるものを選ぶ。なお，中心化傾向を防ぐため，できるだけ「はい」か「いいえ」で答えるように教示される。

また YG 性格検査は，回答者の回答操作を防ぐため，質問が 2 ～ 3 秒間隔で読み上げられ，回答操作をする間もなく回答を求める強制速度法を取ることが多い。

ことが可能です。12の性格特性はポイント4の表のとおりです。12の特性は「抑うつ性」から「のんきさ」など幅広く用意されています。このことからYG性格検査は，被検査者の全体像を網羅的にとらえることに向いていると言われています。またYG性格検査は，検査結果を表1-1のABCDEの5つの類型に分けることが可能です。

表 1-1　YG 性格検査 結果の 5 類型

Average	Black List	Calm	Director	Eccentric
平均型	情緒不安定 外向的	情緒安定 内向的	情緒安定 外向的	情緒不安定 内向的

2. MMPI

続いて**MMPI（ミネソタ多面人格目録）**です。対象年齢15歳以上で，世界で最もポピュラーな質問紙性格検査と言われています。日本で最もポピュラーな質問紙性格検査はYG性格検査ですが，世界で最もポピュラーな質問紙性格検査はMMPIです。特に，医療領域で多く用いられています。

質問項目は550項目で，3件法です[05]。550項目という項目数はかなり多いので，短縮版もあります。質問項目は，10の臨床尺度と4の妥当性尺度から成り立っていることが特徴です。10の臨床尺度はポイント5の表のとおりです。

講義メモ

05 MMPIの3件法　MMPIもYG性格検査と同様に3件法だが「どちらでもない」は10個までにするように求められる。

ポイント5　**MMPI（ミネソタ多面人格目録）**

- 対象年齢：15歳以上
- 世界で最もポピュラーな質問紙性格検査の一つ。特に医療領域で多く用いられる
- 550項目。10の臨床尺度，4の妥当性尺度から成る。平均50で，70を超えると異常傾向

Hs	心気症	Pa	パラノイア
D	抑うつ	Pt	神経衰弱
Hy	ヒステリー	Sc	精神分裂病（統合失調症）
Pd	精神病性偏倚	Ma	軽躁病
Mf	男性性女性性	Si	社会的内向性

このように臨床尺度は全部で10個あるわけですが，先ほど紹介したYG検査の12個の性格特性と比較すると，違いがわかりやすいです。明らかにMMPIには神経衰弱やヒステリーなど「心の問題」や「精神疾患」に絡んだ内容が多いですよね。実はMMPIの550項目は，心の問題を抱

えている人と健常な人で，統計的有意差が見られた質問項目で構成されています。ですからMMPIは，主に医療領域において，心の問題を把握する目的で使用されることが多いのです。また，医療領域で多く用いられている理由として，異常傾向の目安が与えられている点もあげられます。たとえばMMPIの各尺度について（平均50点に対して）70点以上の得点があると異常傾向の可能性があります。

しかし70点以上であれば，本当にそれだけで異常傾向があるとみなしてよいのでしょうか。先ほど質問紙法の欠点や限界の話をしました。質問紙に対して自分を良く見せようとしてしまったり，逆に「私，こんなに苦しいんですよ」「私はこんなに大変なんですよ」と自分を悪く見せようとアピールしてしまう方もいます。そうなると，必要以上にMMPIの得点が高くなってしまいます。

では，回答結果の妥当性をチェックすることはできないのでしょうか。そこでMMPIの**妥当性尺度**に注目します[06]。こちらをご覧ください。

講義メモ

06 妥当性 結果の的確さのこと。妥当性が高いほど，その結果は真実を反映しているものとみなされる。

ポイント6 **MMPIの妥当性尺度**

?	どちらでもないと答えた数。 **30個以上の場合，妥当性に問題あり**と判断。
L	社会的には望ましいが，実際に行動することはめったにない項目。**社会的望ましさにより，自分を良く見せようとする被検査者は高得点**になる。
F	「はい」と答える者が10%以下となる，めったに「はい」と答えない項目。**検査態度の問題があったり，詐病・困難の強調が見られたりすると高得点**になる。
K	心理的弱点に対する防衛的態度を示す項目。 **検査への警戒心や，自己防衛的態度が強いと高得点**になる。

たとえば「抑うつ」や「パラノイア」の得点が70を超えていて「異常傾向があるのでは？」と疑われた人がいたとします。しかし妥当性尺度の結果を見てみると，**F尺度**の得点も高かったとします。F尺度とは「『はい』と答えるものが10%以下となる，滅多に『はい』と答えない項目」です。このF尺度の得点が高かった場合，そもそも検査態度が良くなかったり，あるいは自身の抱える困難を強調している可能性があります。ですから，今回のMMPIの検査結果から「抑うつ」や「パラノイア」かもしれない，という視点だけでなく「クライエントは，自分の困難を強調しているかもしれない」という視点をもつことができるわけです。その結果，他の検査でテスト・バッテリーを組んでみたり，クライエントを観察した様子や面

接した様子も含めて検査結果について再考したりすることができます。このように妥当性尺度によって，検査結果の妥当性を客観的に検討できることが，MMPIの大きな特徴です。

では，妥当性尺度のそれぞれについて，簡単に説明しましょう。まず**?尺度**についてです。これは「どちらでもない」と答えた数を表します。MMPIは「どちらでもないは10個まで」というルールがあります。しかしそのルールの中で「どちらでもない」を30個以上答えている場合，その検査結果を本当に信じてよいか，疑問になるわけです。

次に**L尺度**です。社会的には望ましいけれども，実際に行動することは滅多にない項目で構成されています。ですからL尺度が高い場合，自分をよく見せようとしている可能性があることになります。

F尺度は先程お伝えしたとおりで，検査態度が良くなかったり，詐病や困難の強調が疑われる場合，高い得点になります。

最後に**K尺度**です。このK尺度は，防衛的態度を示すと言われています。K尺度の得点が高いと，検査そのものや検査者への疑いから，検査への警戒心が高かったり，自分の弱いところや本心を見せない防衛的な態度が強かったりすると，高得点になりやすいです。たとえばMMPIの結果から全体的に困難や異常は見られなかったとしても，K尺度が高い場合は「自己防衛的で，自身の困難を隠しているかもしれない」という視点ももてるわけです。

MMPIは，この4つの妥当性尺度を特にしっかりおさえておくとよいと思います。

3. その他の質問紙法

他に代表的な質問紙法として，**東大式エゴグラム（TEG3）**があります。

ポイント7　**TEG3（東大式エゴグラム）**

- 対象年齢：16歳以上
- バーン（Bern, E.）の交流分析理論をベースに，対人交流のあり方を見る
- 53項目から「5つの心」の高低を把握する

CP	批判的な親の心
NP	養育的な親の心
A	大人の心
FC	自由な子どもの心
AC	順応する子どもの心

対象年齢は16歳以上で，対人交流のあり方に関する5つの心を測定します。他者と定めたルールや規則を大事にするCP，他者に対するいたわりや愛情を重視するNP，他者との関係が利益となるかそうでないかという利害関係を重視するA，自由に感情を表現したり自分をさらけ出したりすることができるFC，周りに合わせて順応しようとするACという，全部で5つの心の状態から，他者との関係性のあり方を見ていく質問紙です。

他の質問紙法として，**MPI（モーズレイ性格検査）**があります。対象年齢は16歳以上で，外向性と神経症傾向の2つの側面を測定可能です。また，回答の歪みを発見するための虚偽発見尺度もあります。

ポイント8　MPI（モーズレイ性格検査）

- 対象年齢：16歳以上
- 外向性（E）と神経症傾向（N）の2特性を測定
- 80項目。虚偽発見尺度（L）も含まれる

最後に**NEO-PI-R**です。この検査は，Big5モデルに基づいています。Big5モデルとは，開放性・誠実性・外向性・調和性・神経症傾向の5つの特性で性格をとらえるモデルで，アルファベットの頭文字を取ってOCEANモデルとも呼ばれます[07]。もともとはNEO，つまり神経症傾向と外向性と開放性の3つだけだったのですが，後から誠実性と調和性が加えられ，改訂されました。適用年齢は大学生以上です。

講義メモ

07 Big5の5因子
- Openness：開放性（空想，審美性，アイディア）
- Conscientiousness：誠実性（秩序，達成追求，自己鍛錬，慎重さ）
- Extroversion：外向性（活動性，刺激希求性）
- Agreeableness：調和性（信頼，実直さ，慎み深さ，優しさ）
- Neuroticism：神経症傾向（不安，敵意，抑うつ，自意識，衝動性，傷つきやすさ）

ポイント9　NEO-PI-R

- 対象年齢：大学生以上
- 240項目。Big5モデルに基づく。開放性（O），誠実性（C），外向性（E），調和性（A），神経症傾向（N）
- 簡略版のNEO-FFIもある

4　質問紙法のまとめ

本章で紹介した質問紙性格検査について，特徴を表1-2にまとめました。

表 1-2 質問紙法の特徴と対象年齢

検査名	実施時間	主な特徴	対象年齢
YG 性格検査	30 〜 40 分	120 項目。12 特性で性格の全体像を把握。5 つの類型に分けて理解することも可能。	小学生以上
MMPI	45 〜 80 分	550 項目。10 の臨床尺度と 4 の妥当性尺度。医療現場を中心に用いられる。	15 歳以上
TEG3	約 20 分	53 項目。5 つの心を測定し，対人交流のあり方を把握。	16 歳以上
MPI	15 〜 30 分	80 項目。外向性，神経症傾向の 2 つの尺度得点から把握。虚偽発見尺度もある。	16 歳以上
NEO-PI-R	30 〜 40 分	240 項目。Big5 モデルに基づく。開放性（O），誠実性（C），外向性（E），調和性（A），神経症傾向（N）を把握。	大学生以上

対象年齢について，YG 性格検査こそ小学生にも使えますが，MMPI，TEG3，MPI は，15 歳〜 16 歳のおよそ高校生以上，Big5 を測る NEO-PI-R にいたっては，大学生以上です。これは，質問紙性格検査に言語能力が求められる点が関係しています。質問紙性格検査は，文章をしっかり読み取って，文章内容と自分の特徴を照らし合わせて考える力が求められますから，ある程度の心身の成熟が必要となるのです。

5 質問紙法以外のパーソナリティ検査

1. 投影法

質問紙法以外のパーソナリティ検査として，**投影法**があります。こちらは簡潔にまとめたいと思います。投影法の定義は「曖昧な刺激を与えて，それに対する自由な反応を求め，その反応に反映された主に無意識的な性格特徴を把握しようとする検査」です。

ポイント 10　投映法（投影法）とは

- 曖昧な刺激に対する被検査者の自由な反応を得て，それを分析することで被検査者の主に無意識的な性格特徴を把握しようとする性格検査の総称
- 代表例として，インクのシミが何に見えるか答えてもらい，その反応内容を分析するロールシャッハ・テストがあげられる
- 他に，TAT（主題統覚検査），PFスタディ，SCT（文章完成法），バウムテストなど

代表的な投影法検査が，**ロールシャッハ・テスト**です。この名前で投影法がどのような検査か，ピンと来た方もいることでしょう。まず，左右対称のインクのシミを見せます。このインクのシミは，どのようにでも解釈できそうな曖昧な絵柄です。そしてそのインクのシミに対して「コウモリみたいです」「人が走ってる様子です」というように被検査者が反応します。その反応内容を分析することによって，主に無意識的な性格特徴を見ていきます。

ロールシャッハ・テスト以外にも，絵から物語を作る**TAT**，台詞が空欄になっている漫画のような絵に対して，台詞を書き入れていく**PFスタディ**，「私は昔…」や「私は幼い頃…」といった未完成の文章が与えられて続きの文章を作っていく**文章完成法（SCT）**，1本の実のなる木を描いてもらい，どんな木を描くかによってパーソナリティを見ようとする**バウムテスト**などが投影法の代表例として知られています。

2. 作業検査法

あとは**作業検査法**です。特定の作業を行なわせて，個人の特性を知ろうとする検査のことです。

ポイント 11　作業検査法とは

- 特定の作業を行なわせて，その結果から個人の特性を知ろうとする検査法
- 作業課題を行なう際の緊張，興奮，混乱，欲求不満などがパーソナリティに反映するという前提に立つ
- 代表例として，内田クレペリン精神作業検査があげられる。ランダムに並んだ1桁の数字の加算を課題とする。作業曲線により作業態度や精神的健康さを調べる

代表的なものは**内田クレペリン精神作業検査**です。ランダムに並んだ数字をひたすら足し算していき，合図があったら次の行に移ってまた足し算していくというものです。そしてその計算結果を線で結んでいき，作業曲線を作ることで，作業態度や精神的健康を把握します。

作業検査法は，作業課題を行なう際の緊張や興奮，混乱や欲求不満がパーソナリティに反映するという前提に基づくものではありますが，深く細かいパーソナリティ特性まではわかりません。ですので，作業検査法を中心としてパーソナリティ特性を把握するというよりは，補助的に使われることが多いです。

パーソナリティ検査に関しては以上になります。

まとめ

- パーソナリティ検査は，大きく分けて質問紙法（尺度法），投影法，作業検査法に大別される。
- 質問紙法は統計的処理により客観的な解釈がしやすく，実施しやすいという利点があるが，無意識面をとらえることの難しさや被検査者の回答操作による検査結果の妥当性の問題がある。
- 上記の欠点を解消するためにYG性格検査では強制速度法が，MMPIは妥当性尺度によるチェックが行なわれている。

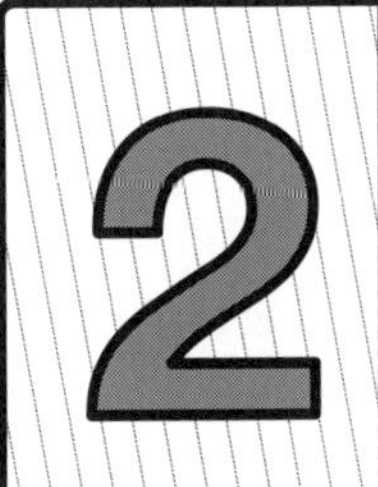

症状評価尺度

1 症状評価尺度の目的

本章では，症状評価尺度について見ていきたいと思います[01]。

講義メモ

01 クライエントと患者　症状評価尺度は医療現場で用いられることが多く「患者」が対象になることが多いが，症状評価尺度が医療現場だけで使われるとは限らないので，本章においても検査対象者の表記を「クライエント」に統一する。

ポイント1　**症状評価尺度とは**

- うつ症状や不安症状など，さまざまな精神症状の評価を行なうための尺度
- 精神症状は，クライエントの主観や，評価者の主観が混入しやすく，**客観的な評価が難しい**
- 信頼性や妥当性が担保された尺度を用いて，**できるかぎり客観的に，クライエントの精神症状を評価する努力が必要**

症状評価尺度とは「抑うつ症状」や「不安症状」などのさまざまな精神症状の評価を行なうための尺度になります。精神症状はクライエントの主観や評価者の主観によって適切な評価が難しい面がありますので，研究によって信頼性[02]や妥当性[03]が担保された尺度を用いて，できるだけ客観的にクライエントの精神症状を評価する努力が重要になります。

症状評価の目的としては大きく3つあります。

講義メモ

02 信頼性　複数回測定しても，安定して一貫した結果が得られること。

03 妥当性　前章（p.51）を参照。なお，信頼性が高く一貫した結果が得られていたとしても「一貫して真実を反映していない」可能性もあるため，妥当性が高いとは限らない。

ポイント2　**症状評価の目的**

- **アセスメントのため**：介入の方針を立てるために，クライエントの状態像を把握する
- **介入効果判定のため**：臨床でクライエントに行なった介入に効果があったかを確認する
- **情報共有のため**：クライエントの状態像や変化について，他職種に客観的に伝える。また，クライエント本人と共有するためにも用いられる

まず１つめは，アセスメントのためです。介入方針を立てるためにクライエントの精神症状を客観的に把握するという目的があります。

２つめは，介入効果を判定するためです。心理面接や薬物療法などさまざまな支援が行なわれたときに，その効果があったかどうかを確認します。本当に「抑うつは下がったのか」「不安は低減したのか」「さまざまな精神症状に変化があったのか」判定します。場合によっては，介入によって精神症状が悪化してしまうこともあるかもしれません。その場合，介入方針は変更を余儀なくされることでしょう。このように介入方針の修正や改善のために，介入効果を判定する材料として症状評価尺度が用いられることがあります。

３つめは，情報共有のためです。クライエントの精神症状やその変化について，他職種に検査結果を伝えていくことで，情報共有することができます。また，クライエント本人に「今のあなたはこのような状態です」とフィードバックし，理解を共有することも可能です。ですから，結果は専門家の間だけで共有するのではなく，クライエントとも共有することで「クライエントも含めた『チーム』で頑張っていきましょう」と進めていくことができます。このように情報共有のツールとして，症状評価尺度が用いられます。

2　症状評価尺度の種類

1. 自己記入式と面接式

症状評価尺度は，**自己記入式**と**面接式**の２種類に分けることができます。

表 2-1　自己記入式と面接式

自己記入式（自己評価）	面接式（他者評価）
・クライエントが意識している症状のみ評価可能（意識していない症状は反映されにくい） ・質問の意図を理解しているか，確認することが難しい ・読字・書字能力に左右される ・回答のバイアスが起きやすい ・待合室や自宅での回答も可能 ・検査者の技量に左右されない ・回答は**比較的短時間**で終わることが多い	・表情や話速など観察から判断される症状，**クライエントが意識していない症状も含めて評価可能** ・クライエントの反応から，**質問の意図を理解しているか確認可能** ・読字・書字能力に左右されない ・回答のバイアスが起きにくい ・回答には検査者が必須 ・検査者のトレーニングが必要 ・回答に時間がかかるものが多い

自己記入式は前章でお伝えした質問紙性格検査と特徴が似ています。つ

まり，クライエントが意識してる症状のみ評価が可能です。自分が「抑うつ的だ」と思っていれば思っているほど「抑うつ症状」は現れやすいですし，自分が「抑うつ的ではない」と思っていたら「抑うつ症状」はその尺度の得点として現れにくいことでしょう。つまり，自己記入式の症状評価尺度は，意識していない症状が反映されにくいという特徴があると言えます。

また自己記入式は前章でもお伝えしたように，質問の意図を本当に理解してるか，本当に適切に文章を読み取れているかといった読字能力に左右される点，自分を良く見せようとしたり自分の困難を強調したりといったバイアスが起きやすい点が欠点としてあげられます。

とはいえ，待合室や自宅で回答することも可能なので，比較的柔軟に実施することが可能である点，比較的短時間で終わることが多い点など，クライエントの時間を拘束することが少ないという利点があります。

面接式は，検査者が側にいなければならず，またその検査者は誰でもよいわけではなく，しっかり研修やトレーニングを受けた者でなければなりません。また，どうしても時間がかかるものが多いです。このように実施の負担が大きいことが面接式の欠点です。

ただ面接式は，クライエントの表情や話すスピードなど，面接の過程を観察することで，より多面的な情報を得ることができます。また面接式の場合，クライエントが意識していない症状も評価可能です。さらに，質問の意図をきちんと相手が理解してるかどうか確認することも可能です。回答のバイアスも起きにくく，クライエントの読字能力や書字能力にも左右されません。重度の精神障害を抱えている場合など，検査の意図や質問内容を理解してもらうことが難しい場合は，面接法が望ましいと言えるでしょう。

2. うつの評価尺度

では具体的に，それぞれの症状評価尺度について見ていきましょう。まずは抑うつ[04]に関する検査です（表 2-2）。

表 2-2 の中には，カットオフ値が示されています。たとえば HAM-D ならば 8 点以上だったら軽度，14 点以上だったら中等度，19 点以上だったら重度，23 点以上になると最重度の抑うつであるということになります。しかし表で示されているカットオフ値は，あくまで評価の目安です。カットオフ値をいくつにするかは，研究者や論文によって変化しますので，あくまで表中の点数は目安とご判断ください。

面接式を用いた抑うつの検査は，HAM-D や MADRS が代表的です。自己記入式は BDI-II や SDS，CES-D が代表的です。多くの抑うつの評価尺度に共通する特徴として「抑うつ = depression」ですから，検査の名称に「D」という文字が入っていることがあげられます。HAM-D，MADRS，BDI-II，SDS，CES-D，すべてに D という文字が入っています

講義メモ

04 抑うつ 気分が落ち込んで活動性が低下した状態のこと。興味の喪失，感情の枯渇，思考制止，自己評価の低下，希死念慮，日内変動（朝は気分が悪く，夕方にかけて改善してくる）貧困妄想，罪悪妄想，被害妄想などを主な特徴とする。

表 2-2　うつ（Depression）の主な症状評価尺度

評価方法	名称	所要時間	特徴
面接式	HAM-D	20〜40 分	うつを中心に，不安や身体症状も含めて 21 項目。8 点以上は軽度，14 点以上は中等度，19 点以上は重度。23 点以上は最重度。
	MADRS	20〜30 分	うつ状態についての 10 項目の重症度判定と，総得点の評価。60 点満点で，7 点以上は軽度，20 点以上は中等度，34 点以上は重度。
自己記入式	BDI-II	5〜10 分	抑うつの程度に関する 21 項目。14 点以上は軽度，20 点以上は中等度，29 点以上は重度。
	SDS	10〜15 分	抑うつの程度に関する 20 項目。40 点以上は軽度，48 点以上は中等度，56 点以上は重度。
	CES-D	10〜15 分	うつ病のスクリーニングとして用いられる。20 項目，16 点以上でうつ病が疑われる。

※カットオフ値は諸説あります。

ね。ですから，名称に D が入っている尺度を見たら「ああ，抑うつの尺度かもしれないな」と思っていただけると判断しやすいでしょう。

また先ほど，面接式は時間がかかるけれども，自己記入式は比較的短時間で終わるものが多いという話をしました。改めて一覧をご覧になってください。面接式である HAM-D が 20 分〜40 分，MADRS が 20 分〜30 分という時間に対し，自己記入式の BDI-II が 5 分〜10 分，SDS が 10 分〜15 分，CES-D が 10 分〜15 分と，比較的短時間で終わっていることがわかると思います。面接式と自己記入式のどちらを用いるかは，クライエントの状況やニーズに合わせて適宜選択することが必要でしょう。

なお表中の CES-D は，うつ病のスクリーニング[05]として用いられていますが，他にうつ病のスクリーニングで使われる検査として **PHQ-9** という検査があります。この PHQ-9 という検査は，9 項目で行ないますので，よりコンパクトに抑うつのスクリーニングが可能な検査として注目されています。

05 スクリーニング　疾病や困難を抱えていると思われる者を見つけ出す過程のこと。困難が悪化する前に早期発見・早期支援するうえでも，重要な過程である。

3. 不安の評価尺度

続いて，不安の評価尺度です。表 2-3 をご覧下さい。

不安は英語で Anxiety と表しますので，その検査名に「A」が含まれていることが特徴です。CAS，MAS，STAI など **A** が含まれていますね（表 2-3）。

不安の症状評価尺度について，順番に紹介していきます。**CAS** は，不安と関係の深い 5 つの性格特性を評価します。具体的には「自己統制力の欠如」「自我の弱さ」「疑い深さ」「罪悪感」「感情性」の 5 つの性格特性から，不安を感じやすいパーソナリティなのかそうではないのかを評価

表 2-3 不安（Anxiety）の主な評価尺度

評価方法	名称	所要時間	特徴
自己記入式	CAS	5～10分	40項目，3件法。不安と関係の深い5つの性格特性を評価。5つの性格特性は「自己統制力の欠如」「自我の弱さ」「疑い深さ」「罪悪感」「感情性」。
	MAS	約5分	65項目，3件法。現在意識している不安（顕在性不安）について回答を求める。結果の妥当性を判断する項目もある。21点以下はおおむね正常域，22点以上は顕在性不安の兆候あり。
	STAI	約15分	40項目，5件法。不安になりやすい性格傾向（特性不安）と，現在の不安反応（状態不安）を分けて測定。不安得点をもとに5段階に評価し，4段階以上は臨床的に問題のある高不安とみなされる。

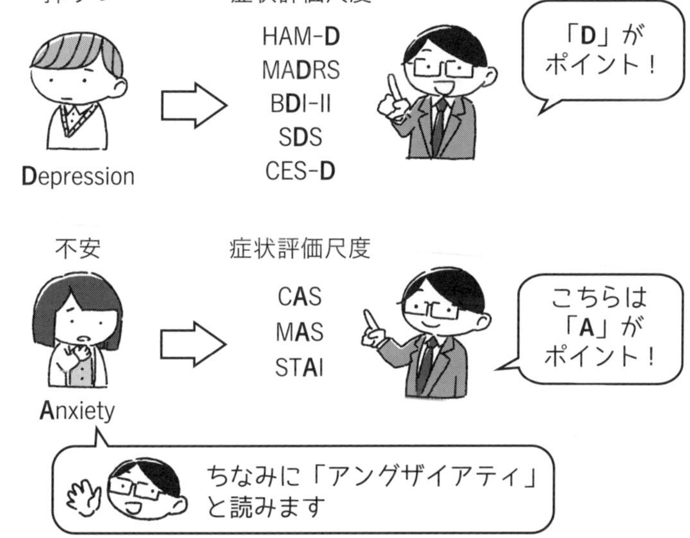

していきます。

MASは，不安を感じやすい性格か感じにくい性格かを測るのではなく「現在意識してる不安」「今抱えている不安」の程度を測る検査です。このような「自分で意識している不安」のことを**顕在性不安**といい，MASは顕在性不安を明らかにすることを目的とした検査です。裏を返せば，MASは自己記入式ですから，自分が意識していない不安は明らかにしにくいという特徴もあります。

不安を測る検査として多く使われてるものに**STAI**（スタイ）があります。これはCASで紹介した「不安を感じやすいパーソナリティ」と，MAS

講義メモ

06 統合失調症 思考，感情，行動の大きな混乱を特徴とする精神障害。統合失調症の症状は，妄想・幻聴など機能の過剰や歪みを主な特徴とする陽性症状と，活動性の低下や意欲喪失など機能の欠如を主な特徴とする陰性症状に分類される。

07 双極性障害 気分の落ち込みによる抑うつエピソードと，気分の過剰な高揚を示す躁病エピソードの2つを繰り返し，気分が安定しない状態のこと。抑うつのみを示す場合はうつ病として区別される。

08 強迫性障害 非合理とわかっていながらも考えることを止められない強迫観念と，強迫観念を振り払うための強迫行為を主な特徴とする。DSM-5においては強迫症と表記されている。

09 パニック障害 理由もなく突然に生じる動悸，発汗，震え，息苦しさ，めまい，胸腹部の不快感などのパニック発作と，その再発をおそれる予期不安を主な特徴とする，代表的な不安障害。DSM-5においてはパニック症と表記されている。

10 社交不安障害 社会不安障害とも呼ぶ。

他者から観察される可能性のある状況に対して，顕著な恐怖や不安を感じることである。自身の行動に対する否定的な評価へのおそれを抱きやすいとされている。なお，DSM-5からは社交不安症と表記されている。

11 PTSD 心的外傷後ストレス障害のこと。生命を脅かすような心的外傷体験に遭遇し，その体験を受け入れられないために，フラッシュバックや外傷体験に関連する事物の回避，認知や気分の否定的変化，過覚醒症状といった精神症状を呈する病態のことである。

で紹介した「どのような不安を抱えてるか」という2点を両方見る検査です。まず不安になりやすい性格特性として**特性不安**を測り，今どんな不安を抱えてるかという**状態不安**を測ります。この特性不安と状態不安の2つに分けて不安を測定していることが，STAIの大きな特徴です。そのぶん，所要時間は長いという特徴もありますので，やはり用途に合わせて使い分けることが大事となります。

ちなみに，MASの子ども版はCMASと呼ばれています。もともとMASは「今感じている不安」を測定するものですが，子どもは「今，自分がどんな不安を抱えているか」を自分で認識することが難しく，測定困難です。そこでCMASは，CASやSTAIの特性不安のように「不安を感じやすい性格特性」を測定する尺度になっています。このようにMASは成人版と子ども版で違いがありますので注意してください。

3 さまざまな精神疾患の評価尺度

ここからは，さまざまな精神疾患の症状評価尺度について，特にその名称に注目して紹介します。

表2-4にあげられているさまざまな症状評価尺度の名称には，症状に関連する用語が含まれています。たとえば，統合失調症[06]の症状を把握するための**PANSS**をあげてみましょう。統合失調症は陽性症状と陰性症状という2つの症状があると言われているため，Positive and Negative Syndrome Scaleで，PANSSとなります。

他の検査も順番に見ていきましょう。**YMRS**は双極性障害の躁病エピソードを把握する検査です。双極性障害は躁とうつを繰り返すことが特徴で，特にうつ病とは躁状態があることで区別されます[07]。躁は英語でManiaと表現されますので，検査名のYMRSにMが入ってるわけです。

Y-BOCSは強迫性障害[08]の症状評価尺度です。強迫のことをObsessive-Compulsiveと表現するので，検査名にOCが含まれています。パニック障害[09]の症状評価尺度である**PDSS**には，Panic DisorderのPDが入っています。社交不安障害[10]の症状評価尺度である**LSAS-J**には，Social AnxietyのSAが入っています。最後にPTSD[11]の症状を見ていく**IES-R**です。IESはImpact of Event Scaleの略称で，Rはrevised，つまり改訂版です。PTSDといえば生命の危険を伴う衝撃的な体験をもとに発生するわけですから，そのインパクトのある出来事を見ていくという意味になります。

表 2-4 精神疾患の主な評価尺度

評価方法	名称	所要時間	特徴
面接式	PANSS	30～40 分	統合失調症の陽性症状・陰性症状（Positive and Negative Syndrome）など精神状態 30 項目それぞれについて重症度判定。
	YMRS	―	双極性障害における躁病（Mania）エピソード 11 項目それぞれを重症度判定。
面接式／自己記入式	Y-BOCS	―	強迫性障害（Obsessive-Compulsive）の症状 10 項目それぞれを重症度判定。
	PDSS	―	パニック障害（Panic Disorder）の症状 7 項目それぞれを重症度判定。
	LSAS-J	約 10 分	社交不安障害（Social Anxiety）の症状 24 項目について，4 件法で回答を求める。
自己記入式	IES-R	2～5 分	PTSD の症状 22 項目について，5 件法で回答を求める。IES は，Impact of Event Scale の略。

4 総合的な健康状態の評価尺度

総合的な健康状態を評価する尺度について紹介します。

表 2-5 の検査は心の状態だけでなく，身体状態も含めて，総合的に幅広く網羅できるように開発されていることが特徴です。ですから全体的に，検査時間が長い傾向にあります。特に CMI（コーネル・メディカル・インデックス）は，身体的な面と心理的な面を総合的にみる検査としてよく使われていますが，男性 212 項目・女性 214 項目と，非常に項目数が多く，回答の負担が大きいと指摘されています。たとえば，体の不調を訴えるクライエントさんの場合，途中で疲れてしまって検査が続行できなくなって

表 2-5 総合的な健康状態の主な評価尺度

評価方法	名称	所要時間	特徴
自己記入式	POMS	10～15 分	気分の状態について 65 項目 5 件法で回答。「抑うつ－落ち込み」「活気」「怒り－敵意」「疲労」「緊張－不安」「混乱」。
	CMI	約 30 分	心身の自覚症状について男性 212 項目，女性 214 項目 2 件法で回答。「身体的自覚症」「精神的自覚症」の 2 つを判定。
	GHQ	10～15 分 短縮版 5～7 分	精神的健康度について 60 項目 4 件法で回答。「身体症状」「不安と不眠」「社会的活動障害」「うつ状態」。

※いずれも，身体症状や精神症状を，総合的に幅広く網羅できるよう，開発されていることが特徴。

しまったり，うつを抱えてる方が途中で答えられなくなってしまったりすることがあります。よって，クライエントの状態に合わせて検査を選択するという視点は，やはり重要になります。

5 症状評価尺度のまとめ

症状評価尺度について，特に名称を中心に紹介してきました。ここで一旦まとめたいと思います。

表 2-6 代表的な症状評価尺度

	自己記入式	面接
うつ症状	BDI-II, SDS, CES-D	HAM-D, MADRS
不安症状	CAS, MAS, STAI	
統合失調症		PANSS
双極性障害		YMRS
強迫性障害	(Y-BOCS)	Y-BOCS
パニック障害	(PDSS)	PDSS
社交不安障害	(LSAS-J)	LSAS-J
PTSD	IES-R	
総合的健康状態	POMS, CMI, GHQ	

検査名が示されたときに，ポイントになるアルファベットをおさえておくことによって「これは不安の尺度だ」とか「これは統合失調症の尺度だ」とわかるようになるとよいですね。ポイントになるアルファベットを整理しなおしておきましょう。

次に，本講義で扱った症状評価尺度の対象年齢を見てみましょう。

表 2-7 は，自己記入式の検査のみをまとめています。先ほども少しお

表 2-7 自己記入式検査の対象年齢

BDI-II	13 歳以上 80 歳以下
SDS	青年期以降
CES-D	15 歳以上
CAS	中学生以上
MAS	16 歳以上
STAI	中学生以上
IES-R	12 歳以上
POMS	18 歳以上
CMI	14 歳以上
GHQ	12 歳以上

伝えしましたが，自己記入式は質問紙性格検査と同様に，被検査者の言語能力に左右されますので，ある程度の心身の成熟が必要です。具体的にはどれも 12 歳以上，つまり中学生以上がほとんどですね。CES-D や MAS になると 15 歳・16 歳以上，つまり高校生以上になり，POMS では 18 歳以上，つまり大学生以上になります。

まとめ

- 症状評価尺度とは，さまざまな精神症状の評価のための尺度である。
- 症状評価尺度は自己記入式と面接式に分かれる。クライエントに検査の意図や質問内容を理解してもらうことが難しい場合は，面接法が望ましい。
- うつ病の症状評価尺度の多くに「D」が含まれているなど，ポイントになるアルファベットをおさえておくとよい。

認知症の評価・神経心理学検査

1 神経心理学的症状とは

本章では，認知症の評価と神経心理学検査についてお話をしていきたいと思います。そこでまず，本章の前提となる神経心理学的症状とは何かを確認していきたいと思います。表 3-1 をご覧下さい。

表 3-1　神経心理学的症状とは

総称	代表的な症状
全般性障害	注意障害，認知症
左半球症状	失語，失読，失書，計算障害
右半球症状	半側無視，構成障害，空間認知障害，着衣障害，相貌認知障害
半球間離断症候群	左手の失書，左手の触覚呼称障害，左視野の失読
前頭葉機能障害	脱抑制，感情障害，意欲障害
側頭葉損傷の症状	健忘，意味処理障害
（行政用語としての） 高次脳機能障害	記憶障害，注意障害，遂行機能障害，社会的行動障害

神経心理学的症状とは，主に脳障害に伴う認知機能の障害のことを指します。神経心理学症状の代表的なものに**失語**があげられます。大脳の左半球には**ウェルニッケ野**と呼ばれる言語の理解に関する重要な部位があり，その部位を損傷してしまうと言葉をうまく理解できなかったり，表現できなくなってしまいます。

脳の右半球は空間認識に関係していますので，その損傷によって**失認**の一種である**半側無視**（はんそくむし）（**半側空間無視**）が起こることがあります。半側無視の方は，両眼の網膜には確かに映像が写っているはずなのに，左半分だけ認識することができません。右側の視界はあるけれども，左側の視界がなくなってしまうのです。

また，大脳の前部である**前頭葉**は，理性や判断といった高次の精神機能を司る脳部位と言われています。よって，前頭葉を損傷すると感情のコントロールが困難になる感情障害や意欲障害など，人格的な変容が起こってしまう場合があります[01]。

講義メモ

01 国里先生の講義　神経心理学的症状については，PART 4「心理職のための神経科学入門」にわかりやすくまとめられています。「心理職がなぜ脳神経について学ぶ必要があるのか」ということについて，非常にさまざまな観点からわかりやすく紹介されていますので，ぜひご参照ください。

2 神経心理学検査の目的と意義

神経心理学検査の目的と意義は以下のとおりです。

ポイント1 神経心理学検査の目的と意義

- 症状の有無と重症度：症状の有無と重症度を明らかにし，再検査によって症状の推移を示す。診断や治療経過，ケアの指針を得るために役立てられる
- 社会福祉的支援，法的手続き：精神保健福祉手帳の取得，介護保険制度，成年後見人制度などの手続きのために評価を行う
- 情報共有のため：症状や重症度を，他職種や患者本人と情報共有するために用いられる

まずは症状の有無と重症度です。症状があるのかないのか，そしてどの程度なのかを明らかにしたり，再検査によって症状がどのように変化しているのか推移を明らかにしたりします。その結果，診断や治療経過の把握，ケアの指針を得ることができます。これらは，前章「症状評価尺度」で述べた内容と同様です。

また，社会福祉的な支援や法的な手続きを行なうために，神経心理学検査が求められる場合があります。たとえば認知症が疑われる場合，**精神障害者保健福祉手帳**[02]を取得したり，介護保険を利用できたりします。また認知症の進行に伴って，自分で財産管理などに関する意思決定ができなくなってしまう場合があるので，**成年後見制度**[03]を利用することも視野に入れる必要があります。このような手続きをするにあたって，「本当にこの人は成年後見制度を利用しなければならないのか」「精神保健福祉手

講義メモ

02 精神障害者保健福祉手帳
都道府県知事が，一定の精神障害の状態にあると認定した人に交付する障害者手帳。主な対象疾患は以下のとおり。
- 統合失調症
- 気分障害（うつ病・双極性障害）
- てんかん
- 薬物やアルコールによる中毒・依存症
- 器質性精神障害（認知症，高次脳機能障害を含む）
- 発達障害
- その他の精神疾患

03 成年後見制度　障害や加齢に伴い，判断能力が不十分になった場合，財産管理や介護サービスの契約などの手続きが難しい場合がある。また，不利益となる契約を結んでしまい，悪徳商法の被害にあうおそれもある。このような判断能力が不十分な人を保護し，支援するための制度が，成年後見制度である。

帳の取得が必要なのか」「介護保険を利用しなければならないのか」を判定する必要があります。このように，社会福祉の制度を利用するために，神経心理学検査による評価が求められる場合があるわけです。これは独自の視点と言えるかもしれません。

また神経心理学検査は，症状や重症度について，他職種や患者本人と情報共有するためにも用いられます。これも前章でお伝えしたとおりです。

3　認知症のスクリーニング

1．MMSE

次に，認知症のスクリーニングに用いられる検査として，代表的なものを紹介していきます。まずは **MMSE**（ミニメンタルステート検査）です。

ポイント2　MMSE（ミニメンタルステート検査）

・所要時間約 10 分。短時間で評価が可能
・30 点満点。26 点以下は軽度認知障害（MCI），21 点以下は認知症が疑われる（※諸説あり）
・11 の下位テストから構成されている

11 の下位テスト	
・日時の見当識	・物品呼称
・場所の見当識	・復唱
・3 つの言葉の記銘	・口頭による 3 段階命令
・計算問題	・書字理解と指示
・3 つの言葉の遅延再生	・自発書字
	・図形模写

11 の下位テストがあり，ポイント 2 の表に示した内容を測定します。所要時間は約 10 分で，短時間で評価が可能と言われています。得点は 30 点満点で，26 点以下は軽度認知障害，21 点以下は認知症の疑いがあると言われています。とはいえ，これらの値についても論文や書籍ごとに差異がありますので，この数字を覚えるというよりは，目安と思っていただければと思います[04]。

04 MMSE のカットオフ値
たとえば，23 点以下は認知症の疑いがあるとみなす場合もある。

なお軽度認知障害（MCI）という概念は，認知症の診断は満たしていないけれども，将来的に認知症に進行するおそれがある人たちのことを指します。なお MCI は，DSM-5 の診断基準の中にも含まれています。MCI が存在する理由は，認知症が進行性かつ不可逆性のものだからです。つま

り，原則として多くの認知症は，一旦失われてしまった認知機能（記憶や注意機能，実行機能など）がもとに戻ることは難しいとされています。これが，進行性であり不可逆性があるということです。つまり，認知症が十分に進行してから発見されても，支援が難しくなってしまうことが多いのです。そこで，できるだけ早めに認知症の疑いがある人を見つけておくことで，早期発見・早期支援につなげていくことが求められます。そのような背景もあって，このMCIという概念が生まれています。しかし，MCIと診断された人のすべてが認知症になるわけではありません。MCIと診断されたために「自分はいずれ認知症になってしまう」という不安を抱えたまま，結果として認知症にならないケースもあるので，難しいところです。MCIの診断がQOL[05]を上げるだけでなく，むしろ下げてしまうものになるのではという指摘もあるわけです。

講義メモ

05 QOL　Quality of Lifeの略称。生活の質と訳される。物質的な豊かさだけでなく，精神的な豊かさや，自立し主体的な生活が可能であるかなどを含めた総合的な概念である。

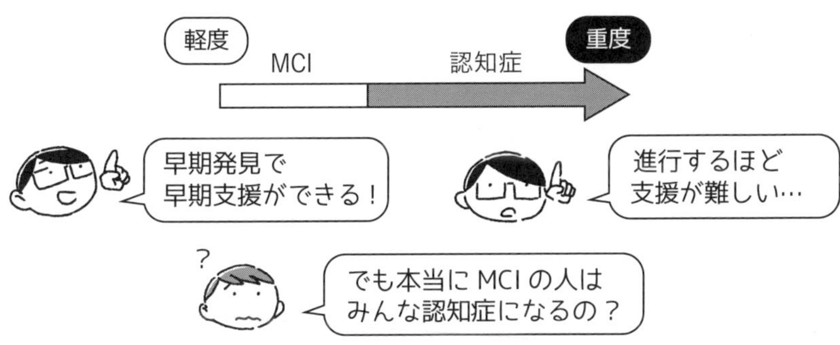

2. HDS-R

もう一つ，認知症のスクリーニングとして代表的な検査がHDS-Rです。長谷川式と呼ばれる検査ですね。

MMSEと同様に所要時間は約10分と比較的短時間で評価が可能です。項目内容はポイント3に示した9つで構成されており，MMSEと同様に30点満点です。HDS-Rは20点以下で認知症が疑われるとされることが多く，特に10点を下回ると重度の認知症の可能性が高いと言われてます。ただこのHDS-Rは，あくまでスクリーニングの検査ですから，重症度は目安にすぎません。HDS-Rの得点が低いから「あなたは重度の認知症です」と診断されることはありません。認知症は，さまざまな観点から総合的に診断されるものなので，スクリーニング検査の結果だけで診断がおりることはないことに，気をつけてください。

ポイント3 **HDS-R（改訂長谷川式簡易知能評価尺度）**

・所要時間約 10 分。短時間で評価が可能
・30 点満点。20 点以下の場合，認知症が疑われる。特に 10 点以下の場合は重度の可能性が高い（重症度の判定はしないので，参考レベル）
・9 の下位テストから構成されている

9 の下位テスト	
・年齢	・計算
・日時の見当識	・数字の逆唱
・場所の見当識	・3 つの言葉の遅延再生
・3 つの言葉の記銘	・5 つの物品記銘
	・言語の流暢性

4 その他の神経心理学検査法

他にも，さまざまな神経心理学検査があります（図 3-1，表 3-2）。

代表的な検査に，ウェクスラー式の記憶検査である**ウェクスラー記憶検査**があります。また，前頭葉の機能を見ていく**ウィスコンシンカードソーティングテスト（分類検査）**[06]や，番号順に数字をつないでいく**トレイル・メイキングテスト**[07]があげられます。さまざまな種類の神経心理学検査がありますので，気になる検査についてはぜひ調べていただけるとよいと思います。

神経心理学検査および認知症の評価尺度については以上になります。

講義メモ

06 ウィスコンシンカードソーティングテスト（分類検査，WCST） さまざまな色の図形が書かれた 48 枚のカードを，分類する検査。色で分類することが求められたり，カードに描かれた図形の数で分類することが求められたり，カードに描かれた図形のかたちで分類することが求められたりする。この課題により，遂行機能の評価を行なう。

07 トレイル・メイキングテスト 用紙に書かれた数字の順に線で結んでいく課題に取り組む神経心理学検査。始めは数字だけをつないでいく課題だが，途中から数字とアルファベットを交えてつないでいく（1→A→2→B…）課題となる。

WCST

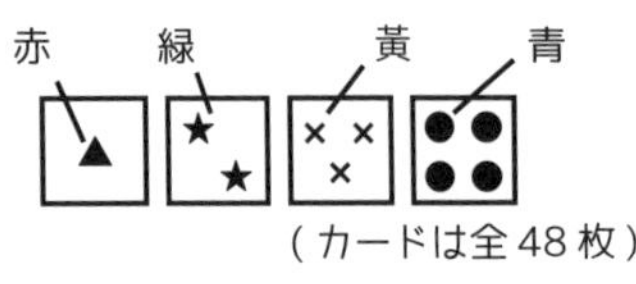

トレイル・メイキングテスト

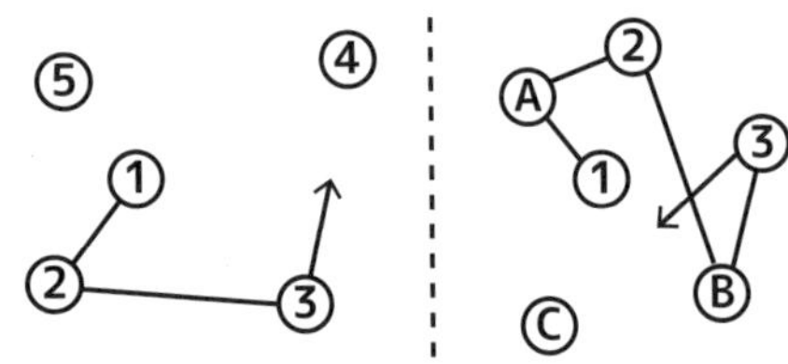

図 3-1 さまざまな神経心理学検査

表 3-2　さまざまな神経心理学検査法

スクリーニング	ミニメンタルステート検査（MMSE） 改訂長谷川式簡易知能評価尺度（HDS-R）
言語系検査	標準失語症検査（SLTA） WAB 失語症検査日本語版（WAB） 標準失語症検査補助テスト（SLTA-ST）
記憶系検査	ウェクスラー記憶検査改訂版（WMS-R） ベントン視覚記銘検査 Rey 複雑図形検査（ROCFT） 三宅式記銘力検査 Rey 聴覚性言語記憶検査（RAVLT）
前頭葉機能検査	ウィスコンシンカードソーティングテスト（WCST） 前頭葉機能検査（FAB） 遂行機能障害症候群の行動評価（BADS） 標準意欲評価表（CAS）
注意	数唱課題（digit span） BIT 行動性無視検査（BIT） 標準注意検査法（CATS） トレイル・メイキングテスト（TMT）
その他	標準高次視知覚検査（VPTA） 標準高次動作性検査（SPTA）

まとめ

- 神経心理学的症状とは，主に脳障害に伴う認知機能の障害のこと。その神経心理学的症状を扱う検査が，神経心理学検査である。
- 神経心理学検査は，症状の有無や重症度の判定，専門家間の情報共有だけでなく，社会福祉的支援や法的手続きのために評価が必要となる場合にも用いられる。
- 認知症のスクリーニング検査として代表的なものが，MMSE と HDS-R である。

知能検査・発達検査

1 知能検査とは

ここからは，知能検査と発達検査について紹介したいと思います。**知能検査**とは，個人の知的能力を測定するため検査で，代表的なものに**ウェクスラー式**と**ビネー式**の２種類があります。

ポイント1　代表的な知能検査

・知能検査：個人の知的能力を測定するための検査

ウェクスラー式	WPPSI	幼児用（2 歳 6 か月～7 歳 3 か月）
	WISC	児童用（5 歳 0 か月～16 歳 11 か月）
	WAIS	成人用（16 歳～90 歳 11 か月）
ビネー式	田中ビネー	14 歳未満は知能指数（IQ）を，14 歳以上は偏差知能指数（DIQ）を算出
	鈴木ビネー	偏差知能指数を算出しない（13 歳 2 か月以上は，修正生活年齢表を用いる）
その他	KABC-II	認知能力に加え，基礎学力も測定可
	DN-CAS	知能の PASS 理論に基づく評価

ウェクスラー式は幼児用の **WPPSI**（ウィプシ），児童用の **WISC**（ウィスク）そして成人用の **WAIS**（ウェイス）の３種類があります。対象年齢は，WPSSI が２歳６か月～７歳３か月，WISC が５歳０か月～16 歳 11 か月，そして WAIS が 16 歳０か月～90 歳 11 か月となっており，年齢別に検査が用意されていることがウェクスラー式の特徴と言えます。また，ウェクスラー式の知能検査は，**言語理解・知覚推理・ワーキングメモリー・処理速度**という４つの指標得点から個々の知的能力を把握し，FSIQ（全検査 IQ）で総合的な知的能力を把握するという手法をとっています。ウェクスラー知能検査については，PART 3 に「知能検査を臨床場面で活用するために」という講義があります[01]。

本章では，ウェクスラー式以外の知能検査について紹介します。日本に

講義メモ

01 松田先生の講義　本書の PART 3「知能検査を臨床場面で活用するために」では，ウェクスラー知能検査の成り立ちだけでなく，近年の知能検査の背景理論としてあげられる CHC 理論や，４つの指標得点で「言語理解が高いが知覚推理が低い」などの特徴が現れたときに，どのような点に注目して，どのように解釈し，どのように臨床場面で活用するのか，という内容について，かなり詳しく紹介されていますので，ぜひご参照ください。

おけるビネー式知能検査は，大きく分けて**田中ビネー式**と**鈴木ビネー式**の2種類があります。田中ビネー式と鈴木ビネー式は，偏差知能指数を用いるか用いないかという違いがあります。**偏差知能指数**[02]とは，知的能力が同年齢の平均から比べてどれぐらい離れているかを数量化した値のことです。田中ビネー式は14歳以上から偏差知能指数を用いますが，鈴木ビネー式は偏差知能指数を用いません。

講義メモ

02 偏差知能指数　知能指数について平均が100，標準偏差が15となるように設定したもの。平均からの差を数量化した値としては，受験などで用いられる「偏差値」が知られている。偏差知能指数は「偏差値の知能指数版」と考えるとイメージがつきやすいだろう。

1. 田中ビネー知能検査

ここでは，**田中ビネー知能検査**をピックアップして紹介したいと思います。

ポイント2　**田中ビネー知能検査**

- 所要時間約60分～90分
- 1歳級～13歳級の年齢級に基づく問題群96問と，成人級の問題群17問から成る
- 検査結果をもとに精神年齢（MA）が算出される
- 精神年齢／生活年齢×100で知能指数（IQ）を算出する。14歳以上は偏差知能指数（DIQ）を算出する
- **分析の視点**
  - ▶IQとMAに基づく分析
  - ▶合格問題・不合格問題に基づく分析
  - ▶行動観察からのアセスメント

所要時間は60分～90分，1歳級～13歳級という年齢級に基づく問題文96問と成人級の問題文17問で構成されています。ここで「年齢級」とい言葉について確認しましょう。たとえば年齢級が1歳の課題は，1歳児の約50%～70%が通過できる課題として設定されています。年齢級が10歳の課題は，10歳児の約50%～70%が通過できる課題が設定されています。そしてもし，生活年齢が10歳であるにもかかわらず7歳級や8歳級までしか通過できない場合，知的な困難さが予想されるでしょう。逆に生活年齢が10歳であるにもかかわらず，12歳級や13歳級の問題も通過できるならば，かなり知的能力が高いと予想されます。

このように設定された課題に対し，何歳級までの課題を通過できたかをもとに精神年齢を産出します。たとえば精神年齢が10歳と算出された場合，およそ10歳級の課題が通過できる，つまり10歳レベルの知的能力をもっていると判断されます。精神年齢によって，総合的に「およそ何歳レベルの知的能力か」がわかることになります。

その精神年齢をもとに**知能指数（IQ）**を算出することが可能です。IQは，**精神年齢÷生活年齢×100**という計算をすることによって求められます。たとえば生活年齢が10歳で精神年齢が12歳である場合，12÷10×100=120となるため，IQは120です。対して，生活年齢が10歳で精神年齢7歳である場合，7÷10×100=70となり，IQは70となります。IQが70となると，かなり知的な困難が予想されることになります[03]。

ただここで紹介したIQの算出方法は，子どもに対して使うには問題ないのですが，大人に対して使うとおかしなことになってしまいます。たとえば，生活年齢が40歳で精神年齢が20歳の場合，20÷40×100=50，つまりIQ50となってしまいますが，40歳で20歳レベルの知的能力をもっているのにIQ50はおかしいでしょう。このような指摘もあって，田中ビネー式ではここで紹介した知能指数の求め方は13歳までにしておき，14歳以降は平均からの差を数値化し，偏差値のように知能指数を求める偏差知能指数を用いています[04]。

分析の視点としては，IQや精神年齢に基づく分析だけでなく，どんな課題をクリアできたのか，どんな課題がクリアできなかったのか，といった視点から知的能力を見る姿勢が重要になります。また，実際に課題に取り組んでる様子を観察して，その観察結果からもアセスメントすることも重要です。

たとえば，被検査者の検査態度が良いとは言えず「なんでこんな検査やんなきゃいけないんだよ」という感じで，検査者とのラポール（信頼関係）が十分に構築できていない状況で知能検査が行なわれ，結果として精神年齢が非常に低く算出されたとします。では，その被検査者の知的能力は本当に低いのでしょうか。必ずしもそうとは言えないでしょう。このように知能検査に取り組んでいる様子を観察しなければわからないことがあるわけです。

講義メモ

03 IQ70以下　IQが70以下である場合，知的障害（知的能力障害）が疑われる。ただし，IQ70以下ならば必ず知的障害と診断されるわけではないことに注意。

講義メモ

04 偏差知能指数とビネー式　偏差知能指数は，ウェクスラー知能検査が使いはじめ，その後田中ビネー式でも採用されることになったという経緯がある。

知能指数（IQ）

$$\frac{\text{精神年齢}}{\text{生活年齢}} \times 100$$

（例）10才

精神年齢
12才

$\frac{12}{10}\times 100 = 120$ (IQ)

40才

精神年齢
20才

$\frac{20}{40}\times 100 = 50$ (IQ)

偏差知能指数（DIQ）

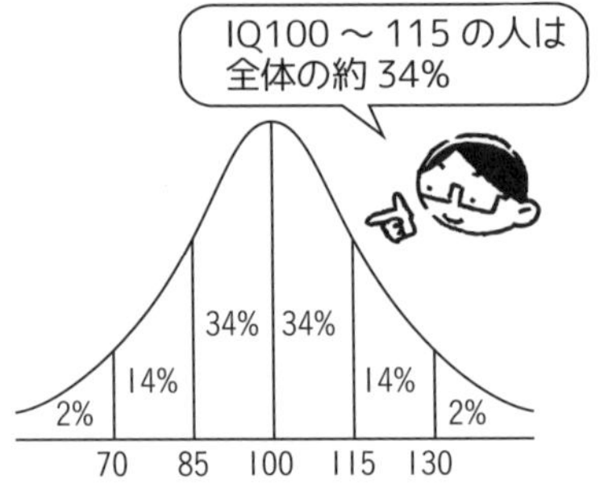

ですから，単純にIQと精神年齢だけで分析するのではなく，どのような課題を通過できていて，どのような課題が通過できなかったのかといった視点や，どのような姿勢で課題に取り組んでいたのかといった視点も含めて，**総合的**に見ていくことが重要になります。

2. KABC-II

次にKABC-II（心理教育アセスメントバッテリー）を紹介したいと思います。

ポイント3　**KABC-II（心理教育アセスメントバッテリー）**

・所要時間約30分～120分（年齢によって異なる）

認知総合尺度（認知能力の総合指標）	
継次尺度	情報を時間的，系統的に順番に処理する
同時尺度	情報を全体的なまとまりとして処理する
計画尺度	課題を解決するための方略決定
学習尺度	情報の効率的な学習と長期記憶の保持
習得総合尺度（基礎学力の総合指標）	
語彙尺度	獲得している語彙量および意味理解
読み尺度	ひらがな，カタカナ，漢字，文章の読み
書き尺度	ひらがな，カタカナ，漢字，文章の書き
算数尺度	計算スキル（筆算）および数的推論

検査時間は30分～120分で，年齢によって大きく異なります。KABC-IIは主に教育場面で用いられる検査です。検査項目は，学習の質に関係する**認知総合尺度**と，学習の量に関係する**習得総合尺度**があります。認知総合尺度は，情報を順番に処理していく能力である**継次尺度**と，複数のことを同時に処理していく**同時尺度**，計画的に物事を進めていく**計画尺度**，学んだことを長期記憶化できるかを見る**学習尺度**に分かれます。以上のように認知総合尺度は，学習に対する取り組みや学びの質を決定する内容になっています。

対して，実際にどのような学びを得ているかという学びの結果が習得総合尺度になります。たとえば，語彙をどれぐらい獲得してるかという**語彙尺度**，ひらがなやカタカナ・漢字がどれくらい読めるか，文の意味をどれくらい理解できるのかという**読み尺度**，ひらがなやカタカナ・漢字がどれくらい書けるか，文がどの程度書けるのかという**書き尺度**，加減乗除の計算や文章問題をどの程度解けるかという**算数尺度**です。このような基礎的な学力を見るのが，習得総合尺度です。

講義メモ

05 CHC 理論　詳しくは PART 3「1　ウェクスラー知能検査の概要」の「5　CHC 理論とは何か」を参照。

つまり KABC-II は，学び方に関する認知総合尺度と，学んだ内容に関する習得総合尺度の２つの観点から，子どもの学びについてアセスメントできることが特徴です。なお，表の中には入っていませんが，KABC-II はウェクスラー知能検査でも用いられている CHC 理論[05]をもとにスコアを算出する方法もあります。

2　発達検査とは

講義メモ

06 発達検査と知能検査　新版Ｋ式発達検査の中に「姿勢・運動領域」とあるように，知的能力に限定せず，発達全般を見るという点で発達検査と知能検査は異なる。

続いて発達検査について紹介します。発達検査は「発達の程度が何歳レベルか」を**発達年齢**というかたちで算出します。そして先ほどの知能指数のように，**発達年齢÷生活年齢×100** という計算で発達指数を求めます。それによって，定型発達と比べて発達が早いか遅いかを見ていくことになります[06]。よって，検査対象者は主に小学校に入る前の未就学児です。1歳半検診や３歳児検診，就学前検診などで発達の遅れが見られた子どもや，幼稚園や保育園で発達の遅れが指摘された子どもに対して用いられることが多いです。

代表的な発達検査は，以下のとおりです。

ポイント４　**代表的な発達検査**

・発達検査：発達指数（DQ）を算出することで，定型発達と比較して早いか遅いかを判断することができる

検査	特徴
新版Ｋ式発達検査 （0 歳 3 か月～成人）	姿勢・運動領域，認知・適応領域，言語・社会領域の各領域，および全領域で発達指数を算出する。
Bayley-III 乳幼児発達検査 （生後 16 日～42 か月）	個別面談による評価だけでなく，養育者が評定する質問紙尺度で，社会性や適応行動に関する評価も可能。また，運動評価の項目も充実している。
遠城寺式乳幼児分析的発達検査表 （0 か月～4 歳 7，8 か月）	移動運動，手の運動，言語，情緒，知的発達，社会的発達を評価。発達指数を算出する。

新版Ｋ式発達検査の対象年齢は０歳３か月～成人とされており「成人」が気になるところですが，成人の発達の遅れを見るために検査するというよりは，子どもの頃に実施した検査を成人でも行なうことで，発達的にどのような変化があったのかを見ていくことが目的です。よって，メインターゲットはやはり未就学児です。

これらの発達検査で発達の遅れが見られた場合，発達障害の可能性があります。しかし発達検査だけで確定診断はできません。発達の遅れが発達障害によるものなのか，そうではないのかいのか，生育歴の聴取や行動観察などさまざまな情報を含めて，総合的に診断される点に注意してください。

ここまで紹介した知能検査や発達検査について，適用年齢をまとめると表 4-1 のとおりになります。

表 4-1　知能検査と発達検査の適用年齢

知能検査	WPPSI	2 歳 6 か月～7 歳 3 か月
	WISC	5 歳 0 か月～16 歳 11 か月
	WAIS	16 歳～90 歳 11 か月
	田中ビネー	2 歳～
	鈴木ビネー	2 歳～18 歳 11 か月
	KABC-II	2 歳 6 か月～18 歳 11 か月
	DN-CAS	5 歳 0 か月～17 歳 11 か月
発達検査	新版 K 式	0 歳 3 か月～成人
	Bayley-III	生後 16 日～42 か月
	遠城寺式	0 歳 0 か月～4 歳 7，8 か月

3　発達障害の評価

最後に，発達障害が疑われる場合について考えます。近年は，発達障害の特性に合わせた評価尺度が開発されています。たとえば**自閉スペクトラム（ASD）**[07] の特性に合わせた評価尺度として，表 4-2 のものがあげられます。

表 4-2　ASD の評価尺度

ADOS-2	自閉症診断観察検査日本語版。課題に対するクライエントの行動を直接観察し，ASD 特性に関する行動を得点化。
ADI-R	自閉症診断面接改訂版。クライエントの養育者に対する面接。96 項目の質問を通じて定量的に評価。
PARS-TR	親面接式自閉スペクトラム症評定尺度テキスト改訂版。ライフステージ別に ASD の特徴が見られたか，半構造化面接で養育者に評定してもらう。
M-CHAT	乳幼児期自閉症チェックリスト修正版。第 1 段階は養育者記入の質問紙，第 2 段階は電話面接。
AQ	ASD 症状を量的に評価する質問紙。児童用（5～15 歳）は養育者が評価，成人用（16 歳以上）は本人の自己評価。

講義メモ

07 自閉スペクトラム症（ASD）
コミュニケーションの困難さ，こだわりの強さという 2 つの主な特徴をもつ，代表的な発達障害の一つ。

本シリーズ『臨床心理フロンティア　公認心理師のための「発達障害」講義』，PART 3「自閉スペクトラム症（ASD）のアセスメントの基本を学ぶ」に ASD の評価尺度に関してより詳しい説明があるので，ぜひご覧になっていただきたい。

ADOS-2 は子どもに課題を与えて，課題にどのような取り組みをするかを観察することにより，ASD 特性を見ていく検査です。他には，養育者に面接をすることによって ASD 特性を把握しようとする **ADI-R** があげられます。他には**注意欠如・多動症（ADHD）**[08] の評価や**限局性学習症（SLD/学習障害）**[09] に関する評価尺度があります。また，近年はよく使われる検査に，適応行動の尺度である **Vineland-II** があります（表 4-3）。

講義メモ

08 注意欠如・多動症（ADHD） 不注意と多動性・衝動性を主な特徴とする発達障害の一つ。

09 限局性学習症（SLD） 読み・書き・計算・推論などの特定の学習能力に著しい困難を示す発達障害の一つ。

表 4-3　ADHD，SLD，適応行動の評価尺度

ADHD	ADHD-RS	ADHD Rating Scale-IV 日本語版。保護者と関係者（保育士，教師など）が記入する評価尺度。18 項目で簡便に実施できる。
	Conners3	保護者と関係者が記入するものと，本人が自己記入するものがある。100 前後の項目があり，簡単には実施しにくいが，豊富な情報を得られる。
	CAARS	Conners' Adult ADHD Rating Scale。成人期の ADHD の診断補助ツール。自己記入式と観察者評価式の 2 種類がある。
SLD	LDI-R	Learning Disabilities Inventory-Revised。対象となる子どもの学習状態を熟知している指導者，専門職が質問紙に回答する。
適応行動	Vineland-II	障害の有無にかかわらず, 個人の適応行動をアセスメントする。クライエントをよく知る者との半構造化面接で実施。発達障害，特に ASD のアセスメントバッテリーに含まれることが多い。

なぜ近年，この適応行動をアセスメントする Vineland-II がよく使われてるのでしょうか。近年は発達障害の障害特性だけでなく，うまく社会適応できているか，適応行動の程度を見ることが求められます。たとえば ASD の特徴をもっていながらも，さまざまな支援などがあり本人が適応的に生活できているのであれば，わざわざ「あなたは ASD です」と診断名を与える必要はありません。むしろ，その診断名がスティグマ[10] になってしまう可能性もあるからです。

10 スティグマ　烙印のこと。差別や偏見のもとになることがある。

診断は「支援のため」に行なわれるものです。障害特性をもっていて，かつ適応行動が取れていないのであれば，うまく社会適応できていないわけですから，支援の必要があります。そこで診断名を与えることで，さまざまな社会制度を活用したり，診断名に合わせた支援の方向性を検討したりすることが可能となるわけです。よって，発達障害のアセスメントにおけるテスト・バッテリーとして，適応行動の面からも把握する Vineland-II が使われるようになっています。

発達障害にかかわるさまざまな検査の適用年齢は表 4-4 のとおりになります。

表 4-4 発達障害にかかわる検査の適用年齢

ASD	ADOS-2	12 か月以上
	ADI-R	2 歳 0 か月以上
	PARS-TR	3 歳以上（年齢別に尺度が異なる）
	M-CHAT	16 か月～30 か月
	AQ	5 歳以上（16 歳以上は本人評価）
ADHD	ADHD-RS	5 歳～18 歳
	Conners3	6 歳（本人記入 8 歳）～18 歳
	CAARS	18 歳以上
SLD	LDI-R	小学 1 年生～高校 3 年生
適応行動	Vineland-II	0 歳～92 歳

発達障害の尺度は，どちらかと言えば年齢が低い子ども用のものが多いですね。ほとんどの検査が，小学校に入る前の未就学児の段階から使えるものが多いです。そんな中，目立っている検査が表 4-4 の **CAARS** です。実はこの検査は，成人の ADHD 傾向を見るための検査です。ですから適用年齢が 18 歳以上と少し目立っていますね。

ADHD や SLD の検査は，就学前検診で発達障害の傾向が指摘されて行なわれることがあるため，5 歳や 6 歳以降の検査が多い印象です。対して，ASD の検査は比較的低年齢から用いられる印象です。

以上，発達障害の症状評価尺度がどれくらいの年齢から使えるのか，イメージする資料として使っていただければと思います。

知能検査・発達検査および発達障害の評価に関する尺度の説明は以上になります。

まとめ

- 知能検査は大きく分けてウェクスラー式とビネー式がある。
- IQ だけで判断するのではなく，検査態度や，どの課題が成功しており，どの課題でつまずいているかを観察し，理解に役立てるべきである。
- 発達障害の特性別の検査も登場している。発達障害特性のそれぞれについてどのような検査があるのか，把握しておきたい。

本講義のまとめ

心理検査の結果の解釈

では，本講義のまとめに入りたいと思います。

心理検査の結果の解釈ということで，表 5-1 をご覧下さい。

表 5-1　ある人物の YG 性格検査の結果

抑うつ性	15	愛想のなさ	12
回帰性傾向	10	一般的活動性	13
劣等感	6	のんきさ	20
神経質	10	思考的内向ー外向	12
客観性のなさ	14	支配性	15
協調性のなさ	4	社会的内向ー外向	15

ある人物の YG 性格検査をやった結果が示されています。この人物は，どのような人物でしょうか。たとえば「のんきさ」は YG 性格検査における最大値である 20 点が出ていますね。「劣等感」は 6 点ということで，劣等感をあまり感じていなさそうです。「協調性のなさ」が 4 点ですから，協調性はあるということなのでしょうか。

実はこの結果，私が大学生の頃に行なった YG 性格検査の結果です。どうでしょう，私はのんきさ最大値の人物なんでしょうか。本当に劣等感を感じないのでしょうか。たとえば今日は，東京のスタジオで講義を収録するために名古屋から新幹線に乗ってきましたけど，新幹線の中で「今日の講義でどんなことを話そうか」といろいろ詰めて考えたり「うまく話せなかったらどうしようかな」ということを考えたりするわけです。のんきさが本当に最大値だったら，新幹線で YouTube でも見ながらのんびり過ごしているかもしれないわけですよね。そう考えると，本当に検査結果だけを見てパーソナリティを把握してよいのだろうか，という話になるわけです。

目隠し分析というキーワードがあります。これは，クライエントの姿を検査結果だけで把握してしまうことです。心理検査だけでクライエントを「理解したつもり」になってしまうのは，よろしくないですよね。知能

検査のところでも，精神年齢やIQだけを見るのではなく，どのような姿勢で課題に取り組んでいるかを見ることが大事だという話をしました。クライエントの様子を観察したり，実際にお話を聞いたりしながら，総合的に理解することが必要になります。

ポイント1　目隠し分析の危険性

- 心理検査だけで，クライエントを理解したつもり（**目隠し分析**）になってはならない
- 観察や面接も含めた，包括的な理解が重要

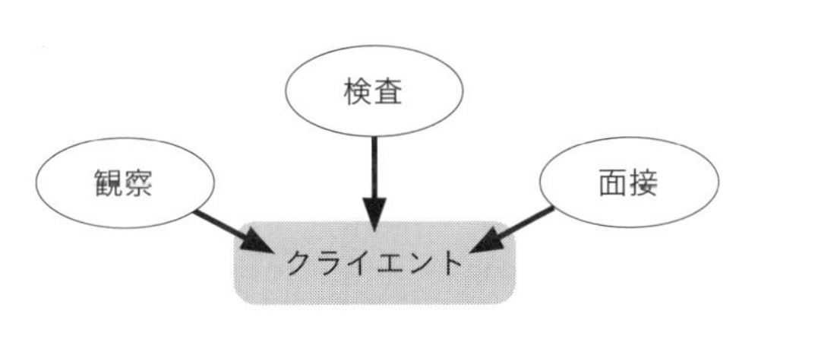

検査による客観的な視点だけでなく，観察や面接も含めて総合的にクライエントを理解するという視点は，常に忘れないようにしていただければと思います。

2　新しい検査への興味・関心

心理検査は，日々新たな検査が開発されています。新たな検査によって，今までわかりにくかったことがわかるようになったり，曖昧にされてきた

講義メモ

01 検査のアップデート たとえば投影法検査として知られるPFスタディは，検査で用いられている図版が現代に即したものにはなっていないという批判があった。そこで成人用のPFスタディについて，図版を現代向けにアレンジした改訂版が2020年に発売された。

ところが明確になったりします。今後もいろいろな検査が開発されたり，あるいは従来の検査がアップデートされたりしますので[01]，ぜひ最新の情報に興味や関心を示していただければと思います。以下に，いくつか紹介させていただきます。

まずは**MSPA**（エムスパ）と呼ばれる発達障害の特性別評価法です。こちらは，発達障害の特性についてレーダーチャートで図示するという特徴があります。ASD(自閉スペクトラム症)と発達性協調運動症とADHD(注意欠如・多動症)，そしてSLD（限局性学習症）という4つの発達障害の特徴を14個の特性にわけて，レーダーチャートで図示したものになります。結局のところ，発達障害は重複することが多いので，重複している場合，どのように重複しているのか総合的に把握する際に，このMSPAが役に立つわけです。

ポイント2　**MSPA（エムスパ／発達障害の特性別評価法）**

・発達障害に見られやすい14特性について，要支援度評定を行ない，結果をレーダーチャートで図示する

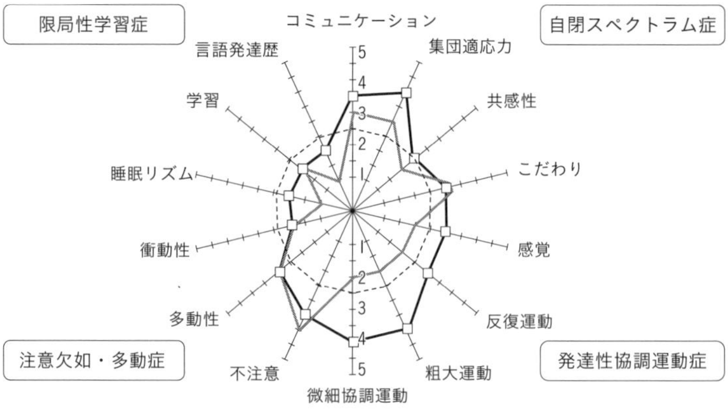

（下山，2019より作成）

次に，最新の検査というわけではないのですが，**IAT**（潜在連合検査）という検査を紹介します。これは，さまざまな概念に対する潜在的な態度を測定する検査です。

あるキーワードが示されて「良い」ものだったら左のボタンを，「悪い」ものだったら右のボタンを，キーワードが「自分」に関するものだったら左のボタンを，「他者」に関するものだったら右のボタンを押すという課題が与えられます。たとえば「たのしい」というキーワードが示されたら

「良い」ものですから左のボタンを,「わたし」というキーワードだったら「自分」ですから左のボタンを押す，といった感じです。このように示されたキーワードごとに，左のボタンを押すか右のボタンを押すかを決めていきます。

ポイント3 IAT（潜在連合検査）1

・さまざまな概念に対する潜在的な態度を測定する

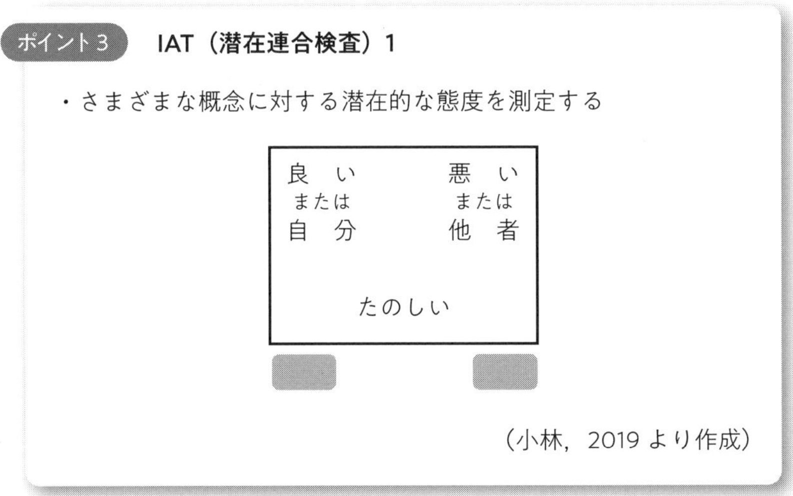

（小林，2019 より作成）

このとき，以下のAとBをご覧下さい。

ポイント4 IAT（潜在連合検査）2

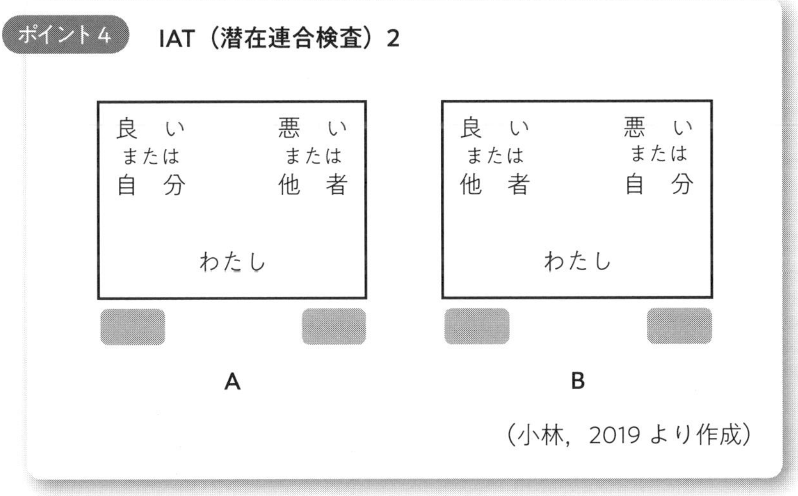

（小林，2019 より作成）

このAとBそれぞれの状況で「わたし」というキーワードを中央に出したとき，どうなるでしょうか。実は，潜在的に自尊心が高い人は，Aの設定のほうが反応が早く，Bのほうが反応が遅くなると言われています。なぜならばBの場合,「わたし」は「自分」だから右のボタンを押さなければならないけれども，わたしは決して「悪い」存在ではない，というところで,反応が遅くなるのです。逆に自尊心が低い人は,「悪い」と「わたし」が結びついてるので，Bの条件のほうが反応が早くなります。このようにさまざまなキーワードをさまざまな組み合わせで提示することで，潜在的な態度を測定する検査が，このIATになります。

多くの心理検査は，潜在的にもっている態度を測定することが難しいと言われている中で，潜在的かつ無意識的な態度を機械的な操作によって把握できる点が，この潜在連合検査の面白い点になります。今後このIATのように，無意識的な性格特徴をコンピューターの操作によって明らかにできる検査が開発されるかもしれません[02]。質問紙でもない，面接でもない新たな形式の検査が今後誕生するかもしれない，そんな可能性を感じさせる検査として，紹介させてもらいました。

講義メモ

02 心理検査の機械化　2020年，新型コロナウィルスによって私たちの生活様式は一変した。心理職の世界においても，従来型のアセスメントや心理面接が困難になる場面が生じている。「心理検査は紙と鉛筆で行なうもの」という固定観念から脱し，新たな可能性を模索する時代がやってきたのかもしれない。

最後に，本講義でお伝えしたかったことをまとめました。

ポイント5　本講義でお伝えしたかったこと

- クライエントの**客観的な評価**のために，観察・面接に加えて，心理検査が必要
- クライエントの多面的な把握のために，**テスト・バッテリー**が必要。そのために心理師は，**さまざまな心理検査に対する理解**が求められる
- 信頼性と妥当性の確保された検査の選択を（**エビデンス・ベイスト・アセスメント**）
- 心理検査の開発は日進月歩。**常に新しい検査への興味と関心**を

クライエントの**客観的な評価**のために，観察や面接に加えて心理検査が必要です。だからといって心理検査だけに偏らず，観察や面接も含めて，総合的に理解することも忘れないようにしてください。

また，クライエントを多面的に把握するためには，**テスト・バッテリー**が必要です。適切なバッテリーを組むためには，さまざまな検査について幅広く理解しておくことが求められます。そのために，本講義ではさまざまな検査について概要をお伝えしてきました。

信頼性と妥当性の確保された検査を選択するようにしてください。本講義ではあまり強調してきませんでしたが，検査ならば何でも使ってよいというわけではなく，信頼性と妥当性が確保された検査を積極的に選んでいくことが必要になります。これが，エビデンスに基づくアセスメント（**エビデンス・ベイスト・アセスメント**）になるわけです。

最後に，心理検査の開発は日進月歩です。たとえば，ウェクスラー知能検査は現在第４版ですが，第５版の開発が進んでいます。そのため，常

に新しい検査に興味と関心をもっていただけるとよいのではないかと思います。

本講義は以上になります。ありがとうございました。

まとめ

・あくまで心理検査は視点の一つ。観察・面接も含めた総合的な理解を。

・新しい時代には，新しい検査が求められる。常に新しい検査に対して興味・関心をもてるようにありたい。

確認問題

TEST 1

以下の文章について，正しい文章には○，正しいとは言えない文章には×をつけなさい。

(1) 質問紙法（尺度法）は，被検査者自身が把握している自分の側面が反映されやすい傾向にある。　(　　　)

(2) 質問紙法（尺度法）の結果は，回答者の回答操作の可能性を考慮しなければならない。　(　　　)

(3) YG 性格検査では，30 分以内にすべての回答を終えることが求められる強制速度法が用いられる。　(　　　)

(4) MMPI は，性格の全体像を把握するために用いられる心理検査である。　(　　　)

(5) 投影法は，言語能力に困難を示す対象にも用いやすいという特徴がある。　(　　　)

(6) 面接式の症状評価尺度は，自己記入式と比べて回答のバイアスが生じにくい。　(　　　)

(7) MAS は，抑うつに関する症状評価尺度の一つである。　(　　　)

(8) 神経心理学検査の結果は，精神障害者保健福祉手帳の取得や成年後見制度の利用など，社会福祉的支援を得るための資料として用いられることがある。　(　　　)

(9) 田中ビネー知能検査では，20 歳以上の成人に対して偏差知能指数を用いる。　(　　　)

(10) ADHD の傾向を把握するために用いられる CAARS の適用年齢は，5 歳以上である。　(　　　)

確認問題

TEST 2

次の空欄に当てはまる用語を記入しなさい。

(1) 複数の心理検査を組み合わせることで多面的な理解を目指すことを（　　　　）という。

(2) 120項目の質問から，12の性格特性を測定し，5つの類型に分類することが可能である，日本で多く用いられている心理検査が（　　　　）である。

(3) 交流分析理論に基づき，対人交流のあり方に関する5つの心を測定する質問紙法検査が（　　　　）である。

(4) ランダムに並んだ数字を足し算していき，作業の結果得られた作業曲線を分析する作業検査法の代表的な検査は（　　　　）と呼ばれている。

(5) 不安の感じやすさである特性不安と，今感じている不安である状態不安の2つに分けて，不安の程度を測る検査は（　　　　）と呼ばれている。

(6) 高次脳機能障害や特定の脳部位の損傷など，脳機能障害に伴う認知機能の障害のことを総称して（　　　　）と呼ぶ。

(7) HDS-Rは9の下位テストから認知症のスクリーニングを行なうことに対し，（　　　　）は11の下位テストから認知症のスクリーニングを行なう。

(8) 生活年齢5歳の子どもがビネー式知能検査を受けて，精神年齢が4歳であった場合，IQは（　　　　）である。

(9) KABC-IIは，学習の質に関する（　　　　）と学習の量に関する習得総合尺度から成る。

(10) Vineland-IIは（　　　　）の程度を把握するために用いられる検査で，近年テスト・バッテリーに含まれることが多い。

確 認 問 題

TEST 3

心理検査についてまとめた以下の表について，各問いに答えなさい。

(1) MMPI の妥当性尺度に関する以下の表の空欄に当てはまる文章として，当てはまる記号を選びなさい。

	尺度内容	予想される傾向
? 尺度	①	検査結果の妥当性が疑われる。
L 尺度	②	⑤
F 尺度	③	⑥
K 尺度	④	⑦

ア．社会的には望ましいが，実際に行動することはめったにない項目。
イ．心理的弱点に対する防衛的態度を示す項目。
ウ．どちらでもないと答えた数。
エ．「はい」と答える者が 10％以下となる，めったに「はい」と答えない項目。
オ．検査態度の問題があったり，詐病・困難の強調が見られたりする。
カ．検査への警戒心や，自己防衛的態度が強い。
キ．社会的望ましさにより，自分を良く見せようとする。

(2) 以下の症状評価尺度を，表の中に分類し記号で答えなさい。

うつ症状	①
不安症状	②
ASD	③
ADHD	④

ア．HAM-D　イ．MAS　ウ．ADHD-RS　エ．BDI-II　オ．M-CHAT
カ．MADRS　キ．Conners3　ク．CES-D　ケ．ADI-R　コ．PARS-TR
サ．CAS　シ．CAARS　ス．STAI　セ．SDS　ソ．AQ　タ．ADOS-2

確 認 問 題

TEST 4

以下の問いに答えなさい。

(1) 心理検査が求められる場面にはどのような場面があるか，できるだけ多面的に述べなさい。

(2) 質問紙法の利点と欠点について，整理して説明しなさい。

(3) 面接式の症状評価尺度の利点と欠点について，整理して説明しなさい。

(4) 発達検査とは何か説明しなさい。

(5) 目隠し分析とは何か。また目隠し分析が望ましくないとされるのはなぜか，論じなさい。

解答例

TEST 1

(1) ○
(2) ○
(3) × 強制速度法は，2～3秒間隔で質問の文章が読み上げられ，その読み上げるテンポに合わせて回答を求める方法である。
(4) × MMPIは特に性格の病理面に注目した検査であり，全体像の把握とは言えない。
(5) × バウムテストなどの描画法ならば問題ないが，多くの投影法検査は言語能力を要する。
(6) ○
(7) × MASは不安に関する症状評価尺度である。
(8) ○
(9) × 14歳以上で偏差知能指数を用いる。
(10) × CAARSは成人期のADHD特徴を把握するための検査で，適用年齢は18歳以上である。

TEST 2

(1) テスト・バッテリー
(2) YG性格検査
(3) TEG3（東大式エゴグラム）
(4) 内田クレペリン精神作業検査
(5) STAI
(6) 神経心理学的症状
(7) MMSE
(8) 80
(9) 認知総合尺度
(10) 適応行動

TEST 3

(1) ①ウ，②ア，③エ，④イ，⑤キ，⑥オ，⑦カ
(2)
①ア，エ，カ，ク，セ
②イ，サ，ス
③オ，ケ，コ，ソ，タ
④ウ，キ，シ

TEST 4

(1) 心理検査が求められる場面として，大きく以下の5つをあげる。

第1に，現在の知能水準と知的能力の詳細を知りたい場合である。たとえばクライエントが子どもである場合，知能検査を行なうことでどのような面に困難が見られるのか，そしてどのような強みがあるのかを理解することができ，支援の方向性をより適切なものにすることが可能となる。

第2に，クライエントの性格面の特徴を知りたい場合である。たとえば内向的なのか外向的なのかなど，性格面の特徴を客観的に明らかにしたい場合に心理検査が用いられる。

第3に，精神病の疑いがある場合である。精神病の場合は，薬物療法を受けるためにも精神科医へのリファーが必要になる。目の前のクライエントを精神科にリファーするべきかそうではないのかを判断するために，心理検査や症状評価尺度を用いることがある。

第4に，心理面接の目的を明確化するための資料を得たり，家族に説明するときの情報を得たりする目的で用いる場面である。たとえばうつが疑われる場合，クライエントがうつ的な傾向をもっているか否かを検査により客観的に評価することで，家族に「励ましや声かけに気をつけてください」という情報提供が可能となる。

最後に，面接の効果判定資料として用いられる場合である。たとえば心理学的な介入を行なった結果，うつ傾向が変化したのか否かを判断するために心理検査が用いられる。以上のように，心理検査はさまざまな目的で用いられている。

(2) 質問紙法の利点として3点あげる。第1に，統計的な処理による客観的な解釈が可能な点である。得点を集計することにより，性格特性を数量化することが可能であり，数量化することで個人内の比較や個人間の比較が可能となる。第2に，集団実施が可能という点である。質問紙を多くの人に一気に配布して，一気に回収する，という方法が可能となる。第3に，検査者の熟練に左右されにくい点である。質問紙法の実施において検査者の深い熟練が求められず，「実施しやすい」という特徴があると言える。

欠点も同様に3点あげる。第1に，無意識面をとらえることが難しい点である。意識面の特徴は反映されても，無意識的な内容は質問紙に反映されないことが多い。第2に，回答のバイアスが生じやすいことである。回答者側の回答操作の可能性

を考慮しなければならない。第3に，言語能力に依存するという特徴がある。言語面に困難を示している場合，質問の文面をうまく読み取ることが難しく，適切に答えられない可能性が高い。

質問紙法は，上記のような利点と欠点をふまえたうえで実施することが望ましい。

(3)　面接式の症状評価尺度の欠点として，検査者が回答者の側にいなければならないことがあげられる。またその検査者は誰でも良いわけではなく，研修やトレーニングを受けた者でなければならない。また，面接式の症状評価尺度は時間がかかるものが多い。このように，実施の負担が大きいことが面接式の欠点と言える。

ただ面接式の症状評価尺度は，回答者の表情や話すスピードなど面接の過程を観察することで，より多面的な情報を得ることができる。また面接式の場合，クライエントが意識していない症状も評価可能である。さらに，質問の意図を相手が理解してるかどうか確認することも可能である。回答のバイアスも起きにくく，クライエントの読字能力や書字能力にも左右されない。重度の精神障害を抱えている場合など，検査の意図や質問内容を理解してもらうことが難しい場合は，面接法が望ましいと言える。

(4)　発達検査とは発達の程度を測る検査である。具体的には，発達の程度を発達年齢というかたちで算出する。また必要に応じて，発達年齢÷生活年齢×100という計算で発達指数を求める。それにより，定型発達と比較した発達の程度を見ていく。主な検査対象者は，小学校に入る前の未就学児です。1歳半検診や3歳児検診，就学前検診などで発達の遅れが見られた子どもや，幼稚園や保育園で発達の遅れが指摘された子どもに対して用いられることが多い。

(5)　目隠し分析とは，クライエントの姿を検査結果だけで把握してしまうことである。たとえばビネー式知能検査において，精神年齢やIQの値だけで知的能力を判断してしまうことを指す。精神年齢やIQだけで知的能力を判断するのではなく，どのような姿勢で課題に取り組んでいるか，どのような課題でつまずいているのかなどを深く観察しなければ，子どもの知的能力を把握し，支援に役立てることは難しい。このようにアセスメントにおいては，目隠し分析に陥らず，クライエントの様子を観察したり，クライエントと面接したりしながら，総合的に理解する姿勢が求められている。

PART 3

知能検査を臨床場面で活用するために

知的能力のアセスメントだけでなく，発達障害や認知症等の障害理解のために幅広く活用されている知能検査について，臨床場面で適切に活用するための方法と，そのポイントを解説します。

講　義

松田　修
上智大学総合人間科学部　教授

0 はじめに：講義の概略

1. 臨床場面で知能検査を利用する目的

「知能検査を臨床場面で活用するために」の講義を始めていきたいと思います。よろしくお願いいたします。まず最初に，講義の概略をお話しします。知能検査についてよくご存じの方もいるかと思いますが，復習を兼ねてお聞きください。

知能検査は，人間の知的能力そのものだけでなく，認知的な処理の特徴（**認知機能の特徴**）を把握するために使われています。また知能検査は，測られた知的能力に基づいて人を選別するために用いられるわけではなく，知的能力の特徴や認知機能の特徴をしっかり把握し，臨床場面でどのように活用するか，どのような支援や援助が必要かということを導き出すために用いられます。つまり，ご本人のためにどう検査結果を返すことができるか，という点が重要です。

臨床場面でどのような方々に知能検査が使われるかというと，多くの場合，知能もしくは認知機能の障害が疑われる方ということになります。たとえば**知的障害**は，全般的な知的発達水準と適応面の評価という2つの観点から診断[01]されます。そのうちの一つ，知的発達水準の程度を調べるために，知能検査は不可欠です。あるいは，**LD**[02]や**ASD**[03]，**ADHD**[04]のお子さんなどのように，全般的な知的発達の遅れがあるかどうかに加えて，その方の認知発達の特徴をきちんと評価する必要がある場合にも，知能検査が用いられます。たとえば教育分野でLDのお子さんの場合，知的発達には遅れはありませんが，特定の認知領域に遅れや偏りが見られます。そこで，その子の認知の特

× 知能検査で人を選別する

○ 知能検査を支援に役立てる

 講義メモ

01 知的障害の診断　従来，知的障害はIQ（知能指数）70以下であることが診断基準であったが，精神疾患の診断・統計マニュアルの最新版であるDSM-5では，知的能力だけでなく日常生活を送るうえでの困難さを抱えているか（適応面の評価）も含めて診断が行なわれることになった。なお，知的障害はDSM-5において「知的能力障害」と記載されている。

02 LD　発達障害の一つである，学習障害のこと。DSM-5では「限局性学習症（SLD）」とされている。読み書きなど，特定の学習行動に著しい困難を示すことを主な特徴とする発達障害である。

03 ASD　発達障害の一つである，自閉スペクトラム症のこと。従来，自閉性障害，アスペルガー障害と呼ばれていたものがこのASDに含まれる。コミュニケーションの困難さとこだわりの強さを主な特徴とする。

性に合わせた個別指導計画を立てていきます。そのときに，知能検査がとても大きな力を発揮します。

他に，**認知症**や認知症の前駆段階といわれている**軽度認知障害**[05]の診断治療等においても使われます。ただし後ほど詳しくお話ししますけれども，知的障害であれ認知症であれ，そもそも知能検査を適用することが難しい場合があります。知能検査の種類にもよりますが，長いものだと90分くらいかかります。また，**信頼性**[06]を高めるために，たくさんの問題を実施することで誤差を小さくする仕組みになっています。このようにたくさんの問題をやるからこそ，長時間の検査に耐えることが難しい方々，もしくは複雑な教示の理解が難しい方々に対しては，知能検査を適用することはできません。そういった方々に知能検査を適用してよいかどうかを判断するのも，心理専門職の仕事の一つです。たとえば認知症の場合は，認知症が疑われる場合，もしくは軽度の認知症くらいまでが，知能検査の適用範囲です。軽度認知障害の方に関しては，ウェクスラー記憶検査[07]などを併用して行なうことで，記憶の程度と全般的な知的能力の程度を比較しながら，より多角的にその方の認知機能の特徴をつかむことができます。

なお，知能検査単独で医学的な診断はできません。あくまでも知能検査は知的能力の測定，もしくは認知機能の特徴を把握するためのツールというようにご理解いただければと思います。さらには対象の方の状況によっては，そもそも適用外もありえるということを承知のうえで，専門家は知能検査を使うことになります。

もう一つお話ししておきたいのは，今お伝えした知的能力や認知機能の障害を中核症状とする方だけではなく，いわゆる機能性精神障害と呼ばれる**統合失調症**[08]や**気分障害**[09]の方々に対しても，知能検査が用いられることがあるということです。たとえば高齢者の方が「最近意欲が減退した」「日常生活がうまくいかない」という主訴で医療機関を受診するとき，病態としてうつ病が疑われる場合であっても，何らかの器質的な変化や加齢に伴う認知機能の低下が，主訴の背景に大きく関与している場合があります。よって，機能性精神障害が疑われるケースであっても，その方の知的能力の評価が必要な場合があります。そして知的能力や認知機能の測定によって，その方の行動や適応がなぜ困難になっているのかを，理解したり予測したりすることができます。このようなかたちでも知能検査が使われていることをご理解いただければと思います。

臨床場面で知能検査を利用する目的をまとめると以下のようになります。

- 知能検査は個人の知的な能力あるいは認知機能の特徴を把握するために使われている。
- 知能検査は，知的障害，発達障害，認知症，軽度認知障害の診断・治療・支援には不可欠である。
- 器質性精神障害に限らず，機能性精神障

宮川 純（河合塾KALS講師）

04 ADHD　発達障害の一つである，注意欠如・多動症のこと。その名のとおり，不注意と多動性・衝動性の2つを主な特徴とする。

05 軽度認知障害　MCIと略されることもある。認知症は進行性の疾患であるため，一旦失われた認知機能を回復することはきわめて困難である。そこで，将来的に認知症になるおそれがある者に対し，早期発見と早期支援を目的として軽度認知障害という診断がなされる場合がある。

06 信頼性　検査を複数回実施した際の誤差の少なさ，結果の安定性のこと。実施するたびに結果が変わる検査は「信頼性が低い」と評価される。

害を含めて，知能検査は人々の行動や適応の困難の理解や予測に際して重要な情報を与えてくれる。

2. 知能検査がどのように活用されるか

次に図 0-1 をご覧ください。発達障害と認知症の例が示されています。

発達障害と認知症は，いずれも脳の中枢神経の障害を中核症状とする代表的な障害です。この図で示された 3 つのレベルのうち，知能検査で測定するのは，**認知レベル**になります。たとえば発達障害の場合，認知レベルの測定によって認知発達の遅れがあるのかどうか把握します。また全般的な遅れは見られなくても，領域別に見たときに「特定の領域は高いけれども特定の領域はそうではない」という**認知機能の偏り**があるのか，そしてその偏りは個人内でどれくらいの差となって表れているのか，といったことを調べるためにも用いられます。その結果として，子どもであれば学校生活，大人であれば社会生活や家庭生活，つまり行動レベルでどのような困難が起こりえるのか，あるいは起こっているのかを理解する手がかりを得ることができます。

認知症の場合は，認知機能がどれくらい低下してきているかを測定します。しかし，そもそも認知症の定義は「**一度正常に発達した能力が，病的に低下した状態**」です。よって実は，仮に知能検査を実施しても，病前の知的発達の水準がわからないと，知的能力が低下したかどうかわかりません。そこで，その方の生活歴や日常生活の変化などの情報を加味したうえで，最終的に知的能力の低下が見られたのかどうか判断します。よって，知能検査では図 0-1 の認知レベルについて測定し，その方の認知機能が以前と比べて変化しているのかどうかを，行動レベルも含めて慎重に判断します。また，知能検査で測定される領域には，認知症の

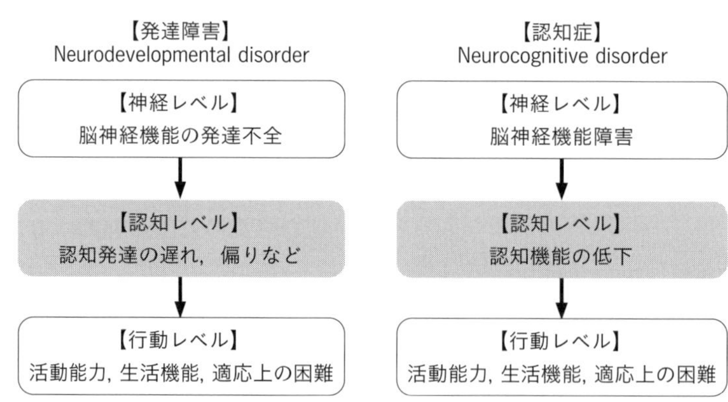

図 0-1 認知機能障害を中核的特徴とする障害

講義メモ

なお，検査は信頼性だけでなく「妥当性」も重要とされる。妥当性とは，検査結果が対象の状態を適切に表しているかを表す概念のことである。

07 ウェクスラー記憶検査 WMS-R と呼ばれる記憶の諸側面の評価が可能な検査。16 歳～ 74 歳 11 か月に適用可能。ウェクスラー知能検査と同様，平均 100，標準偏差 15 で検査結果が示される。

08 統合失調症 妄想や幻聴などの陽性症状と，感情の平板化や行動欠損などが見られる陰性症状の 2 つを主な症状とする，重篤な精神疾患。

09 気分障害 うつ病と双極性障害（躁うつ病）の総称。なお DSM-5 において，気分障害というカテゴリー名は無くなり，う

初期症状で低下しやすい領域とそうではない領域がありますので，そのアンバランスさを比べながら，機能の低下を判断することもあります。

他にも，高齢者の方がこれからも一人暮らしを続けることが可能なのか，金銭管理や経済的な行為を一人で行なう力があるのか，などを判断するためにも知能検査を用いた認知レベルの評価は重要です。今，さまざまな経済被害や消費者トラブルに巻き込まれる高齢者の方が多くいます。そういった方々の権利を守るためにも，そして成年後見制度[10]などの制度を利用するためにも，知能検査から得られた結果が活用されることがあります。

3. そもそも知能とは何か

この講義は知能検査の講義ですが，皆さんそもそも「知能とは何ですか」と問われたときに，きちんと説明することができるでしょうか。心理専門職であっても「知能とは何か」と問われると下を向いてしまう方が多く，「知能とは何か」を説明することは意外と難しいようです。

僕は教育の臨床と医療の臨床の両方にかかわっていますが，たとえば子どもの発達の遅れがあり，保護者の方に「これからWISC-IVという知能検査をしようと思います」と説明したら「えっ？　知能を測るんですか？」と言われたことがあります。心理専門職ではない方々に，知能という言葉を正しく説明することは難しいです。でもそこを上手に，あるいは相手が納得するように「知能とは何か」を説明する力が，心理専門職には求められています。このことが今回の講義の一番のポイントかもしれません。

知能検査を臨床現場で活用するためのポイントは，「知能とは何か」「知能検査とは何か」ということ，そして「知能検査の結果から，お子さんのため，患者さんのために，どのような情報をフィードバックできるか」ということを，心理専門職として正しく理解していることです。

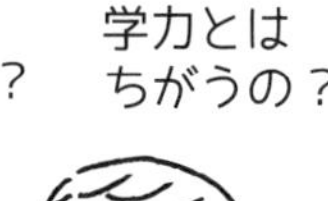

つ病と双極性障害がそれぞれ独立したカテゴリーとなった。

10 成年後見制度　障害や加齢に伴い判断能力が不十分になることで，財産管理の手続きが難しくなる場合がある。また，自身にとって不利益となる契約を誤って結んでしまうおそれもある。

そこで，判断能力が不十分な人を保護するために，後見人（保佐人，補助人）と呼ばれる者が，本人に代わって財産管理などの手続きを行なうことがある。このための制度が，成年後見制度である。

では具体的に「知能とは何か」を考えてみましょう。以下はディアリ（Deary, 2001）という有名な知能研究者が「知能とは何か」ということについてまとめた文献から引用したものです。

・知能（intelligence）の定義は学者の数ほどあるといわれる
・しかし著名な心理学者が合意しているのは
　▶抽象的な思考あるいは推論　99.3%
　▶問題解決能力　97.7%
　▶知識を獲得するための能力　96.0%
・物事を「理解し」，それに「意味を与え」，何をするべきかを「見抜く」ための広く深い能力

1980年代後半，スナイダーマンとロスマン（Snyderman & Rothman, 1988）は知能に関する著名な研究者に対して「知能とは何か」と尋ねてみたところ，さまざまな回答が返ってきたそうです。そのため，「知能は学者の数ほど定義がある」と言われています。パーソナリティもそうですが，そもそも知能という見えないものを定義し，それを測定するためにはどうすればよいか考え，仮説に基づいて測定していますので，物理的な指標のように知能を捕まえてくることはできません。だからこそ定義が非常に重要なのですが，知能についてはいろいろな定義があるようです。

しかし，**抽象的な思考力**もしくは**推論する力**については，ほぼ100%の研究者が知能の重要な要素だと述べています。2番めにパーセンテージが高かったのは**問題解決能力**です。3番めは「知識」ではなくて「**知識を獲得するための能力**」となっています。この「知識」ではなく「知識を獲得する力」というあたりが，「一般の方々の考える知能」と「専門家が考える知能」で認識が異なる部分ではないかと思います。一般の方の中には，「知能」と「学力」は同じととらえている方も少なくありません。もちろん知能と学力は，集団として見れば相関関係にあります。しかし，知能は高いけれども，学力はそうでもない人がいたり，知能が高くなくとも学校の成績はさほど苦戦していない，という人もいたりして，必ずしも一致しません。著名な学者の合意からもわかるように，知能とは「どれだけたくさんのことを知っているか」という知識の量のことだけを表すわけではありません。どうやって知識を獲得し，環境に適応するために知識を使って与えられた課題を解決し，今何が求められていて，これから自分はどのように対応すればよいかを，自ら考えていく思考力や推理力こそが知能の本質のようです。

要するに「知能とは？」と問われたら，**物事を理解し，それに意味を与え，何をすべきかを見抜くための広く深い能力**，という考えがひとまず落ち着いている知能の定義になります。

4. 代表的な知能検査

知能検査にはさまざまなものがあります

講義メモ

11 スタンフォード・ビネー検査　年齢別の課題が用意され「何歳の課題まで到達できたか」を調べることで，総合的な知的発達水準である「精神年齢」を算出することを主な特徴とする。

が，実際に「知能」という名前がついている検査はそんなに多くありません。「認知」という言葉を使っている検査のほうが，多くなってきているかもしれません。現在，知能検査と名前がついていて，かつ国際的にも広く認められていて，それから日本の臨床でも比較的多くの方に活用されている検査は，表 0-1 にあげているものだろうと思います。

1905 年のビネーとシモンの尺度から発展した**スタンフォード・ビネー検査**[11]と，今回主にお話させていただく**ウェクスラー検査**の 2 つが，世界的に使われている知能検査になります。最近ウェクスラー検査は，ウェクスラー・ファミリーと呼ばれることがあります。この中には，成人用の WAIS[12]，子ども用の WISC[13]，幼児の WPPSI[14] というように，幼児用と子ども用と成人用といろんな世代にまたがっていくつかの種類があります。

知能検査は時代とともに改訂が行なわれ，進化しています。日本で使うことのできるウェクスラー検査の最新版は第 4 版です。第 4 版の中でも特に WISC だけが今，第 4 版が刊行されています。現在 WAIS については第 4 版の標準化[15]が行なわれており，間もなく WAIS も第 4 版に切り替わります[16]。しかし世界の流れで言えば，今は第 5 版が出始めています。

このように時代の流れとともに，あるいは理論的研究の進歩に合わせて，知能検査も速いスピードで改訂されていますので，それに合わせて心理専門職は新しい検査の実施法や理論的背景をしっかりと修得し，クライエントのためになるように活用していく自己研鑽が求められています。

5. 講義の内容

知能検査は，知的能力そのもののアセスメントだけではなく，対象者の理解のため，特に発達障害や認知症などの障害理解のために，幅広く利用されているという話をしました。そこでこの講義では，特にウェクスラー知能検査を中心に，心理専門職が臨床場面で検査を適切に利用するための方法と，そのポイントを解説します。

なお，ウェクスラー知能検査の第 3 版と第 4 版はかなり違っています。実施法もかなり変わっていますし，考え方も変わっていますので，当然解釈の仕方も違います。ということは，検査結果の意味が変わってきますので，そのあたりをしっかりお伝え

表 0-1　代表的な知能検査

スタンフォード・ビネー検査	1905 年のビネーとシモンの尺度から発展	
ウェクスラー検査	WAIS	1939 年のウェクスラー・ベルビュー I から発展
	WISC（WPPSI）	1946 年のウェクスラー・ベルビュー II から発展

12 WAIS　成人用ウェクスラー知能検査。ウェイスと読む。
13 WISC　児童用ウェクスラー知能検査。ウィスクと読む。
14 WPPSI　幼児用ウェクスラー知能検査。ウィプシと読む。
15 標準化　翻訳された文章を用いた教示でも，適切な検査結果が得られるかなど，検査の信頼性と妥当性を確保するための作業のこと。
16 WAIS-IV　本講義は 2016 年に収録された。2020 年現在 WAIS の第 4 版，WAIS-IV の標準化が終わり，日本においてもさまざまな場面で用いられている。

できればと思って用意をしてきました。

全部で以下の３つの流れでいきたいと思います。

1. ウェクスラー知能検査の概要
2. 解釈から支援へ：WISC-IV を中心に
3. 知能検査の臨床利用の留意点

最初に WISC と WAIS の概略について，特に何がどう改訂され，なぜ改訂が必要だったのかお伝えします。次に実践的な臨床活用について，WISC を例にあげながらお伝えします。WAIS や WPPSI を活用していただくときも，同じような理論背景，理論的な枠組みで解釈できますので，WISC を中心に第４版のウェクスラー検査について，解釈から支援へどうつなげるかという話をします。そして最後に，知能検査を現場で使ううえで考慮すべき臨床上の留意点をまとめてお伝えします。今回は，その３つの話題で講義したいと思います。

ウェクスラー知能検査の概要

ウェクスラー知能検査とは

では1つめの話題として，WISC と WAIS の概略についてお話をいたします。「講義の概略」で，ウェクスラー・ファミリーと呼ばれるという話もしましたが，一般的には**ウェクスラー知能検査**と呼ばれます。あるいはウェクスラー知能スケール（知能尺度）という呼び方もあります。

この検査は，その名のとおりウェクスラー先生[01]が作った検査で，ウェクスラー先生はすでに亡くなっておられますけれども，現在でもこの知能検査の著者はウェクスラー先生ということになっています。それくらいウェクスラー先生の功績が大きいのです。この検査は定期的な改訂が行なわれていますが，これからもおそらく，ずっとウェクスラー先生が著者というように引き継がれていくのでしょう。

講義メモ

01 ウェクスラー（Wechsler, D.：1896-1981）　ルーマニア出身の心理学者。幼少期に一家でアメリカに渡る。ウェクスラーの開発した知能検査は高く評価されており，1981年の死去以降も改訂が続いている。

ポイント1　ウェクスラー知能検査

- ウェクスラー博士による知能検査
- 個人の知的機能を，個人間差と個人内差の両面から判断できる
  - ▶個人間差：集団の平均との比較
  - ▶個人内差：個人内の得点を比較
- 対象別に3種類
  - ▶幼児用（WPPSI），児童用（WISC），成人用（WAIS）
- 定期的に改訂されている

「ウェクスラー知能検査の特徴は何ですか」と問われたとき，もしくは，皆さんがインフォームド・コンセントにおいて，クライエントや保護者の方に対して「この検査によって，何がわかるのか」説明するときに，一番しっかりとおさえておくべきことは，個人の知的発達の特徴を，**個人間差と個人内差**の2つの観点から調べてお伝えすることができる，という点です。

同年齢集団の平均と比べて，検査スコアがどの位置にあるのか，という相対的な位置を調べることが**個人間差の視点**です。対して，一人ひとり

の個人の中で，ある得点とある得点の差があるのかないのか，差があるとしたらどの程度の差なのか，差の大きさは一般の方と比べて大きな差なのか，それらを解釈することが**個人内差の視点**です。第 4 世代（WISC-IV, WAIS-IV）は，個人内差について，差の大きさを解釈するための，**標準出現率**[02] という値を算出できます。その値を使いながら，差の大きさを解釈していきます。

講義メモ

02 標準出現率　個人内の得点の差の大きさが，どの程度の確率で見られるかを表した値。値が小さいほど，その差は「めったに見られない差」であることを意味する。

なお，WAIS は第 3 世代，つまり WAIS-III の段階から標準出現率を算出可能である。

ウェクスラー検査の適用年齢は，まず幼児用の WPPSI-Ⅲが 2 歳 6 か月～7 歳 3 か月です。児童用の WISC-IV は，日本では 5 歳から用いられます。原版では 6 歳からですが，日本では就学相談などでこの検査を活用することを意図して，適用年齢を 1 歳引き下げており，5 歳～16 歳 11 か月を適用年齢としています。成人用の WAIS は，WAIS-Ⅲで 16 歳～89 歳までです。WAIS-IV になると 16 歳～90 歳 11 か月までになります。このようにウェクスラー検査は，80 代後半まで測定できるように標準化が行なわれています。これは先ほどお伝えしたように，定期的な改訂がなされているからです。

2 第 4 版への改訂の目的

ポイント 2 に第 4 版への改訂の目的をまとめました。

ポイント2　第 4 版への改訂の目的

- 理論的基盤の強化
- 臨床的妥当性の向上
- 心理統計特性の改善
- ユーザーフレンドリーの向上
- 検査用具の改善
  - ▶図版の見やすさ，運動機能の影響を減少

（日本版 WISC-IV 刊行委員会，2010b；日本版 WAIS-IV 刊行委員会，2018）

理論的基盤を強化する，**臨床的妥当性**を向上する，**心理統計特性**を改善する。この 3 点はとても重要ですので，後ほどまた説明いたします。この 3 点に加えて**ユーザーフレンドリーの向上**があげられます。今までは，正しい実施が難しいことがありました。たとえば時間がかかる検査に対して，長い時間集中することがなかなか難しい方々に，検査がうまくできないことがありました。日を空けてしまうとコンディションが変わってしまうの

で，理想的には1回で終わらせたいのですが，無理に1回で終わらそうとして長時間にわたってしまい，うまくできないということがありました。

そこで，最近の検査は実施時間が短くなる工夫がされています。基本検査と補助検査[03]というように検査が分かれていますので，基本検査をすれば知りたい情報が全部わかる仕組みになっています。第4世代は第3世代と比べて1回に実施すべき基本検査の量が減っていますので，実施時間は10分くらい短くなっています。

講義メモ

03 基本検査と補助検査　ウェクスラー知能検査において，総合的な知的能力（FSIQ）の把握に用いられる10の検査を基本検査と呼ぶ。補助検査とは，何らかの理由で基本検査が実施できない（あるいは無効となった）ときに実施する検査である。その他，臨床的判断のために拡張的な評価が必要な場合に補助検査を行なうことがある（Flanagan & Kaufman, 2009）。

表 1-1　ウェクスラー知能検査の実施時間

検査	実施時間
WPPI－Ⅲ	
2～3歳	40分
4～7歳	50～70分
WISC－Ⅳ	60～90分
WAIS－Ⅳ	60～90分

それから時代（たとえば，超高齢社会）の影響もありますけれども，図版等の検査用具を見やすくわかりやすくする工夫もなされています。またマヒがある方や高齢者の方の場合，手先を動かすことに対して制約があり検査ができない，ということがあります。そこで最近は，手を使う代わりに頭の中で処理して答えるような課題も取り入れられています。このように，改訂されるたびにいろいろな工夫がなされています。高齢者への使用については，日本版WAIS-Ⅳテクニカルレポート＃2[04]をご参照ください。

講義メモ

04 日本版WAIS-Ⅳテクニカルレポート＃2　https://www.nichibun.co.jp/documents/kensa/technicalreport/wais4_tech_2.pdf

3　知能・認知機能検査の近年の動向

WAISやWISCに限らず，さまざまな知能検査や認知機能検査がここ数年の間に急速に改訂されています。最近は，日本でも**KABC-Ⅱ**[05]が出ました。近年の知能検査・認知検査の動向は，どのようなものでしょうか。

講義メモ

05 KABC-Ⅱ　K-ABC心理教育アセスメントバッテリーの第2版。教育の現場で用いられることが多い。

検査結果について，原版の開発者であるカウフマン夫妻のモデルに基づく解釈と，CHC理論モデルに基づく解釈の両方が可能である点に特徴がある。

PART 2「4　知能検査・発達検査」も参照されたい。

ポイント3　知能・認知機能検査の動向

・臨床的有用性が高い検査が求められる時代
↓
・統計学的精度の高い検査が求められる時代
↓
・理論的基盤のしっかりとした検査が求められる時代

昔は，まず臨床的に役に立つ検査であることが重要で，臨床的に役に立てばいいという時代がありました。その後，臨床的に役に立つだけでなく，信頼性や妥当性が確保されているもの，つまり統計学的な精度が高い検査ではなくてはだめだ，ということになりました。さらに今では，何を測っているのか，理論的な基盤がしっかりしている検査でなければだめだ，ということになっています。

以上の3つの要件を満たす検査でなければ，社会の要請にこたえることができないということになり，近年いろいろな検査が改訂されています。特に21世紀に入って改訂された検査は，その多くが，**CHC 理論**と呼ばれるモデルとの対応が検討されています。よって，検査結果を解釈するうえでも，CHC 理論を知らないと「その検査が何を測っているのか」正しくとらえることができないという時代になりました。CHC 理論については，後からまた詳しくお話ししたいと思います。

4 改訂の背景

次に，改訂の背景についてお伝えします。

ポイント4 改訂の背景

- 定期的改訂の必要性から
  - ▶時間の経過に伴う検査得点の上昇を回避するため（フリン効果：Flynn, 1984）
  - ▶検査問題の更新（検査問題が時代に合わなくなると信頼性や妥当性の低下を招く）
- 理論的基盤強化の必要性から
  - ▶心理検査全般に対する理論的基盤強化の要請
  - ▶ CHC 理論（Cattell-Horn-Carroll）の影響が大きい
  - ▶信頼性，妥当性の強化（これらの乏しい下位検査は削除，因子構造も理論的根拠とのリンクが強化）

心理検査を定期的に改訂するのは，車の車検のようなもので必ず必要です。なぜ必要かというと大きく分けて2つの理由があります。

1つめの理由は，時間経過に伴って，検査得点の精度がゆるくなっていくため**定期的に改訂する必要性**がある，という点です。有名なものは**フリン効果**[06]といわれる効果で，時間の経過に伴い，算出されるIQがどんどん高くなる現象です。つまり古い検査を使い続けていると，お子さん

講義メモ

06 フリン効果 時間の経過とともにIQが高くなる現象。教育の進歩や文化の発展，複雑化する社会に対する適応の影響など，さまざまな要因が絡み合うかたちで起こると考えられている。

の知能を高めに評価してしまうことがあるのです。たとえばある検査者がWISC-Ⅲの使用に慣れているとします。その検査者が，WISC-IVが出ても引き続きWISC-Ⅲを使い続けていると，20年以上前の検査を使い続けていることになります。すると，検査が作られた時代の子どもたちを基準にしているわけです。20年以上前の子どもたちのノルム[07]で，今の子どもたちを見るということに，いろいろな問題が出てきます。大ざっぱに平均すると，IQは1年間で0.3ポイント程度上がっていくと言われています。平均なので一概には言えませんが，10年で3ポイント，20年で6ポイントIQが甘くなるという単純計算になります。これは臨床的な問題だけでなく，倫理的な問題にもなります。正確ではないものさしで測ることは，大きな問題になりますよね。

07 ノルム　法則。規範。標準。（三省堂『大辞林』より）

また，昔の検査の中には「今の子どもたちにはわからないよね」と感じるであろう内容があります。たとえば絵を見て「どこが足りないですか」という問題のときに，今の子どもたちが見たこともないような物，たとえば黒電話を見せられても，何が足りていて何が足りないのか判別できないでしょう。検査問題の中には時代が変わることで，測定そのものができないものもあります。よって，古い検査を使い続けていることは良いことではなく，問題を更新する必要があるということになります。

時代の変化とともに、内容を更新する必要がある

もう一つの理由は，**理論的基盤の強化の必要性**です。第4世代，そしてこれから出るであろう第5世代以上では，理論的基盤の強化がより重視されていくと思われます。近年改訂された多くの検査は，キャッテル，ホーン，キャロルという3人の学者の名前の頭文字を取った**CHC理論**の影響がとても大きくなっています。今日お話するWISCやWAISの第4世代も，このCHC理論の影響を受けています。その結果として，検査で

測っている内容が第３世代と大きく変わりました。よって，WISC-Ⅲの IQ と WISC-IV の IQ では，そもそも前提となる知能の理論的基盤が異なる，ということを，我々は知っておかなければなりません。なお，第３世代と第４世代の比較については，後ほど改めて，詳しくお伝えしたいと思います。

5　CHC 理論とは何か

CHC 理論とは何か, 少しだけ紹介します。CHC 理論とは以下のように，キャロル[08]の階層モデルに，キャッテル[09]とホーン[10]の結晶性知能，流動性知能のモデルおよびその拡張版のようなものが組み合わされたモデルになります（図 1-1)。

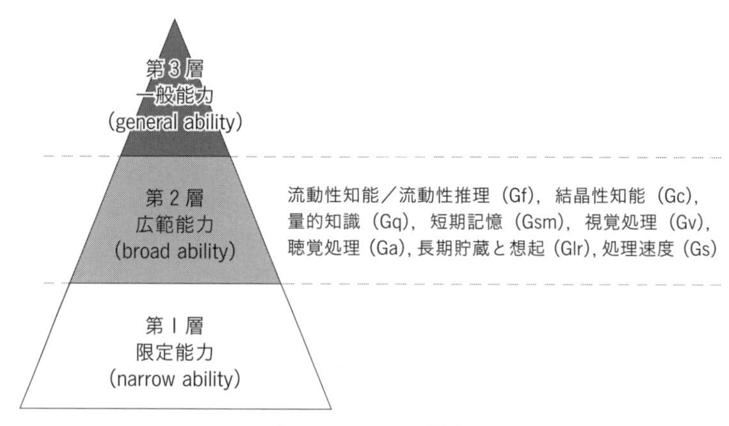

図 1-1　CHC 理論

第１層は，非常に細かい**限定能力**（narrow ability)。第２層が，第１層の能力を少しまとめた**広範能力**（broad ability)。その上の第３層に，すべての能力を統合した**一般能力**（general ability)，という３層構造の理論モデルになっています。

表 1-2 には，第２層に配置された８つの能力を紹介しています。

新しい場面で自分のもっている知識を使って推論する力などを反映している**流動性知能**。ただこの能力を流動性知能というべきか，**流動性推理**というべきか, いろいろと議論があるので, ここでは併記しています。次に，修得して蓄積していく知識や経験を反映する**結晶性知能**。それに加え，**量的知識**，**短期記憶**，**視覚処理**，**聴覚処理**，**長期貯蔵**と**想起**，そして**処理速度**といった８領域が紹介されています。第２層の能力は 10 個ある[11]という研究者もいますので，まださまざまな意見がありますが，おおむね８

講義メモ

08 キャロル（Carroll, J. B.：1916-2003）　アメリカの心理学者。知能を，以下の３層に分けて整理したことで知られる。
・第１層「限定能力」
・第２層「広範能力」
・第３層「一般能力」

09 キャッテル（Cattell, R.：1905-1998）　イギリスの心理学者。因子分析を用いて，人の性格を 16 因子に整理したことで知られる。また，知能についても因子分析を用い，流動性知能と結晶性知能という２因子を見出した。

10 ホーン（Horn, J. L.：1928-2006）　キャッテルとともに知能に関する研究を行なう。キャッテルの見出した流動性知能・結晶性知能を拡張し，より多くの知能因子を提唱した。

講義メモ

11 第２層　第２層の広範能力が 10 個あるという見方の場合，本文中の８個に「読み書き能力」「決断／反応速度」が加わる。

CHC 理論はさらに検査が重ねられ，分類・名称は今後変化する可能性がある。

個をまず頭に置いておいていただくとよいかと思います。

表 1-2 CHC 理論の第 2 層の 8 つの能力（Flanagan & Kaufman, 2009 をもとに作成）

流動性知能／流動性推理（Gf）	自動的に処理できない新規の課題に直面したときに用いる能力
結晶性知能（Gc）	獲得した知識の幅と深さ，知識の効果的適用
量的知識（Gq）	獲得された量的知識
短期記憶（Gsm）	情報を瞬時に認識し，保持し，数秒以内に使用する能力
視覚処理（Gv）	視覚情報を処理する能力（例：分析，合成，保持，検索，変換など）
聴覚処理（Ga）	聴覚情報を処理する能力（例：音韻意識や音韻処理など）
長期貯蔵と想起（Glr）	長期記憶に情報を保持し，それを効果的に思い出す能力
処理速度（Gs）	注意の集中を要求された状況下で，流暢かつ自動的に情報を処理する能力

6 ウェクスラーモデルと CHC モデル

WISC や WAIS では，CHC 理論の第 2 層の 8 個の能力のうち，いくつ測ることができるでしょうか？　実はあれだけたくさんの課題をやっても，測ることができる能力は全部ではないのです。図 1-2 をご覧ください。これはウェクスラー検査のモデルと CHC 理論の対応を示しています。CHC 理論の第 2 層の 8 個の能力のうち，ウェクスラー検査で実際に測ることができるのは，**結晶性知能（Gc），流動性推理（Gf），視覚処理（Gv），短期記憶（Gsm），処理速度（Gs）**の 5 つです。

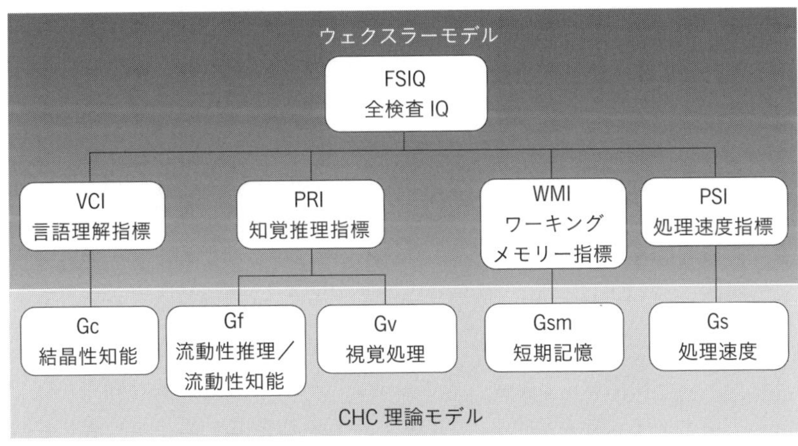

図 1-2 ウェクスラーモデルと CHC モデル

講義メモ

12 FSIQ ≠ CHC 第 3 層　ウェクスラー検査は，CHC理論が想定する第 2 層の広範能力のうち，5 つを測定しているにすぎない。よって，ウェクスラー検査の総合的な結果である FSIQ は，CHC理論の第 3 層と同一とは言えない。

13 因子分析　複数の変数の圧縮と整理に用いられる統計手法。

たとえばキャッテルは，因子分析によって，人間の多種多様な知的能力を「流動性知能」と「結晶性知能」の 2 つに圧縮・整理した。

図 1-2 の一番上にある FSIQ（全検査 IQ）が，ウェクスラー検査で測られた一般的な知的能力で，CHC 理論では第 3 層に相当するものです。とはいえ，ウェクスラー検査における FSIQ は，必ずしも CHC 理論の第 3 層が想定している一般能力のすべてを指しているわけではありません[12]。

そして FSIQ の下に，**言語理解（VCI）**，**知覚推理（PRI）**，**ワーキングメモリー（WMI）**，**処理速度（PSI）** という 4 つの指標得点があります。なお，WISC-IV の日本語版作成にあたり，日本の子どもたちでも同じ 4 因子構造になるかどうかは，因子分析[13]で確認されており，妥当性の検証も終わっています。そして CHC 理論モデルにおいては，知覚推理が流動性推理の領域と視覚処理の領域の 2 つに分かれて，5 因子になります。ちなみに今後出てくる第 5 世代（WISC-V）は，5 因子構造になっています。

7　第 3 世代と第 4 世代の比較

次は第 3 世代と第 4 世代の比較です。第 3 版と第 4 版は構造が大きく変わりました。図 1-3 をご覧ください。

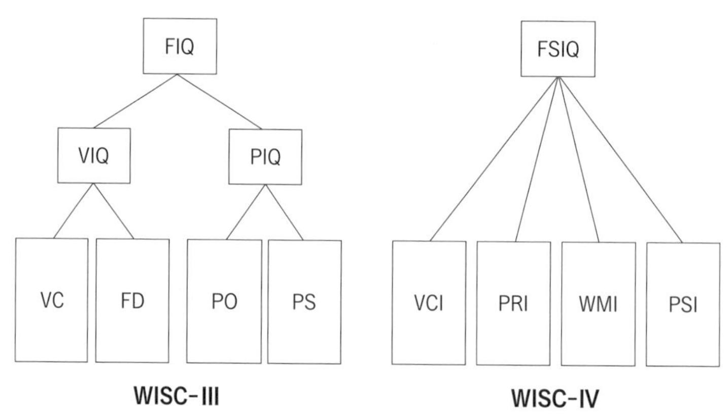

図 1-3　第 3 版と第 4 版の比較

講義メモ

14 VIQ・PIQ

・VIQ…言語性知能。第 3 版における言語理解（VC）と注意記憶（FD）から成る。ちなみに WAIS-III では FD ではなく作動記憶（WM）。

・PIQ…動作性知能。第 3 版における知覚統合（PO）と処理速度（PS）から成る。

15 ディスクレパンシー　ある得点とある得点の差が著しく大きく，知的能力の偏りが見られること。

ここで新しい情報としては，第 3 世代まであった VIQ・PIQ[14] が，第 4 世代で廃止されていることです。VIQ・PIQ という指標は，特に発達障害の方の評価をするときに，しばしば困ったことが起こります。発達障害の方の中には，VIQ と PIQ のディスクレパンシー[15]は見られないけれども，VC と PO ないしは FD と PS という固まりで見ると，そこにディスクレパンシーが出ることがあります。またこのような臨床的な問題だけでなく，そもそも因子分析をしても第 3 の因子が登場するなどして，なかなか VIQ と PIQ の 2 因子に分かれないという問題もありました。このよ

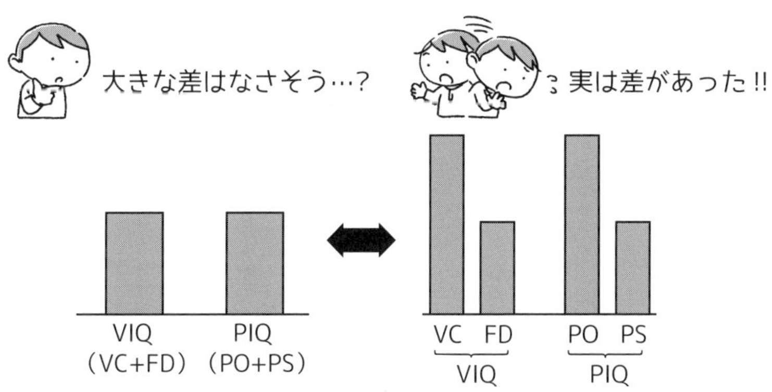

うに，VIQ・PIQの2つがあるという根拠自体が乏しいので，より理論的基盤を強化するために，第4世代からVIQ，PIQは廃止になりました。第4世代ではまず全般的な知的能力としてのFSIQがあり，その下に4つの指標得点が並びます。これが第5世代になると5つの指標得点が並ぶという構造に変わっていきます。

VIQとPIQが廃止された代わりといってはなんですが，第4世代では新しい指標が登場しています。ポイント5をご覧ください。

ポイント5　第4世代の新しい指標：GAIとCPI

・GAI（General Ability Index）
　▶一般知的能力指標
　▶習得知識，理解力，思考力を反映する指標
・CPI（Cognitive Proficiency Index）
　▶認知熟達度指標
　▶認知処理能力，熟達を反映

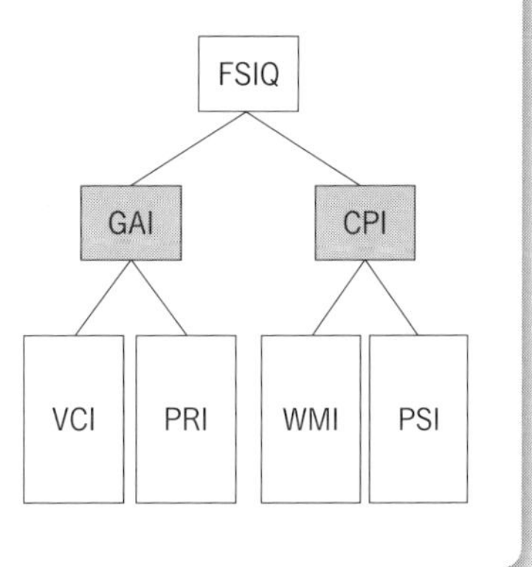

このGAI，CPIという新しい指標による臨床的な応用が，第4世代から可能になりました（日本版ではCPIは，WISC–Ⅳだけ算出可能で，WAIS–Ⅳでは，算出しません）。

GAI（General Ability Index）は，日本語で**一般知的能力指標**と呼ばれています。これは，ポイント6の図を見ていただくとわかるように，結晶性知能を反映するVCI（言語理解）と，流動性推理の力と視覚処理の力を反映するPRI（知覚推理）から成っています。つまり結晶性知能と

流動性推理，そこに視覚処理が加わるような，知識と思考と理解の能力を反映する指標を GAI と言います[16]。

一方で，WMI（ワーキングメモリー）と PSI（処理速度）から成る，知識を習得するための能力，認知的な処理や自動的で滑らかな処理をする力を反映する指標を **CPI**（Cognitive Proficiency Index），日本語で**認知熟達度指標**と言います。この GAI，CPI を用いた解釈は，特に通常学級に在籍している発達障害のお子さんの臨床で役に立つことがあります。また，加齢による能力の低下をとらえるときにも役に立つと考えられています。

ただこの指標は，まだなじみがない方が多いと思います。日本の臨床場面でこの指標をどのように適用していくかは，これからの課題です。そこで次の章では，これらの指標を使ったケースの見方をご紹介したいと思います。

講義メモ

16 GAI　GAI は知能の核心部分を反映すると考えられている。

まとめ

- ウェクスラー知能検査の特徴は，個人の知的発達の特徴を，個人間差と個人内差の 2 つの観点から調べて伝えられる点にある。
- ウェクスラー知能検査の第 3 世代と第 4 世代では，前提となる知能の理論的基盤が異なる。第 4 世代は CHC 理論に基づいているため，用いるためには CHC 理論の理解が必須となる。
- 第 3 世代まで用いられていた VIQ・PIQ が廃止され，第 4 世代で新たに GAI と CPI という指標が誕生した。

2 解釈から支援へ：WISC-IV を中心に

1 WISC-IV から何がわかるか？

では，2つめの話題にいきたいと思います。具体的に臨床場面でどう解釈をするかというお話です。今回は WISC-IV を中心にお話をしていきますが，WAIS-IV も今回お話ししたことを適用できるかと思います。

前提として「WISC で何がわかるか？」を我々が適切に説明できないと，適切な解釈ができません。適切な解釈ができないと，検査結果から何を見いだして，何をお子さんや患者さんのために伝えたらよいか，見えません。そこで「WISC-IV から何がわかるか」を以下にまとめました。

ポイント 1　WISC-IVから何がわかるか？

- 日本版の対象：5歳～16歳
- 十分な訓練を積んだ専門家が実施すれば，以下の点について信頼性，妥当性の高い情報が得られる
  - ▶**認知発達に遅れはないか（あるいはその反対）？**：同年齢集団における子どもの認知発達の相対的な位置を統計学的根拠に基づいて評価（個人間差）
  - ▶**認知発達に偏りはないか？**：子どもの認知発達の凸凹を統計学的根拠に基づいて評価（個人内差）

（上野他，2015 をもとに作成）

まず，十分な訓練を積んだ専門家が実施することで初めて，信頼性と妥当性の高い情報が得られるということが前提です。ここが大事です。検査は，マニュアルさえ読めば誰でもできてしまいます。しかし，マニュアルを読んだだけの検査者が出した数字に，本当に意味があるかどうかは疑問です。ウェクスラー検査について，十分な訓練を積んだ方が適切に実施して妥当な検査結果を得ることで，初めて臨床的に意味のある数字が得られるのです。

その前提を満たしたうえでWISC-IVによって何がわかるかというと，一つは**個人間差**です。認知発達に遅れはあるのかどうか，もしくは高い水準なのかという，子どもの認知発達の相対的な位置を，統計学的根拠に基づいて評価します。そしてもう一つが**個人内差**です。それぞれの子どもの中での得意不得意を評価し，その差が同年齢のお子さんと比べて大きな差なのか小さな差なのかを，**標準出現率**[01]という値を使って解釈します。

01 標準出現率　詳しくは前章（p.102）を参照。

2　解釈の前提となる事前確認の重要性

次に，解釈の前提となる事前確認の重要性についてお伝えします。検査結果の解釈は，図2-1の手順で行ないます。

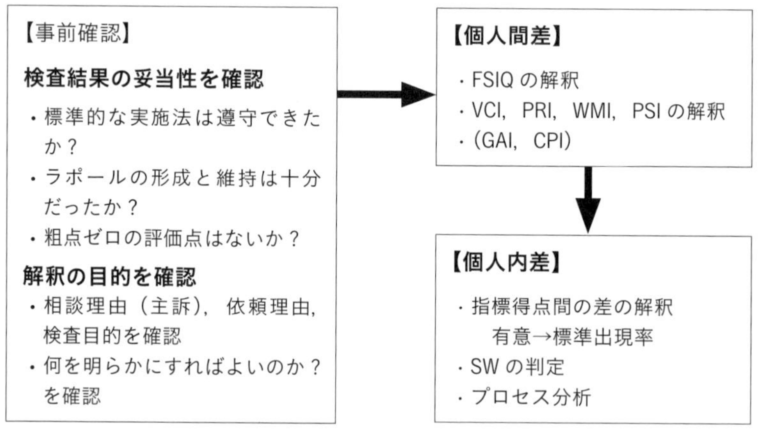

図2-1　解釈の手順

多くの場合，図2-1の右側に意識が向きがちなのですが，臨床場面での適用では，解釈の前提となる図の左側の**【事前確認】**をきちんとやっていただきたいということを，ここでは特にお伝えしたいと思います。

前述のように，いい加減に検査を実施しても確かに数字は出ます。「いい加減に実施している」ことを検査者が自覚していない場合もあり，これは非常に困ったことです。また，自分流のやり方をしてしまうのも，非常に困ったことです。さらに，数字が出てしまうと，数字がどんどん一人歩きしていき，大きな影響を与えてしまいます。よって，私たちが検査のデータをお子さんのため，もしくはクライエントのために本当に解釈してよいかどうか，あるいは解釈するときに「何を慎重に考えなければならないのか」を，事前に確認することは，ぜひ怠らないでやっていただきたいと思っております。

事前確認の内容について2つお話します。まず第1に**検査結果の妥当**

性です。検査結果が妥当であるためには，標準的な実施法を順守していることが前提です。クエリー[02]を出しすぎていないか，出さなければならないプロンプト[03]を出し忘れていないか，本来は中止しなければならないのに中止せず続けてしまっていないかなど，振り返ることが必要です。

また，妥当な結果を得るためには，ラポール[04]形成も重要です。たとえばお子さんの中には「なんでここに来ているんだろう」と思っていて，十分な説明もないまま検査をやることになった場合「わかんない。知らない。できない。やりたくない」と言って，DK, DK, NR, NR[05]で粗点ゼロ，結果的にはIQが低く出て，「知的発達に遅れがあります……」となってしまったら大変ですよね。これはお子さんだけではなくて成人もそうですが，受検者と検査者の間にラポール形成ができていて，受検者が安心して自分の力を十分発揮できる環境が成り立っていたかどうかを振り返ることが大切です。どうしても受検者のモチベーションが伴わず，限られた時間の中でのラポール形成も難しく，そのために十分に力を発揮できていないと思われる場合は，そのことを正直に記載し検査結果の解釈に役立てる責任が，私たちにはあります。このようなことをしっかりと確認します。

また，心理検査はインテリジェンス・スケールと呼ばれるように「ものさし」です。「ものさし」の範囲内しか，正確に測定できません。しかし，スケールの外に出てしまう方も稀にいます。たとえば知的発達の遅れが疑われるお子さんの場合，5歳で就学相談のために依頼されてきたときに，生活年齢は5歳なのでWISCの対象ではあるのですが，粗点がほとんどゼロになるというケースが起こりえます。もちろんそれはそれで意味が無いわけではなく，IQ40未満である[06]ということが推定されますが，お子さんの認知発達の細かな特徴をつかまえるという点では，なかなか精度の高い判断ができません。そうすると，もっと違う方法もしくは違う観点で，お子さんの力を評価する必要というのがなかったのかをきちんと考えなければなりません。粗点ゼロの評価点が多い場合は，本当にこの「ものさし」がお子さん（クライエント）に適していたのかどうかを，ぜひ考えていただきたいと思います。

もう一つ事前に確認しておくべきことは，**解釈の目的**です。「臨床場面で利用するのは誰のためか」というと「クライエントのため，ご本人のため」です。病院の場合は，検査結果を医師に伝えることで，医師がその結果をもとに，総合的に患者さんのためになる治療へとつなげるケースがあるでしょう。教育相談の場面では，検査結果を保護者や先生方に伝え，子どもの支援に役に立ててもらえるようにする。いずれにしても受検者であるご本人のため本人および関係者に結果が正確に伝わって初めて検査がお子さんのために役立てられるのです。

しかし，**相談理由**，**主訴**を把握していなければ，適切に結果を伝えることができません。治療や支援は簡単に言えば，相談理由や主訴の解決の

講義メモ

02 クエリー　受検者の回答が不明瞭な場合，回答があいまいで採点できない場合に，回答を明確にするために行なわれる確かめの質問のこと（松田，2013a）。

03 プロンプト　検査内容の教示やうながしのこと。

04 ラポール　信頼関係のこと。特に「どんな内容でも話すことができる」「伝えたことが理解してもらえている」など，受容と共感に基づく信頼関係のことを指す。

05 DK と NR
- DK…Don't Know（わからない）
- NR…No Response（回答なし）

講義メモ

06 IQ の目安　知的障害支援のための療育手帳の申請にIQが用いられる場合，以下の値が目安となって等級が決定される。（ただし自治体によって値は異なる）
- 50～75…軽度
- 35～49…中等度
- 20～34…重度
- 20 未満…最重度

ただしこれらの値はあくまで目安であり，数字だけで判断するべきではない。

ために行なわれます。実施した検査を通じて，我々が相談理由や主訴にどのように貢献できるかを，私たち自身が理解していなければ，わかったことをバーッと書いた膨大なレポートを「はい」と一般の方に渡すような対応になってしまうかもしれません。一般の方は，検査結果を乱暴に渡されて「さあ好きにして」と言われても，うまく利用することは難しいです。これは当然です。専門家は受け取り手にふさわしい伝え方をしなければなりません。つまり相談理由や主訴に合わせて，クライエントがうまく利用できる情報にどう統合するか，これが我々の腕の見せどころであり，最も知恵を使うところです。つまり，クライエントやその周りにいらっしゃる方々に，どんな情報をどのようにお伝えすることが，本当にクライエントのためになるかということをしっかり考えて，情報を統合します。解釈で迷子にならないように，そして目標をしっかりと確認するためにも，そもそも相談理由・主訴は何だったのかを確認したうえで，個人間差・個人内差の解釈へと進んでいただきたいと思っております。

相談理由・主訴の把握のポイントは以下のとおりです。

ポイント2　相談理由・主訴の把握のポイント

・陳述者によって見ていることが違う
　▶誰が，どこで
　▶見た（観察），聞いた（伝聞），感じた・思った（意見・感想）
・客観的な事実と主観的な事実を明確に分ける
　▶「いつから」「どのように」

誰からの情報なのかによって，情報の見方や質が変わってきます。たとえば子どもの場合，先生が語る子どもの様子と，保護者の方が語る子どもの様子と，子ども自身が語ることと，それぞれが違うようでも，全部が真実なんだろうと思います。しかしそれぞれの情報について，誰がどういう場面で見たことなのかまったく考慮しないでまとめようとすると，まとまらなくて困るだけになります。誰がどこで見た情報なのか，しかもご本人が見た話なのか，学校から聞いた話なのか，思ったこと感じたことなのか，端的に言えば客観的事実と主観的事実を明確に分けて理解したうえで，主訴を把握していくことが大事かと思います。

これは検査というより，インテーク[07]ないしは最初の相談受付のところで，しっかり情報を整理して集めていただきたいと思います。特にお子さんの様子に「困った困った」と言う保護者の方に〈いつもそういうことがあるんですか〉と聞くと「いや，いつもではないです。最近です」ということがわかったり，「ずっと困っている」と言っていても，〈いつからですか〉と確認すると「去年でした」ということや，〈今はどうですか〉と確認すると「今はありません」ということが結構あったりします。よって，「いつから」「どのように」困りごとが起こっているのか質問しながら事実をしっかり確かめていくと，より主訴となっている状況が明確に見えるのではと思います。

講義メモ

07 インテーク　クライエントとの初回面接のこと。クライエントの相談を受け付けるか，より適切な相談機関を紹介（リファー）するかを判断するため，受理面接とも呼ばれる。

PART 1「4　心理的アセスメントとしての初回面接」も参照。

3 個人間差の検討の根拠

解釈の前提となる事前確認を終えたら，次に個人間差を解釈します。同年齢の集団と比べて，その方の相対的な位置を知ります。その情報が，子どもの支援や，成人・高齢者の生活の適応や行動の予測をするうえで大事になるので，個人間差の検討がまず必要になります。

1．合成得点，信頼区間，記述分類

ポイント3　合成得点，信頼区間，記述分類

- 合成得点：複数の下位検査評価点から算出
- 信頼区間：測定誤差を加味（90%/95%）
- 記述分類：信頼区間に対応した記述分類
  （例：90% の信頼度で「平均の下」から「平均」に位置する）

合成得点	記述分類
130 以上	非常に高い
120-129	高い
110-119	平均の上
90-109	平均
80-89	平均の下
70-79	低い（境界域）
69 以下	非常に低い

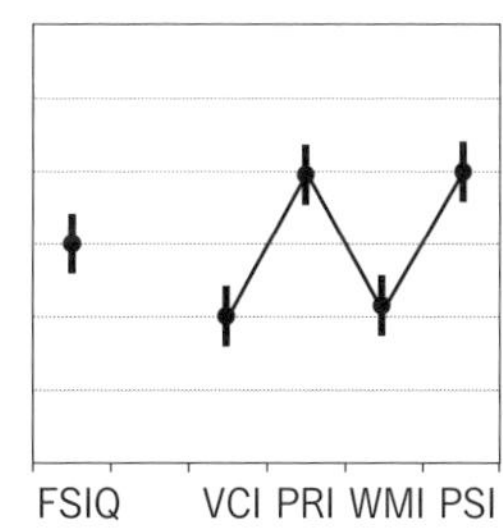

（上野他，2015 をもとに作成）

個人間差を検討する根拠として，まず**合成得点**があげられます。合成得点というのは，複数の評価点を合体して作った得点です。データは多ければ多いほど誤差は少なくなります。したがって，たくさんの下位検査を合成するほど結果の精度は増すといえます。逆に，1つの検査だけでは誤差が大きいので，解釈に慎重でなければなりません。そういう意味で，まず合成得点を中心とした解釈をするというのが現代の流れになっています。

従来は，合成得点の「点」で推定されていました。しかし，現在は点推定[08]ではなく**区間推定**[09]になっています。つまり合成得点にしても，なお誤差があるはずだという前提で信頼区間を解釈するのが，今日のスタンダードになっています。報告する際には誤差を加味するため，信頼区間の下限と上限に対応するように，誤差の範囲を縦に線を引いてプロフィールを作るという流れになったのも，このような経緯からです。

講義メモ

08 点推定　得られたデータから，予測値を単一の値で推定する方法。

09 区間推定　得られたデータから，予測値を単一の値ではなく得点の範囲（区間）で推定する方法。

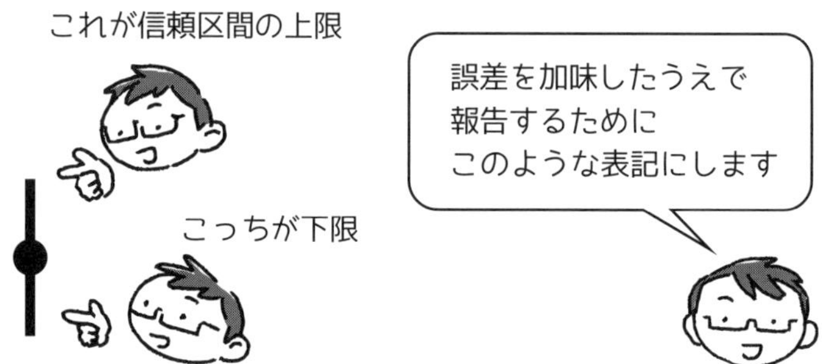

第3世代も第4世代も，信頼区間は主に95%と90%の2種類があります。研究では「より厳密に」ということで95%信頼区間を使うことが多いです。しかし，臨床場面で95%にしてしまうと，信頼区間の幅が広くなってしまいます。信頼区間が広すぎると子どもの特徴をつかまえにく

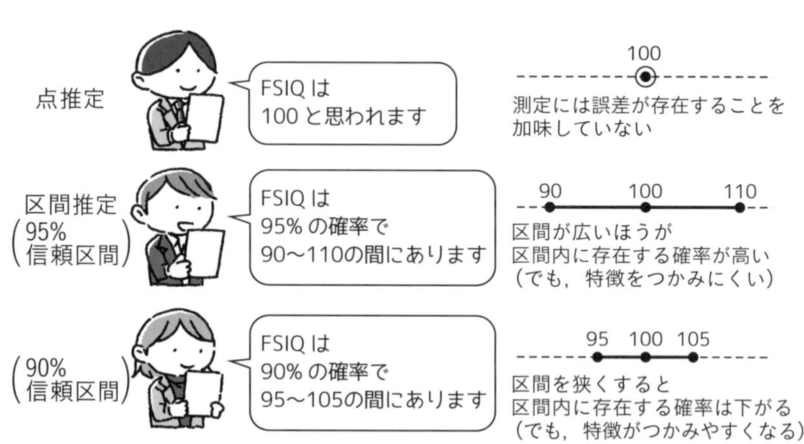

いので，ある程度信頼区間を狭めてかつ信頼性が高いという，**90%信頼区間**を我々は推奨しています。

次に記述分類についてです。第 3 世代と第 4 世代で，合成得点に対する日本語表記が大きく変わっています。従来非常に誤解を招きやすかったのは，たとえば IQ130 以上は「非常に優れている」といった「価値」を含む言葉だったり，69 以下の場合には「精神遅滞」などの言葉が使われていて，IQ に診断的な意味があるような誤解を招いていました。IQ は人間の能力の一側面を測定しているにすぎません。よって第 4 世代では，日本語の表記が「平均より上」などの個人の相対的な位置を表す記述に変わっているので，ご注意ください。

2. パーセンタイル順位

次に**パーセンタイル順位**について説明します。

「よく保護者の方や一般の方々に「パーセンタイル順位と合成得点はどういう関係ですか」と聞かれることがあります。パーセンタイル順位は，得点が低いほうから並べ替えたときの相対的な順位を百分率で表しています。たとえば WISC のパーセンタイル順位が 9%だとすると，同年齢集団の子どもの 91%が，その子と同じか上回っていることになります。つまり，このお子さんは同級生の中では，下の 1 割未満に位置している可能性があります。ということは，同級生の子どもたちのほとんどが処理できていること，わかっていることが，なかなか処理できなかったりわからなかったりする，ということになります。そう考えるとパーセンタイル順位は，非常にシビアな指標と言えます。パーセンタイル順位を伝えるときに，ただ単に数字だけを伝えるのではなく，「みんなと同じ学び方がなぜできないのか」「ゆえにどのような支援や配慮が必要であるのか」が十分に伝わるように，一生懸命に説明しましょう。

ポイント 4　パーセンタイル順位

・標準化サンプルに基づいて，ある得点の下に何 % の子どもが位置しているかを表す
　▶例：FSIQ=80
　（90% 信頼区間 =76-86）
　▶パーセンタイル順位 =9%（同年齢集団の 91% の子どもと「同じ」あるいは「より低い」結果）

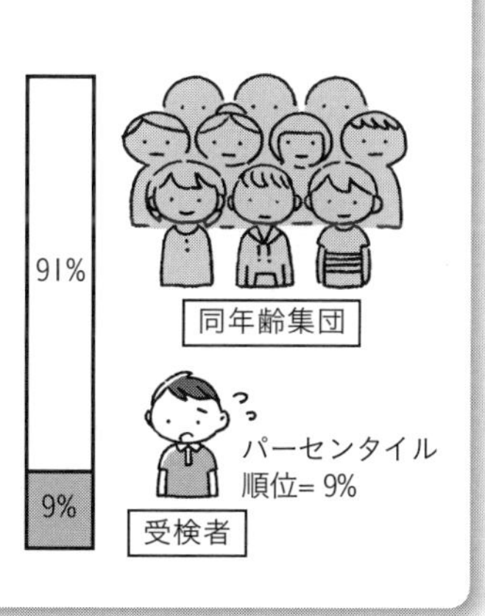

3. 全検査IQの検討

次に全検査IQ（FSIQ[10]）についてお伝えします。

講義メモ

10 FSIQ　Full Scale Intelligence Quotient の略称。

ポイント5　**全検査IQ（FSIQ）の検討**

・FSIQの検討：子どもの全般的な知的発達水準を推定
　▶ CHCモデルのGc，Gf，Gv，Gsm，Gsを反映
・留意点
　▶代替制限の確認
　▶指標得点間の差の確認：最大－最小≧23
　▶ GAIによる推定の可能性を検討

（上野他，2015をもとに作成）

FSIQは，前章でお伝えしたCHC理論のうち，結晶性知能（Gc），流動性推理（Gf），視覚処理（Gv），短期記憶（Gsm），処理速度（Gs）の5領域を反映している全般的な知的発達水準のことです。

FSIQの留意点として，**代替制限**があります。WISCにおいて3つ以上の指標得点で基本検査の代替として補助検査を使っている場合はFSIQを出せません[11]。よって基本検査の代わりに補助検査を用いた場合は，IQが出せないときがあることをご了解ください。

また，4つの指標得点の最大値と最小値が1.5SD[12]以上の場合は，指標得点間のばらつきが大きいので，FSIQを代表値として子どもの全般的な能力をとらえようとすると，大事な情報を見落としてしまうことがあります。1.5SDは22.5なので，目安として4つの指標得点のうち最も大きい値と最も小さい値が23点以上開いていたら，前章でお伝えしたGAIを使って一般的な知的能力を推定することも検討していただきたいです。必ずやらなければならないわけではないですが，少なくとも上記のように指標得点間の差が大きい場合は，FSIQを代表値としてお子さんの特徴をとらえてしまうと，大事な情報を見落としてしまうということです。

同じFSIQでも，お子さんのプロフィールはばらばらです。いろんなパターンがありますので，FSIQだけに注目しているようではいけません。しかし一般の方々はFSIQを非常に知りたがります。よって，我々は伝え方を一生懸命工夫すべきです。「FSIQは100だけれども，ある能力は120で，ある能力は80を下回っていて，その80を下回っている能力が，実は苦戦している背景にあるかもしれない」ということを，きちんと説明する必要があります。

講義メモ

11 代替制限の詳細　基本検査が何らかの理由で無効になった場合や，障害がある子どもで補助検査のほうが適していることが明らかである場合，基本検査の粗点が0点である場合は，基本検査の代わりに補助検査を用いることがある。

ただし，各指標得点に対して，補助検査の代替が許されるのは1つまでである。また，代替として補助検査を用いている指標得点が2つまででなければ，FSIQを導き出すことができない。（指標得点とは，言語理解（VCI），知覚推理（PRI），ワーキングメモリー（WMI），処理速度（PSI）の4つのこと）（松田，2013b）。

12 SD　標準偏差のこと。値が大きいほど得点のばらつきが大きいことを示す。ウェクスラー検査では，平均値が100，標準偏差が15となるように設定されている。なお，本文中に「1.5SDは22.5」と示されているのは，1.5 × 15が22.5となるからである。

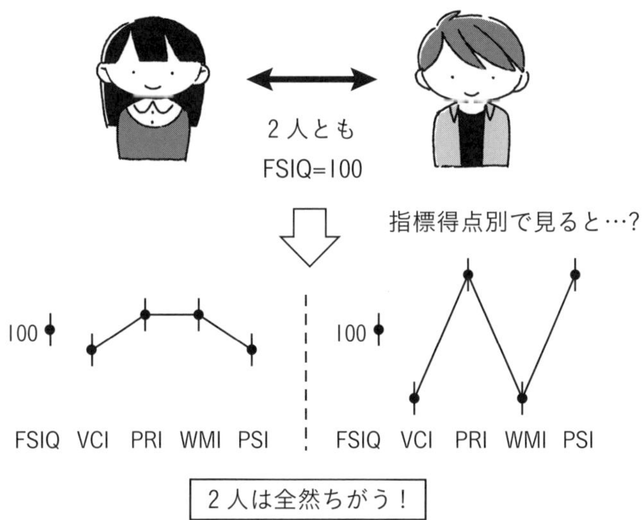

4　ウェクスラー検査の指標得点の検討

1．言語理解指標の検討

では次に，ウェクスラー検査における指標得点をそれぞれ検討していきたいと思います。まずは**言語理解指標（VCI）**です。

ポイント6　言語理解指標（VCI）の検討

- VCI の検討：GC，語彙知識，一般知識，言語情報に基づく推理（言語推理）
- ポイント：文化，教育，養育環境等の影響を受けやすい
- 関連する困難
  - ▶学習活動
  - ▶言語による理解や表現の困難
- 指導の基本指針
  - ▶語彙学習，一般知識の習得のための機会を用意
  - ▶説明や指示は短く，簡潔に行なう
  - ▶指示が正確に伝わったどうかを確認するなど

（上野他，2015 をもとに作成）

VCI は結晶性知能，もう少し細かく述べると語彙の力や言葉の意味を理解して意味がわかる力，また社会常識やルールといったような一般的な知識をどれだけ知っているか，さらにはそういった言語情報を使って考え

ていく力を反映しています。ポイントとして，この指標は文化や教育・養育環境の影響を非常に受けやすいということがあげられます。最近では，公立小学校や中学校にも日本語を母語としないお子さんもいらっしゃったり，日本の文化に触れてこなかったり，日本と同じ教育を受けずにきた方もいらっしゃるので，そのような点に配慮することなしにVCIを解釈することは，気をつけなければなりません。

次に，実際に援助につなげるためのポイントを紹介します。まずVCIと関連する予想される困難を見ていきます。学校の場合，基本的に言語を中心とした授業が通常学級で行なわれていますので，どうしてもVCIの弱いお子さんは，学校の「言葉を中心とした学習」で非常に苦戦します。低学年のときは何とか頑張れていても，中学年くらいになると急に授業についていけなくなったり，積み重ねがうまくいかなくなって，学習の遅れが目立ち始めることがしばしばあります。さらに，行動面で落ち着いているお子さんは，周囲の大人がそのお子さんの学習面の苦戦に気づかずに，学年が上がってから苦戦していることに気づくということもあります。つまり，学習活動全般にとってVCIは大きな役割をはたしています。言葉による理解や言葉による表現でつまずくことがあるので，書字，作文などでも苦戦が出てきます。

では，どうすればよいのでしょうか。お子さんによって指導や支援の仕方はたくさんありますが，まずおさえておくべき基本指針を紹介します。まずは語彙の学習の機会，一般知識の習得のための機会をきちんと用意してあげることです。このような機会がないと，語彙や一般知識を知らないまま，どんどん学年が上がっていってしまいます。お子さんは，自分なりに正しいと思い込んでやっているけれども，実は違っていたということがあり，それを知らないまま学年が上がっていくと，さらにつまずきが大きくなることがあります。よって，VCIが弱いお子さんには，できるだけ早く，お子さんが学びやすい場を用意するというのを，私はお勧めしています。いわゆる，**特別支援教育**[13]の可能性です。個別指導や取り出し指導，必要に応じては**通級**[14]も含めた機会を作ります。

すぐできることは，説明や指示に使う言葉をできるだけ平易にわかりやすくすることです。つまり，指示は短く簡潔にし，かつ先生が言ったとおり，あるいは保護者の方が言ったとおりにお子さんに伝わっているかどうかを確認してください。たとえば先生方の場合には，言ったあとにそっと机間巡視をして「これから何やるかわかった？」と聞いて，その子に言ってもらって，違ったらさりげなく直してあげるというように，正しく伝わったかどうかを確認してあげてくださいと，お願いしています。

講義メモ

13 特別支援教育　発達障害児や，視覚・聴覚などの障害をもつ者に対し，学習・生活上の困難を克服し自立を図るために，一人ひとりの状況に合わせて行なわれる教育のこと。

学校教育法の改正により，2007年4月から開始された。以前の特殊学級からの変化は，これまでの特殊教育の対象となる障害だけでなく，発達障害児も対象とするよう明記された点にある。

14 通級　通常の学級に在籍し，ほとんどの授業を通常の学級で受けながら，障害の状態に応じた特別な指導を週1～8回ほど特別な指導の場で行なう。主に言語障害，自閉症（自閉スペクトラム症），情緒障害，弱視，難聴，学習障害（限局性学習症），注意欠陥多動性障害（注意欠如・多動症），肢体不自由，病弱・身体虚弱などが対象。

2. 知覚推理指標の検討

次に**知覚推理指標（PRI）**です。

ポイント7　知覚推理指標（PRI）の検討

- PRI の検討：Gv，Gf，見て考える力，いろいろな視点から物事を考える力
- ポイント
  - ▶ WISC-III の PIQ や PO よりも，PRI は流動性推理を強く反映
  - ▶ WISC-III の PIQ や PO よりも時間要因の影響が弱められた
  - ▶積木模様のプロセス分析
- 関連する困難
  - ▶推理力の弱さ
  - ▶分類やパターンの理解の弱さ
  - ▶複雑な図や地図の読み取りの弱さ
  - ▶算数，数学的思考の弱さ
  - ▶図工や作業が苦手，遅いなど
- 指導の基本指針
  - ▶目標や手順の見える化
  - ▶ルールの見える化
  - ▶手本を示す
  - ▶十分な時間を与える

（上野他，2015 をもとに作成）

PRI を測る課題は，視覚処理を通じた推理力の課題です。見て考える力，そしていろいろな視点から物事を考える力を見ている検査です。第 3 世代までの PIQ（動作性知能）に比べて，より推理力を反映する指標になっています。また，第 3 世代までの PIQ や PO（知覚統合）に比べて，時間の影響が弱められた課題[15]になっています。PRI を測る基本検査のうち，制限時間がある検査は「積木模様」だけであり，さらに「積木模様」についても**プロセス分析**[16]ができるので，時間の影響を省いたうえでお子さんの力がどうなのか，推定できるようになりました。

関連する困難としては「推理力の弱さ」や，物事を体系化したり仲間分けしたりする「分類やパターンの理解の弱さ」があげられます。PRI が弱いと「さあ自分でやってごらん」と言われても「どうやるか」「どこに注目して見たらいいか」などを自分なりに推論したり，問題解決したりすることがなかなかうまくいきません。最初にモデルを示してあげたり，やり方を提示してあげたり，もしくはどこに注目したらよいのか，どこに注目して分類するといいのか，といったような手がかりをしっかりと明示して

講義メモ

15 時間の影響　時間の影響が強いと，処理速度が遅いために，知覚推理の能力が低いと過小評価されてしまうことがある。時間の影響を取り除くことで，知覚推理の能力そのものに焦点化することが可能である。

16 プロセス分析　認知面の特徴を詳しく調べるための分析のこと。

たとえば「積木模様」で低得点である場合，模様が正しく見えていないのか，時間が足りないのかなど，さまざまな要因が考えられる。

そこで「積木模様」の場合は，時間要因を除去した場合の得点と比較することで，低得点の理由が，時間要因によるものなのか否かを判断する。

講義メモ

17 算数障害　DSM-5 における算数障害は「算数の障害を伴う限局性学習症」に位置づけられる。数の感覚，数学的事実の記憶，計算の正確さまたは流暢性，数学的推理の正確さに著しい困難を示す。

あげることで，推理力の弱さを補うと，比較的うまくいくようです。また，推理する力は算数や数学的な思考と大きくかかわるので，算数障害[17]のあるお子さんは，PRI が結構弱めに出ることが研究で報告されています。

指導の指針は先ほどお伝えしたように「自分で考えてやってごらん」と言ってもなかなかうまくいかない場合があるので，目標や手順を示してあげることが大切です。そのうえで「じゃあ次やってごらん」というようにしながら，徐々にお子さんに方略を教えて，方略が定着するまでの十分な時間を与えることがポイントになろうかと思います。

3. ワーキングメモリー指標の検討

次に**ワーキングメモリー指標（WMI）**です。

ポイント 8　ワーキングメモリー指標（WMI）の検討

・主な測定内容：Gsm，一時的保持と操作
・ポイント
　▶ WM は人の学習や行動を支える重要な機能を担う
　▶実行機能との関連も重要
　▶発達障害，認知症，高齢者の行動への影響大
・関連する困難
　▶読み，書き，計算などの基礎的学習スキルの習得と使用の困難
　▶注意や行動の制御の困難
・指導の基本指針
　▶認知的負荷の軽減
　▶ディレクション，リマインダー，環境調整

（上野他，2015 をもとに作成）

講義メモ

18 ワーキングメモリー　ワーキングメモリーとは，短期記憶が，さまざまな認知処理を行なうための作業場所としての機能をもつと考える見方である。作業記憶ともいう。

たとえば，他者と会話するとき，今どんな話題で話しているかを一時的に記憶しておくことで，スムーズに会話を展開できる。推理をするとき，さまざまな情報を一時的に把握することで，情報の関連性を見つけ出すことができる。

逆に，作業記憶に困難があると，今どんな話題で会話をしていたかわからなくなってしまったり，推理を進めるうちに何を考えていたのかわからなくなってしまったりして，認知処理を円滑に行なうことが難しくなる。

19 実行機能　目的に対して計画を立てて効果的に行動して目的を達成するための機能。

実行機能に困難があると，うまく計画を立てられなかったり，計画を立ててもうまく実行できなかったりする。

第 4 世代において，知能検査でワーキングメモリーを測れるようになったというのは，革新的なことかもしれません。なぜかというと，ワーキングメモリー[18]が我々の日常の学習や，行動の基盤となる能力だからです。ワーキングメモリーは，最近注目されている**実行機能**[19]の一つの要素とも言われていますし，発達障害，認知症，加齢による認知機能の低下への影響も大きいと言われていますので，第 4 世代のウェクスラー検査でワーキングメモリーを測ることができるようになったというのは，とても大きなことかと思います。

関連する困難としては，子どもたちの場合，読み書き算数といった基礎的学習スキルの弱さにかかわってきます。多くの LD のお子さんは，このワーキングメモリーが弱いことが知られています。それから ADHD のお子さんのように行動の制御や注意の持続が弱いお子さんの中には，この

ワーキングメモリーと処理速度（後述）のいずれか，もしくは両方が低下しているケースが報告されています。

指導の基本指針としてワーキングメモリーを訓練で鍛えようという考え方ももちろんありますが，まずは子どものワーキングメモリーにかかる認知的な負荷を，大人の工夫で何とか減らしましょう。このような環境調整による子どもの認知的負荷の軽減を抜きにすることはできないと思っています。たとえば教室の中は，ワーキングメモリーに非常に負荷がかかる状況です。そこで，少しでも子どもの負荷を減らすために，どうしたらよいか考える必要があります。学校の先生方にお話するときは，授業の目標が子どもたちにずっと見えるようにするための板書の工夫や，教室の環境デザインのお話をします。

また**ディレクション**と**リマインダー**も有効です。**ディレクション**とは，説明する前に，子どもたちの注意を話す側に向けてから説明することです。何かに夢中になっているときにいっぱい情報を伝えても，記憶の中に入っていかないので，まずは注目させることを意識してください，ということをよくお話しします。

また，次に何をするか忘れてしまった子どもに「さっき言ったでしょう」とは言わずに，次に何をするか確認することを**リマインド**と言います。「さっき言ったでしょう ?!」とついつい言ってしまう保護者や先生は多いと思います。心理専門職としてまず，つい「さっき言ったでしょう ?!」と言ってしまう保護者や先生に共感する必要があります。そのうえで，これからは少しリマインドしてあげるともうちょっと良くなるかもしれない，ということを伝えていきます。先生がいつも言わなくても，次に何をするか黒板に書いておけば，見て確認することができます。音は消えてしまいますが，書いてあるものは消えないので，リマインドしやすい環境になります。つまり，先生の板書や，適時的な声かけが，子どもさんをサポートするリマインダーになるのです。このような話を保護者の方や先生方にしながら，子どもたちの生活環境における認知的な負荷を減らすために，何からできるだろうかと考えていくことが，大事かと思います。

4. 処理速度指標の検討

次に**処理速度指標（PSI）**です（ポイント 9）。

WISC も WAIS も全部鉛筆を持つ検査ですので，筆記技能が影響します。それからお子さんによっては，いくつかやっているうちに覚えてしまって，いちいち見本から目を離さなくてもできることがあります。このように，視覚性の短期記憶が優れているお子さんは，それがプラスに働くことがあります。しかし，そうではないお子さんは，何度も何度も目を離して見直すので，それが情報処理のブレーキとなって，制限時間内に終わらないこ

ポイント9　**処理速度指標（PSI）の検討**

・主な測定内容：Gs，情報処理のスピード，筆記技能，視覚性短期記憶，動機づけや注意の持続
・ポイント
　▶脳神経系の機能障害の影響が比較的強い（認知症，ASD，書字障害など）
　▶ WAIS では成人期以降の低下が最も顕著
・関連する困難
　▶遅い，効率が良くない
　▶書字の困難
　▶時間的制約下での作業で苦労
　▶集中が続かない
・指導の基本方針
　▶量より質（目標・評価）
　▶書く負担の軽減
　▶ ICT による機能補償
　▶急かさない
　▶時間管理（例，切り上げ方の指導）

（上野他，2015 をもとに作成）

とがあります。よって，検査中の行動観察がとても重要です。どのように取り組んでいるのか，目を離してやっているのかそうではないのか。さらに言えば，この指標に含まれる検査は，注意の持続や動機づけの維持を必要とします。最後まで集中して取り組めたのかがんばってやろうという意欲があったのかによって，結果が左右される検査です。そのため，検査中お子さんが途中で飽きてしまい「もっと頑張ろう」と促しながら取り組んだのか，頑張って一生懸命取り組んだのかを観察し，どういうプロセスのもと得られた最終得点なのかを結果の解釈に生かす必要があります。私たち検査者しかそのプロセスを見ていませんので，そのことをふまえて得点の意味を解釈する必要があります。つまり，動機づけや注意の持続が大きく反映しやすい指標だということを承知のうえで，解釈してください。

多くの器質性の精神障害や脳の神経系の機能障害で，処理速度の弱さが報告されています。疾患特異性[20]はあまりないようですが，いろんな障害で処理速度は低下するようです。また，正常加齢の影響を一番早く受けるのが PSI です。老化の影響が PSI に早く出ることが，WAIS-IV の研究で報告されています。

関連する困難は，スピードに関することです。PSI の低いお子さんは，書くのが遅いだけでなく，急ぐと余計雑になってしまい，トメハネなどを

20 疾患特異性　特定の疾患だけに備わっている性質のこと。

忘れて，一生懸命やったにもかかわらず，たくさんバツをつけられてしまうことがあるかもしれません。集中が続かないことや，時間的な制約に対しても苦戦があります。

指導の基本指針としては「いっぱいやること」を評価の基準にすると，なかなかお子さんが目標を達成できず，自己肯定感を得られません。よって「量より質」を重視するよう，先生方によくお願いをします。漢字だったら「たくさん書いたかではなく，トメハネなどをきちんとできて，正しく漢字を書けたかどうか」を目標にして，お子さんが頑張れるようにしてあげたらどうですかと，よくお願いします。少し格好よくいうと，評価の**合理的配慮**[21] のようなかたちで，先生方に評価基準を変えていただくことをお願いしたり，ICT[22] を活用しながら子どもの書く負担を減らす工夫をしていただいたりしています。

また，急かすと余計ミスが増えるので「急かさないであげてください」とお願いすることも多いです。あとは，時間管理です。PSI に困難を抱えるお子さんは，試験の時間配分もうまくできなかったりするので「わからなかったら飛ばしていいよ」「切り上げ上手になりましょう」ということも，よくお子さんにお話しします。

講義メモ

21 合理的配慮　障害をもつ人々の人権が保証され，教育・就労など社会生活において平等に参加できるよう，各々の障害特性や困難に応じて行なわれる配慮のこと。2016 年 4 月に施行された「障害者差別解消法（正式名称：障害を理由とする差別の解消の推進に関する法律）」により，この合理的配慮の提供が，行政・学校・企業などに求められるようになった。

22 ICT　Information and Communication Technology の略称。情報伝達技術と訳される。情報通信機器を用いたコミュニケーションのための技術のこと。タブレットを用いた読字・書字は，ICT を用いた合理的配慮の一例としてあげられる。

5　個人内差の検討の根拠

次に個人の指標得点間の差について，検討する根拠を確認します。

1．有意性，標準出現率の検討

ポイント 10　有意性，標準出現率の検討

- 有意性の検討
  - ▶統計学的に見て指標得点間または評価点間の差が偶然なのかどうかを判断
  - ▶臨床場面では 15% 水準を推奨
- 標準出現率の検討
  - ▶同じ差の大きさが見られた子どもが標準化サンプルの中にどの程度の割合でいたのかを表す数値
  - ▶ 10% ～ 15% 以下の出現頻度の得点を「まれ」とするとよいといわれている

指標得点間の差の検討について，根拠は 2 つあります。1 つめは**有意性の検討**[23] です。指標得点間の差が，統計学的に見て有意な差なのか偶然

講義メモ

23 有意性の検定　得られた結果が偶然であるか否かを統計的に判断すること。たとえば 10％有意と表記された場合は，差がない確率が 10％未満であることを意味する（90％の確率で差があることを意味する）。

なのか判断します。もう一つは**標準出現率**の検討です。差が統計的に有意であったときに，標準出現率を算出して，差の大きさがどれだけ「まれ」なのかを見ます。標準出現率が 10%〜15%以下の場合，その差はめったに見られない「まれな差」と考えます。

2. 指標得点間の差の検討

次に，表 2-1 をご覧ください。個人間差を解釈するときに，4 つの指標得点から 2 つ選んで，対比較をするときのポイントをまとめました。現場で活用するときに，参考にしていただければと思います。

表 2-1　指標得点間の差の検討（上野他，2015 をもとに作成）

検査	2 つの指標	見るべきポイント
VCI-PRI	Gc 対 GV / Gf	「言語」対「視覚」
VCI-WMI	Gc 対 Gsm	「知識」対「操作」
VCI-PSI	Gc 対 Gs	「聞く・話す」対「見る・書く」
PRI-WMI	GV / Gf 対 Gsm	「見ながら」対「聞きながら」
PRI-PSI	GV / Gf 対 Gs	「じっくり」対「はやく」
WMI-PSI	Gsm 対 Gs	「聞いて処理」対「見て処理」 「話して表現」対「書いて表現」

次に，指標得点間の差を検討する視点として，**SW 判定**があります。

ポイント 11　S（強い力）と W（弱い力）の検討

・評価点平均と評価点の差の検討
- ▶基本検査の平均を基準とした「S」と「W」の判断
- ▶ VCI と PRI は，必要に応じて，指標得点内の評価点平均を基準とした SW 判定が可能
- ▶ WMI と PSI は，対比較のみ

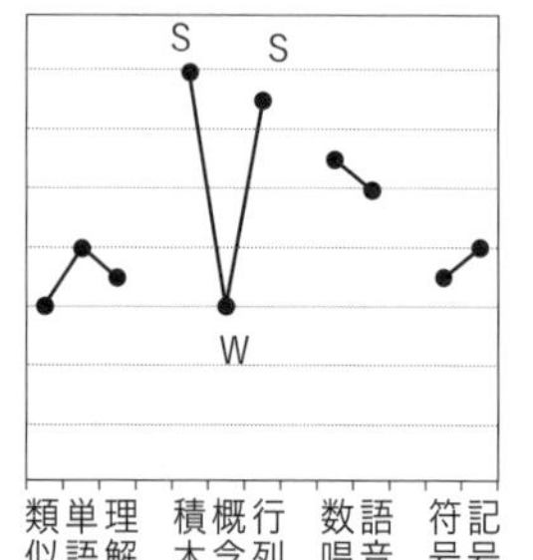

SW 判定[24]とは，基本検査の評価点の平均を基準として，強い力（S と弱い力（W）を判定することです。特にポイント 11 の図のケースでは，「積木」「概念」「行列」の差が大きいですね。「積木」「概念」「行列」は，知覚推理（PRI）の基本検査です。このように同じ指標得点内で，評価点が割れた場合，先ほどお伝えした知覚推理（PRI）に対する一般的な解釈が，成り立たないことがあります。「積木模様」と「行列推理」のように，視

講義メモ
24 SW 判定　10 の下位検査平均を使用する場合と，VCI の 3 つの下位検査平均と，PRI の 3 つの下位検査平均を使用する場合がある。詳しくはマニュアル（日本版 WISC-IV刊行委員会，2010a; 2010b; 2014）を参照のこと。

覚処理を必要とする力は強いけれども，“複数の絵を見て仲間を見つける”という「絵の概念」の力が弱いことになります。よって「積木模様」「絵の概念」「行列推理」を合体して「この子の知覚推理（PRI）は○○です」と述べてしまうと，ポイント 11 の図のお子さんのような特徴に気づけなくなってしまいます。合成得点を中心とした解釈をするとはいえ，合成得点を構成している評価点のばらつきに関しても，しっかりと解釈に含めていただきたいと思います。そのときに，SW 判定がおおいに役に立つかと思います。ワーキングメモリー（WMI）と処理速度（PSI）は基本検査が 2 つずつで，1 対 1 の対比較は誤差が大きいので，この 2 つの指標得点の SW 判定には限界がありますが，言語理解（VCI）と知覚推理（PRI）は，基本検査が 3 つずつあり，多少は妥当な SW 判定ができるかと思います。

3. 代表的な指標パターン

ここからは，代表的な指標パターンをいくつか紹介します。

まず図 2-2 の①は N 型といわれていて，視覚処理が優位な方の指標パターンです。②が逆 N 型といわれている，言語処理が優位な方の指標パターンです。①の方には，視覚の強さで言語理解やワーキングメモリーの弱さをどう補うかが大事です。絵を見て考えたり，動画を見て覚えたりしてもらうのがよいでしょう。②の方には，言葉で意味づけしながら，じっくり説明したほうがよいでしょう。

③は，GAI（VCI と PRI）が優位な方の指標パターンです。水準にもよりますが，CPI（WMI と PSI）の低さのために授業で苦戦することがあります。みんなと同じペースでできなかったり，一度に言われるとわからなかったりします。しかし，自分のペースで勉強したり，自分のやり方で好きな図鑑などをずっと見ていれば，たくさん知識の吸収ができることがあります。学校で能力を過小評価されてしまうことがあるので，そういうことがないかしっかり確認しながら，保護者の方や学校の先生方に「お子さんの優れた知識と推理する力の豊かさをどう生かしていくか」「みんなと同じように学べないこの子の学び方の違いに，どのようにかかわっていくか」をしっかりお伝えしていただきたいと思います。

反対に④のタイプの方は，作業は得意だけれども，どうしても語彙の数や考える力が弱いので，一見すると作業もできるし，話もちゃんと理解できるけれども，実は学習の定着がきちんとできているかどうか，しっかり見てあげる必要があります。見逃さないようにしてあげていただきたいタイプのお子さんです。

⑤と⑥は特殊なケースです。⑤は，推理力とワーキングメモリーが弱い逆台形型です。推理するためには，いくつもの情報を頭に思い浮かべながらやらなければならないため，推理力とワーキングメモリーは密接にかか

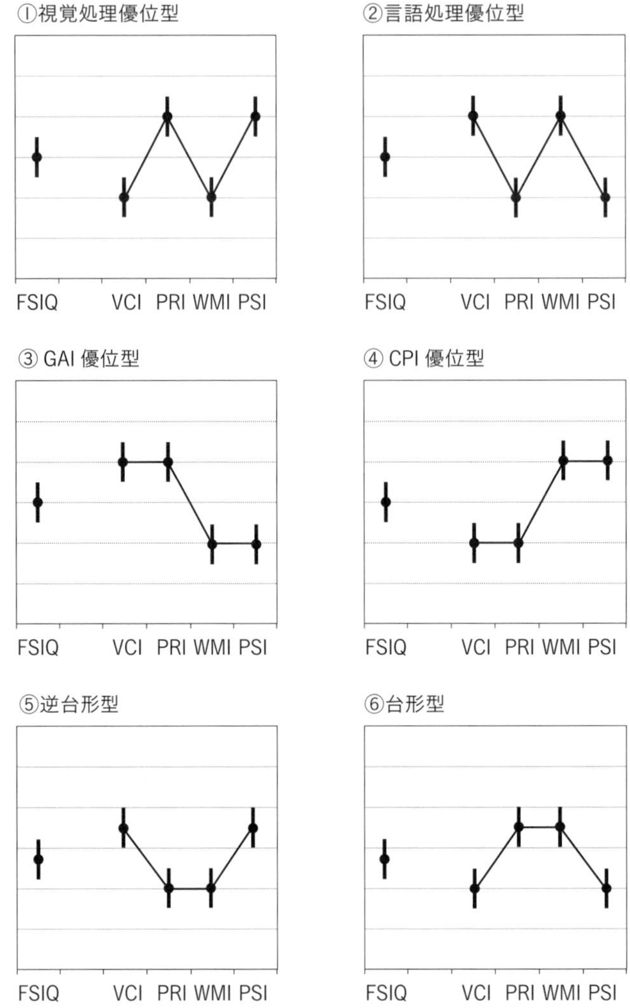

図 2-2　代表的な指標パターン（2 対 2）

わりがあります。そのためこのケースは，特に「考える力が弱い」「推理する力が弱い」ことになります。算数や数学が苦手という方に，この逆台形型が比較的多い気がします。

一方⑥の台形型のお子さんは，言語と筆記スピードが弱いので，私がこれまで検査したお子さんだと，書字でつまずいている方や作文でつまずいている方に，比較的このパターンが多いようでした。

その他として図 2-3 の①は視覚推理優位型です。視覚推理優位で，じっくり見るとできるけれども言語が苦手です。WISC のマニュアルには，自閉症の子どもたちに比較的多いと報告されています。②は処理速度優位型で，スピードはあるけれども，その他は苦手という方です。軽度知的障害のお子さんには，こういうパターンがよくあると報告されています。

①視覚推理優位型

FSIQ VCI PRI WMI PSI

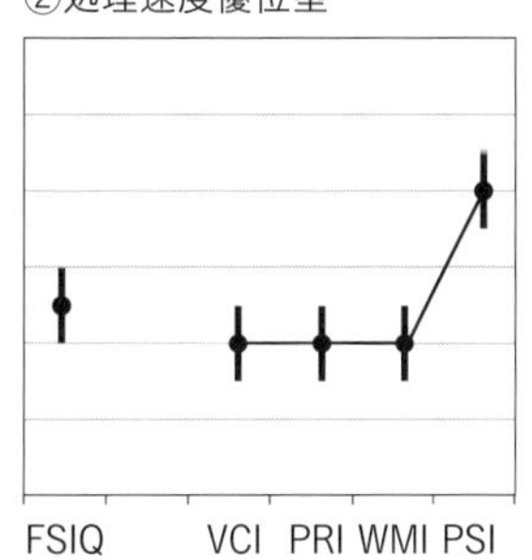

図 2-3　代表的な指標パターン（1 対 3）

4. 指標パターンの活用と留意点

このような指標パターンの留意点は，あくまでも大まかに個人の認知機能の特徴をつかんでいるにすぎないという点です。実施方法の問題から，指標得点を構成する評価点の信頼性，妥当性が疑わしいものであれば，指標パターンの意味を解釈しても意味はありませんし，そもそも指標パターンのみで受検者の認知機能の特徴を解釈していては，浅い理解に陥ってしまうことがあります。あくまで大まかにとらえるために活用していただければと思います。

また，紹介した指標パターンは数字を入れていませんが，パターンの形だけ見て解釈することがないよう，気をつけてください。図 2-4 をご覧ください。

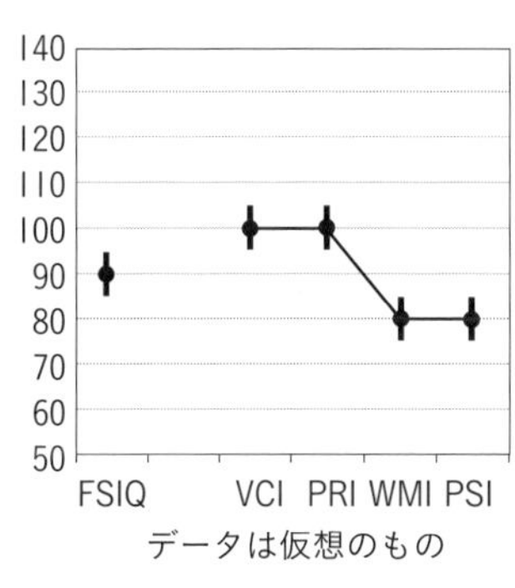

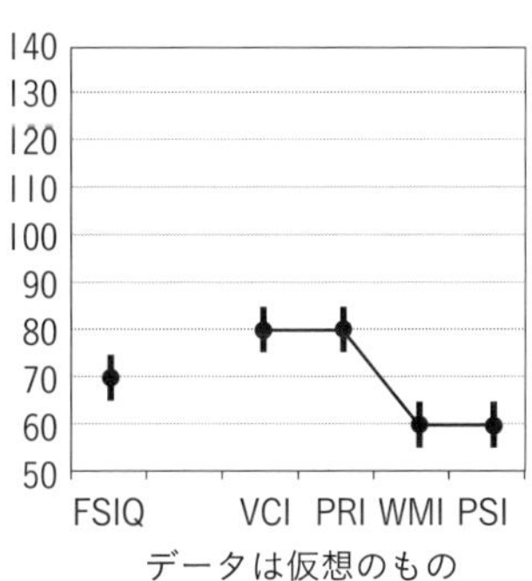

図 2-4　個人内差と個人間差の両立

図 2-4 の 2 つのデータは同じ GAI 優位型ですが，右の方の VCI と PRI の値は 80 で，パーセンタイル順位は 10％ぐらいなので，左の方と同じように VCI や PRI を活かすことは難しいでしょう。このように，プロフィールの形は同じでも，得点の水準が異なれば，子どもの実態や必要と

される援助介入の方向性は異なる可能性があります。凸凹の有無だけでなく，得点の水準にも注目した解釈が必要です。

私たちは，個人内差だけでなく個人間差も常に見ることを忘れないで，臨床場面で知能検査を使うべきではないかと思います。

まとめ

- 知能検査の解釈にあたり，そもそも標準的な実施法を遵守しているか，相談理由や主訴を把握しているか，といった事前確認が重要となる。
- 言語理解，知覚推理，ワーキングメモリー，処理速度，それぞれの指標得点の意味と，予想される困難，指導の基本方針などをおさえておく。
- 指標パターンは，大まかに特徴をとらえるのに役立つものではあるが，指標パターンのみで理解した気になるべきではない。

知能検査の臨床利用の留意点

1 妥当な検査結果を得るためには

最後に知能検査を使ううえでの留意点をまとめます。

まず，前章でも触れましたが，妥当な検査結果を得るためには，以下の要件が必要です。

ポイント1　妥当な検査結果を得るための要件

- 検査用具の理解
- 標準的な実施手続きの遵守
- 標準的な検査時間
- 検査にふさわしい環境
- 受検者とのラポール形成と維持

（日本版 WISC-Ⅳ 刊行委員会，2010a；松田，2013a）

知能検査の結果得られた得点は，あくま最終的に示された得点ですので，その得点が妥当かどうかは，検査の過程を振り返りながら，常に自分の中でクリティカルに見て[01]いただきたいです。特に妥当な検査結果は，ポイント１に示した５つが全部そろって得られると言われています。

特に２番めの「標準的な実施手続きの遵守」と，５番めの「受検者とのラポール形成と維持」に注目してください。この２つは，しばしばぶつかります。「もうちょっと待ってあげたいな」「もうちょっとやらせてあげたいな」「もうちょっと優しく言ってあげたいな」と思っても，やりすぎると標準的な実施法を逸脱することになってしまいます。一方，励ましやねぎらいの言葉を一切受検者にかけないという検査者の態度は，受検者にとって少し冷たい感じを与えます。どこまで行なえばよいかの判断が，臨床家に求められる重要なポイントになります。

講義メモ

01 クリティカルに見る　批判的に，疑いをもちながら検討すること。

2　得点の意味，検査の限界を理解する

得点は検査場面における受験者の反応の最終結果であり，同じ得点でも意味が違います。「わかんない，わかんない」と言いながら粗点が10のお子さんと，いっぱい答えて粗点が10のお子さんとでは，得点は同じだけれども，その意味は違います。よって，検査場面の態度や行動をしっかり観察し，得点だけに語らせるということはしないでください。高齢者の場合も同様に，聴力，視覚，運動機能の影響を加味したうえで得点を理解しましょう。

ウェクスラー知能検査に限った話ではありませんが，それぞれの検査には長所と短所があって，私たちが検査を使いこなすためには，限界をちゃんと知っておく必要があります。検査は，聴覚障害のある方（言語的コミュニケーションを使うので），視覚障害のある方（見る検査課題があるので），それから進行した認知症の方，最重度の知的障害の方は適用外になってしまいます。筆談で実施したときには，標準的な実施法を逸脱しますので，その旨を報告書に記録し，その変更が得点にどのような影響をどの程度与えたのかを加味して解釈する必要があります。

3　集団データと個別データ

ポイント2　集団データと個別データ

- 集団データ：研究論文には，臨床群別の知能検査の特徴の報告がある
  - ▶ ASD，ADHD，LD，認知症など
  - ▶障害の機序や特徴を理解するのに役立つが，あくまで集団としての特徴
- 個別データ：得点から読み取れる個々の特徴をつかむことが大事
  - ▶発達障害：併存性，多様性，環境（教育・養育・文化）も考慮する
  - ▶認知症：併存性，多様性，環境（教育・養育・文化）に加えて，感覚・運動機能，時代性なども考慮する

私たち研究者は論文を書くときに，ASDやADHD，LDや認知症などのグループを作って，グループの特徴を代表値（平均値，中央値）を用いて報告します。しかし，注意していただきたいのは，発達障害も認知症も

非常に多様な集団であるということです。臨床群の代表的な指標パターンが，各群の代表値を線で結んだグラフで紹介されることが多いですが，集団のデータの集団の特徴が，皆さんが担当している個々のケースにぴったり当てはまるとは限りません。よって，集団データは集団データとして，集団の大まかな特徴をつかむために用いてください。自分の担当するケースが，その集団の特徴に合うものもあれば，合わないものも必ずあります。得点から読み取れる個々の特徴を誠実につかむことが，とにかく臨床場面では大事，ということをふまえていただければと思います。発達障害の場合はいろいろな障害が併存しますし，認知症の方は，これまで歩んできた人生経験もいろいろあってもっと多様ですので，そのあたりも含めてしっかり解釈してください。

4 知能検査の解釈の方向性

最後に解釈の方向性についてまとめたいと思います。まず観察される行動や適応上の困難の背後に，どんな認知発達の特徴があるかを，知能検査を用いて把握します。これが，**行動レベル[02]から認知レベルへの解釈**です。次に，知能検査を用いて把握された認知特性から予測される行動や適応上の困難を把握し，対応を計画していきます。これが，**認知レベルから行動レベルの解釈**です。このような解釈によって，本人のためになることをしっかりやっていただきたいと思います。

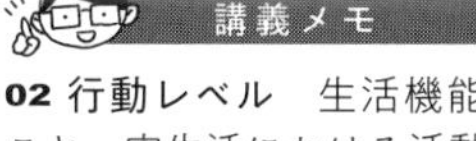

02 行動レベル　生活機能のこと。実生活における活動の様子全体を指す。

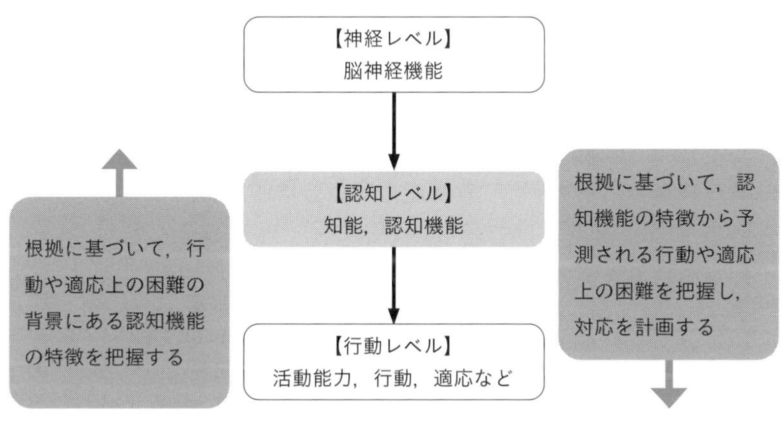

図 3-1　知能検査の解釈の方向性

少し駆け足でしたけれども，ウェクスラー知能検査を中心に，臨床場面で検査を適切に使うポイントをお話ししてきました。理論的背景，そして数値のもつ意味，その限界をしっかりとご理解いただければ，今日お話ししたかいがあったと思います。ウェクスラー知能検査については，日本文化科学社がテクニカルレポートを出しています。定期的にこのような情報を見ながら，新しい情報を取り入れて，臨床の場面で生かしていただけたらと思います。

ポイント3 **日本版 WISC-IV テクニカルレポート**

・日本文化科学社のホームページに，WISC-IV の臨床利用に欠かせない最新情報が掲載されている
https://www.nichibun.co.jp/kensa/technicalreport/
※オープンサイトなので，倫理・著作権の観点から，検査問題の内容に関する情報はない

それでは私の話を終えたいと思います。ありがとうございました。

まとめ

・妥当な検査結果を得るには「検査用具の理解」「標準的な実施手続きの遵守」「標準的な検査時間」「検査にふさわしい環境」「受検者とのラポール形成と維持」が必要。
・同じ得点でも意味が異なる。同じ障害でも得点の表れ方は個別に異なる。また，検査には限界も存在する。得点だけで語るのではなく，検査場面の行動や態度の観察など，個々の特徴を誠実につかむ姿勢が重要。

確認問題

TEST 1

以下の文章について，正しい文章には○，正しいとは言えない文章には×をつけなさい。

(1) ウェクスラー知能検査においては，知的水準の程度を表す精神年齢を算出する。 (　　　)

(2) 翻訳された文章を用いた教示でも適切な検査結果が得られるかなど，検査の信頼性と妥当性を確保するための作業のことを標準化という。 (　　　)

(3) 検査時間が短すぎると，検査結果の質が落ちるため，最新の検査であっても過去の検査より検査時間が短いということはない。 (　　　)

(4) 時間の経過と時代の変化に伴い，算出されるIQが低下していく現象のことをフリン効果と言う。 (　　　)

(5) CHC理論における第1層は，あらゆる知的能力に共通する一般能力を指している。 (　　　)

(6) 近年のウェクスラー知能検査は，言語性知能と動作性知能の2つの観点からとらえることが一般的である。 (　　　)

(7) 知能検査の実施においても，クライエントの相談理由や主訴を把握しておくことは重要である。 (　　　)

(8) 95%信頼区間よりも90%信頼区間のほうが，信頼区間の幅が狭い。(　　　)

(9) ウェクスラー知能検査では，検査全体を通じて補助検査の代替が許されるのは1つまでである。 (　　　)

(10) ウェクスラー知能検査の4つの指標得点のうち，正常加齢の影響を一番早く受けるのは処理速度指標と言われている。 (　　　)

確認問題

TEST 2

次の空欄に当てはまる用語を記入しなさい。

(1) ウェクスラー知能検査の特徴の一つとして，個人の知的発達の特徴を，同年齢集団の平均と比較して相対的にどの位置にあるのかという（　　　　）の視点があげられる。

(2) 個人内の得点の大きさが，どの程度の確率で見られるかを表した値のことを（　　　　）という。

(3) 知能検査の結果において，個人内の得点差が非常に大きく，知的能力の偏りが見られることを（　　　　）という。

(4) 言語理解と知覚推理からなる一般知的能力指標を（　　　　）という。

(5) ワーキングメモリーと処理速度からなる認知熟達度指標を（　　　　）という。

(6) 受検者の回答が不明瞭な場合や回答があいまいで採点できない場合に，回答を明確にするために行なわれる確かめの質問のことを（　　　　）という。

(7) パーセンタイル順位が 9％ということは，同年齢集団の（　　　　）％が同じか上回る結果を示していることになる。

(8) WISC-IV では「積木模様」などで行なわれる，認知面の特徴を詳しく調べるための分析を（　　　　）という。

(9) 目的に対して計画を立て，効果的に行動して目的を達成するための機能を（　　　　）という。

(10) 障害をもつ人々の人権が保障され，教育・就労など社会生活において平等に参加できるよう，各々の障害特性や困難に応じて行なわれる配慮のことを（　　　　）という。

確 認 問 題

TEST 3

次の問いに答えなさい。

(1) ウェクスラー知能検査の名称と適用年齢に関する以下の表の空欄に当てはまる語を記入しなさい。

対象	検査名	適用年齢
成人用	(①)	16歳0か月～(③)
児童用	WISC-Ⅳ	(④)～(⑤)
幼児用	(②)	(⑥)～7歳3か月

(2) ウェクスラーモデルに関する以下の図の空欄に当てはまる語を記入しなさい。

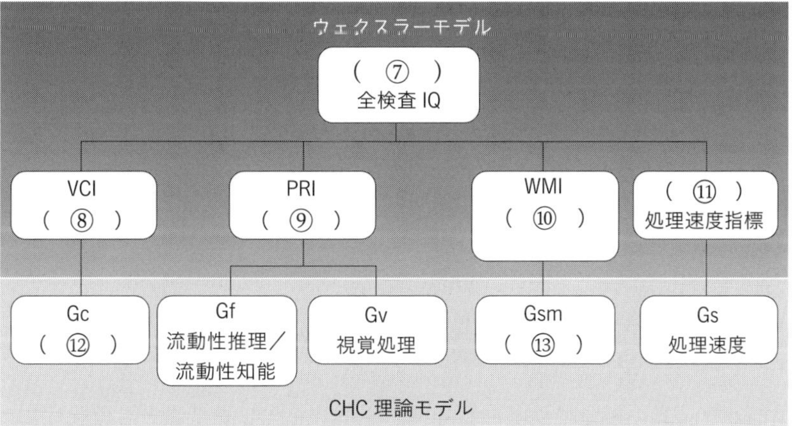

確 認 問 題

TEST 4

以下の問いに答えなさい。

(1)「知能とは，学力のことである」という誤解に対し，反論を述べなさい。

(2) 知能検査においても，受検者と検査者の間にラポール形成が必要となる理由について述べなさい。

(3) WISC-IV において，言語理解に困難が示された子どもに対する支援について論じなさい。

(4) WISC-IV において，ワーキングメモリーに困難が示された子どもに対する支援について論じなさい。

(5) WISC-IV において，GAI 優位型が示された子どもに対する支援について論じなさい。

(6) 指標パターンのみで受検者の認知特徴を解釈してしまうことの危険性について述べなさい。

解答例

TEST 1

(1) ×　精神年齢を算出するのは，ビネー式知能検査である。
(2) ○
(3) ×　長い時間集中することが難しい方にも検査を適用できるよう，近年の検査は，検査結果の質は落とさずに検査時間を短くする工夫がなされている。
(4) ×　フリン効果とは，時間の経過とともに算出される IQ が高くなる現象のことである。
(5) ×　一般能力は第 3 層である。
(6) ×　言語性知能・動作性知能という概念は，近年のウェクスラー知能検査では用いられていない。
(7) ○
(8) ○
(9) ×　各指標得点に対して，補助検査の代替が 1 つまで認められる。
(10) ○

TEST 2

(1) 個人間差
(2) 標準出現率
(3) ディスクレパンシー
(4) GAI
(5) CPI
(6) クエリー
(7) 91
(8) プロセス分析
(9) 実行機能
(10) 合理的配慮

TEST 3

① WAIS-Ⅳ
② WPPSI-Ⅲ
③ 90 歳 11 か月
④ 5 歳 0 か月
⑤ 16 歳 11 か月
⑥ 2 歳 6 か月
⑦ FSIQ
⑧言語理解指標
⑨知覚推理指標
⑩ワーキングメモリー指標
⑪ PSI
⑫結晶性知能
⑬短期記憶

TEST 4

(1)　知能と学力は，集団として見れば相関関係にあるが，知能は高いけれども学力は高くない人，逆に知能が高くなくとも学力は高い人もおり，必ずしも一致しない。このように，知能とは「どれだけたくさんのことを知っているか」という知識の量だけを表すわけではない。どのように知識を獲得し，環境に適応するために知識を使って与えられた課題を解決し，今何が求められていて，これから自分はどのように対応すればよいかを，自ら考えていく思考力や推理力こそが知能の本質と考えられている。以上のことから知能とは，物事を理解し，それに意味を与え，何をすべきかを見抜くための広く深い能力と言える。

(2)　ラポールとは信頼関係のことであり，心理面接やカウンセリングでは特に「どんな内容でも話すことができる」「伝えたことが理解してもらえている」など，受容と共感に基づく信頼関係のことを指す。ラポール形成が十分ではないまま検査をやることになった場合，受検者が低い動機づけで知能検査に取り組んでしまったり，安心して自分の力を発揮できなかったりして，結果的に IQ が低く出てしまう可能性がある。よって，受検者と検査者の間にラポール形成ができていて，受検者が安心して自分の力を十分発揮できる環境が成り立っていたかどうかを振り返ることが大切である。なお，どうしても受検者のモチベーションが伴わず，限られた時間の中でのラポール形成も難しく，そのために十分に力を発揮できていないと思われる場合は，そのことを正直に記載し検査結果の解釈に役立てる責任がある。

(3)　言語理解に困難を示す子どもへの支援指針として 2 点あげる。1 点めは，語彙の学習の機会，一般知識の習得のための機会をきちんと用意することである。語彙や一般知識を知らないまま，どんどん学年が上がってしまい，さらにつまずきが大きくなることがある。よって特別支援教育や通級の可能性も含めて，できるだけ早く子どもが学びやすい場を用意することが求められる。2点めは，説明や指示に使う言葉をできるだけ平易にわかりやすくすることである。指示を短く簡潔にし，かつ先生が言ったとおり，あるいは保護者の方が言ったとおりに子どもに伝わっているかどうかを確認することが求められる。

(4)　ワーキングメモリーに困難を示す子どもへの支援指針として，ワーキングメモリーにかかる認知的な負荷を大人の工夫で減らすことがあげられる。工夫の例としてディレクションとリマインドをあげる。ディレクションとは，話し手が説明する前に，子どもたちの注意を話し手に向けることである。リマインドとは，次に何をするか確認することを指す。教室の中は，ワーキングメモリーに非常に負荷がかかる状況であるため，子どもたちの注意を集めてから話し始めたり，授業の目標が子どもたちに見えるように板書したりすることにより，ワーキングメモリーにかかる認知的負荷を減らすことが可能である。このような子どもたちの生活環境における認知的な負荷を減らす工夫が求められる。

(5)　GAI優位型とは，言語理解指標と知覚推理指標が，ワーキングメモリー指標と処理速度指標よりも相対的に高い者のことを指す。水準にもよるが，ワーキングメモリー指標と処理速度指標の低さのために，教室内で周囲の生徒と同じペースで進めることが難しかったり，一度にいろいろなことを言われるとわからなくなってしまったりしやすい。しかし，自分のペースで勉強を進めることができれば，豊かな推理の力を活かしたり，多くの知識を吸収できる可能性をもっている。GAI優位型の子どもは，学校で能力を過小評価されてしまうことが多いので，「優れた知識と推理する力の豊かさをどう生かしていくか」「周囲と同じように学ぶことの難しさに，どのようにかかわっていくか」を保護者や先生にしっかり伝えていくことが望ましい。

(6)　指標パターンの留意点は，あくまでも大まかに個人の認知機能の特徴をつかんでいるにすぎないという点である。指標パターンの形は同じでも，得点の水準が異なれば，子どもの実態や必要とされる援助介入の方向性は異なる可能性がある。よって，凸凹の有無だけでなく，得点の水準にも注目した解釈が必要である。さらに得点についても，同じ得点でも意味が異なる可能性がある。粗点は同じでも，検査に対するモチベーションが低い者とそうでない者がいた場合，粗点は同じでもその意味は異なる。よって，検査場面の態度や行動の観察を考慮して解釈するべきであり，指標パターンや得点だけで受検者の認知特徴を語るべきではない。

PART 4

心理職のための神経科学入門

生物－心理－社会モデルに基づく臨床活動を実践する心理職にとって必須となっている神経科学（脳科学）の基本を解説するとともに心理職がその最新の成果をどのように活用するかについての視点を提供します。

講　義

国里愛彦

専修大学人間科学部　教授

1. 心理職に神経科学は必要か？

本日は，心理職のための神経科学入門という内容についてお話をさせていただきます。専修大学人間科学部心理学科の国里です。よろしくお願いします。

まず，講義の概要をお話させていただきます。本日は「神経科学」について話をさせていただきます。神経科学は心理に関係がありそうではありますが，実際のところ「本当に必要なのかどうか，はっきりしない部分」があるのではないかと思います。

医療領域の心理職以外のスタッフは，生物学（さらには神経科学）について学んできた方が多いです。一方，私たち心理職は，あまり生物学について学んできていません[01]。しかし，現代的な医療においては，生物，心理，社会の３つの観点からクライエントを理解する**生物－心理－社会モデル**[02]がよく用いられます。「心理職は心理面のエキスパートであればよい」という考えもあるのですが，それだけですと，生物－心理－社会モデルという現代の医療における一般的な共通理解から外れてしまいます。また，心理職以外の方が，生物学や神経科学について詳しいということは，心理職だけが共通の基盤から外れてしまうということになるので，あまり望ましくないことでしょう。よって，他のスタッフと円滑にコミュニケーションを取るためにも，私たち心理職も，生物学的側面に関する最低限の知識が必要かと思います。

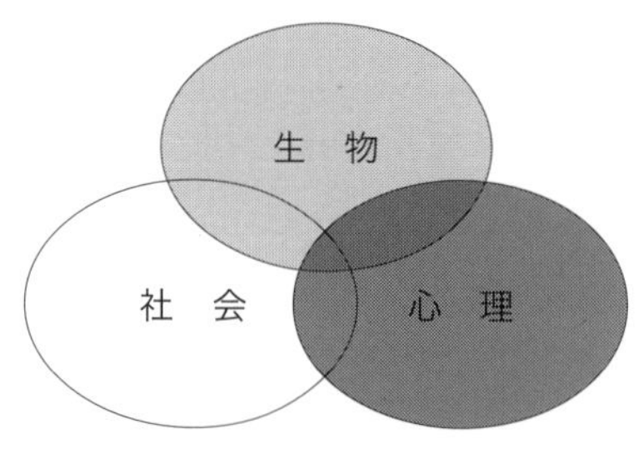

図 0-1　生物－心理－社会モデル

2. 心理職に神経科学のどの知識が必要か？

ただ，心理職が神経科学の何を学ぶのか，特に「どの範囲を学ぶのか」と言われると，なかなか難しいところがあります。

神経科学という分野は，非常に幅広い分野です。目視することが困難な遺伝子レベルの話から，我々が体験することができる行動レベルの話まで，幅広い分野が神経科学に含まれています。これらすべてを学べるともちろんよいのですが，実際そんな時間を確保することは困難ですから，今回は少し分野を絞ってお話をしていこうと思います。

今回は図 0-2 の太枠で囲まれている部分

講義メモ

01 心理職と生物学　公認心理師カリキュラムの中には「人体の構造及び疾病」という科目がある。そのため，今後は心理職も生物学の基礎を学ぶことが求められていると言える。

02 生物－心理－社会モデル　生物学的要因，心理学的要因，社会学的要因の３つの側面から，クライエントを総合的に，多角的に理解すること。

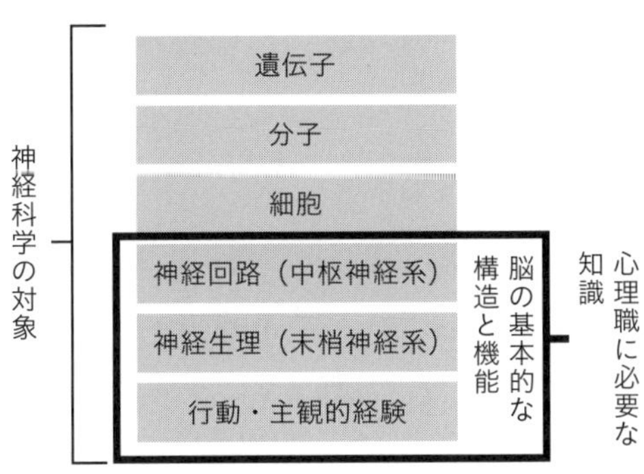

図 0-2　心理職に必要な神経科学の知識

米国立精神衛生研究所の Research Domain Criteria (RDoC)[03] を参考に作成。RDoC は生物学的な観点から精神障害を研究する枠組みである。

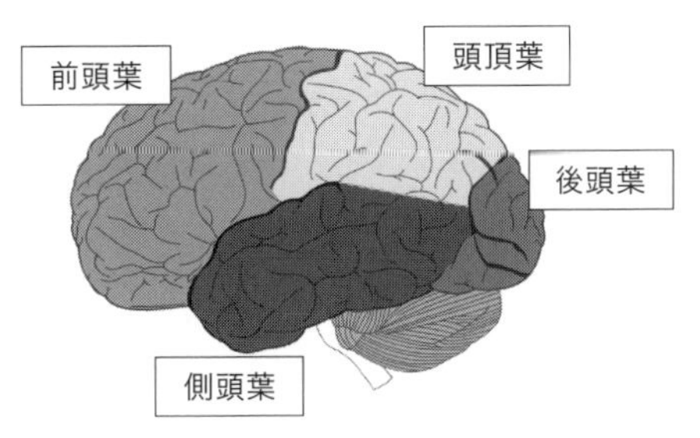

図 0-3　脳の構造

を扱います。具体的には「神経回路」から「行動・主観的経験」までです。なお「神経回路」と「行動・主観的経験」の間に「神経生理」という，いわゆる末梢神経系[04]に関する話も入っていますが今回は割愛し，主に**中枢神経系**[05]についてお話ししていきます。特に脳の大まかな構造，形や機能についてお話します。

もう少し具体的に，どういった神経科学の知識があるとよいのか，お話しします。まず脳の構造と機能について学んでいくことが必要です。図 0-3 は，皆さん見たことがある図だと思います。我々の脳は大まかに，前のほうの**前頭葉**，てっぺんのほうの**頭頂葉**，後ろのほうの**後頭葉**，そして横側にくっついている**側頭葉**の 4 つに分けることができます。このような脳の領域に関する名前や位置をまずおさえます。またそれぞれの領域が，どのような機能をもっているのかをセットにして学ぶ必要があります。

このとき，脳の名前がネックになってきます。皆さんは何か文献を読んでいて，脳の

名前
前頭葉
位置
機能
意思決定
感情統制
セットで学ぼう！
大脳基底核
一次感覚野
扁桃体
腹側経路
名前を位置や機能と関連づけて理解しよう

宮川 純（河合塾 KALS 講師）

03 Research Domain Criteria（RDoC）　https://www.nimh.nih.gov/research/research-funded-by-nimh/rdoc/index.shtml

04 末梢神経系　末梢神経系とは，全身に張り巡らされる神経のことである。末梢神経系は，「体性神経系」と「自律神経系」の 2 つに分類される。

体性神経系は「感覚神経」と「運動神経」の 2 つからなり，主に皮膚・筋肉・関節などの働きを調整する。自律神経系は「交感神経系」と「副交感神経系」の 2 つからなり，主に内臓や内分泌系の働きを調整する。

05 中枢神経系　中枢神経系は，「脳」と「脊髄」からなる神経系である。感覚器から送られてくる信号を処理し，必要に応じて身体各部に信号を送ることで，行動を制御する機能を担っている。

名前が出てきたときに「よくわからないな」という印象をもちやすいのではないかと思います。いまいちどこの話をしているのかわかりにくいですし，どういう機能なのかわかりにくい名前も多いです。そこで今回の講義では，脳の名前を理解するためのポイントをご紹介していきたいと思っています。

また，こういった脳の場所ごとの機能を考えるうえで，ある特定の脳の場所が損傷を受けた場合に，どのような障害が出るのか理解することも大切です。これは神経心理学で扱う内容です。このように損傷した場所と，障害される機能を対にして考えていくことが大切です。

さらに，まだ研究が蓄積されている途中ではありますが，私たち人間の精神症状は，脳のネットワークの機能不全によって起こっているのではないかと考えられています。脳の神経回路における機能不全が，私たちの抑うつであったり，過剰な不安であったり，もしくは妄想であったりなど，さまざまな症状として現れます。どのような機能不全が，症状にどのような影響を与えるのかといったこともおさえていくと，精神科臨床において有用ではないかと思います。

学ぶべきポイントをまとめると次のようななります。

1. 脳の構造と機能
2. 脳損傷などによって生じる機能的な障害
3. 神経回路の機能不全から生じる精神的な症状

3. 神経科学の知識は，臨床場面に使えるのか？

私たち心理職が臨床場面で行なう業務は，**心理的アセスメント**[06]と**心理的介入**[07]の2種類に大きく分けられます。まずアセスメントに関して，神経科学の知識がアセスメントに使えるかどうか，話をしたいと思います。

脳のアセスメント法としては，MRI（Magnetic Resonance Imaging）やCT（Computed Tomography）などを用いた脳構造画像検査や脳機能検査といった検査がありますが，心理職はこのような装置を使って撮影したり評価したりすることは，基本的にありません。しかし，それらの情報を私たちの心理的アセスメントの解釈にうまく組み込んでいく必要があるかと思います。それにより，心理的な側面だけでなく，その背景にある生物学的な側面も含めながら検査所見を書くことができるようになります。

また心理職は，前述したような大掛かりなMRIやCTなどの装置を用いた検査を行なうことはありませんが，**神経心理学検査**[08]を行なうことは多いです。「とりあえず認知能力などを把握するために神経心理学検査を用いている」という方もおられるかもしれませんが，神経心理学検査の背景にある神経科学の知識をうまく使うことで，解釈もより深まる可能性があります。

次に心理的介入に，神経科学の知識が使えるのかどうかの話をします。

講義メモ

06 心理的アセスメント　心理検査や観察・面接をとおしてクライエントの全体像を把握し，援助の方法を検討する一連の過程のこと。

07 心理的介入　アセスメントによって明らかになったクライエントの特徴や問題に応じて，さまざまな臨床心理学的技法を用いて心の支援をする過程のこと。

08 神経心理学検査　記憶力や判断力など，認知能力を測定するための検査のこと。認知症のスクリーニングなどに用いられるHDS-RやMMSEが代表的。

私たちが実践において心理的介入を行なううえで，行なった心理的介入がどのように脳の中で機能しているか理解することが，まず重要かと思います。私たちの心理的介入がどのように脳の中で機能しているか，その神経作用メカニズムがわかることで，**心理教育**[09]において心理的介入が症状を低減するメカニズムをうまく説明できるかもしれません。

また，心理的介入が症状を低減する神経作用メカニズムを理解することで，特定の介入技法の洗練化につながる可能性があります。たとえば私が専門とする認知行動療法の場合，いろいろな介入技法がまとまってパッケージになっています。このとき，個々の介入技法に関する神経作用メカニズムを調べることで，介入技法間の作用メカニズムの重複や競合が明らかになるかもしれませんし，相乗効果を発生させるような介入技法が発見されるかもしれません。介入技法の効果を確認するための臨床試験や，臨床実践をするうえでの仮説を作る際，神経メカニズムの理解は有利に働くでしょう。

また，心理的介入を行なうときに，我々は特定の心理療法を特定のクライエントに行なうわけですが，選択された心理療法が，そのクライエントに効果があるかどうかはわかりません。エビデンス[10]は「特定の集団に平均的にこのくらいの効果がある」ということはわかるのですが，個々のクライエントに有効かは，エビデンスだけでは判断できないのです。あるクライエントにはこの治療が非常に有効で，別のタイプのクライエントには別の治療が有効であるといったように，治療を行なう前段階で治療反応を予測できれば，私たちの心理的介入の効率化ができるかもしれません。このような神経科学に基づく治療反応予測は，私たちの心理的介入に有用である可能性があります。

4. 講義の内容

いろいろお話をしてきましたが，今回の講義は，今までお話ししてきた内容について以下の４つに分けて，より詳しい話をしていきます。

1．神経科学の基礎知識
2．脳の構造と機能
3．心理的アセスメントと神経科学
4．心理的介入と神経科学（うつ病を中心に）

まず，神経科学の基礎知識をお話しします。次に，脳の構造と機能についてお話をします。その次に，神経科学の知識を使いながら心理的アセスメントを行なうための話をします。最後に，心理的介入を行なったときの神経作用メカニズムについて話をします。

09 心理教育　心理的な問題についての知識や情報を伝達すること。ストレスへの対処方法や，対人スキルを教えることも含む。心理療法とは異なり，知識や情報による認知レベルへの働きかけが重視され，主体的な問題の受容や対処技術の向上が期待される。

10 エビデンス　証拠のこと。心理専門職の活動は，研究によって効果が確認された技法を用いるエビデンス・ベイスト・プラクティスが活動の基本となる。

神経科学の基礎知識

ニューロンと神経伝達物質

それではまず，神経科学の基礎知識についてお話をさせていただきます。

我々の脳を最小の単位に分けていくと，**ニューロン**というものになります。日本語では**神経細胞**と言います。

ポイント1　**ニューロン（神経細胞）**

・ニューロン：脳の最小単位，入力に対して活動電位を発生させて，他の細胞に情報を伝達する

▶樹状突起で受け取った入力は，活動電位（電気的な信号）として軸索を通って軸索末端まで送られる

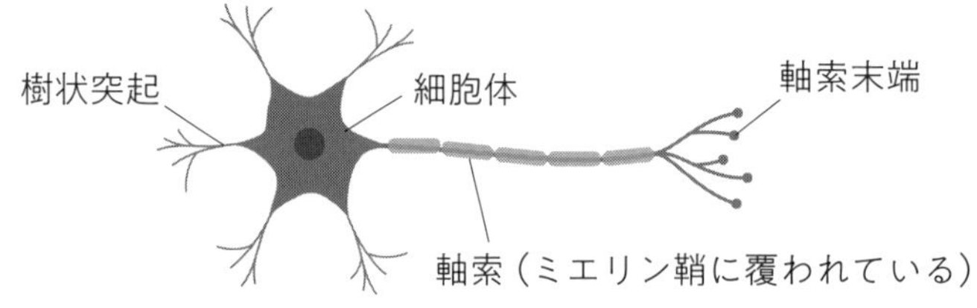

ニューロンは，何か情報が入ってきたときに，それを電気的な活動にして次の神経細胞に送ります。このように情報を伝達するのが，ニューロンの機能になります。ニューロンは，**細胞体**といういわゆる体の部分と，そこから伸びる電線のような**軸索**という2種類に大きく分けることができます。また，細胞体についている**樹状突起**という場所で，他のニューロンからの情報を受け取ります。

受け取った情報は軸索を通り，電気的な活動（**活動電位**[01]）として送られていきます。電気でビリビリビリと，軸索末端まで送られるわけです。軸索末端まで送られたら，次の神経細胞に情報を受け渡します。ここで重要なことは，軸索末端までは，電気的な信号を送っているということです。

講義メモ

01 活動電位　神経細胞の中を伝わっていく活動電位のことを，インパルスとも呼ぶ。

ポイント2 シナプス間隙

・シナプス間隙：情報の送り手のニューロンと受け手のニューロンの間にあるすきま。神経伝達物質を介して情報が伝達される
▶興奮性シナプス：グルタミン酸，ドーパミン，ノルアドレナリン，セロトニンなど
▶抑制性シナプス：GABA など

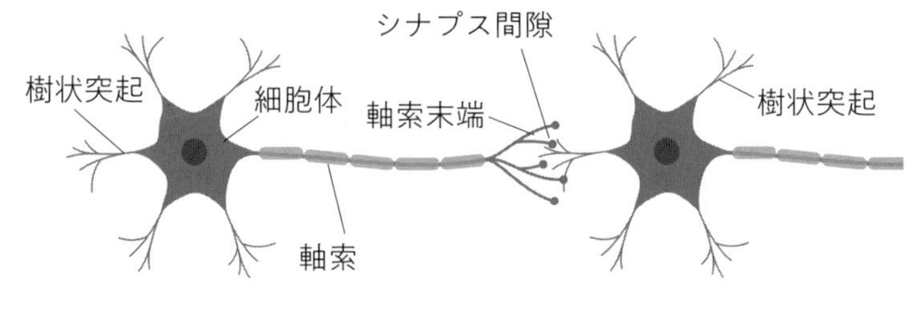

そして電気的な信号で軸索末端まで情報が送られた後に，送り手のニューロンと受け手のニューロンで情報の受け渡しが行なわれます。情報の受け渡しをするのは，**シナプス間隙**というニューロンとニューロンのすきまの部分です。すきまなので，軸索末端まで送られた電気を直接送ることができません。そこで，**神経伝達物質**という化学物質を介して情報を伝達します。

興奮性の信号に関しては，グルタミン酸やドーパミンやノルアドレナリン，セロトニンなどの神経伝達物質が関与します。抑制性に関しては，GABA という神経伝達物質が関与します。特に，**ドーパミン，ノルアドレナリン，セロトニン**といった神経伝達物質は，精神科医療にかかわる方はよく聞く神経伝達物質かと思います。

この代表的な神経伝達物質の機能をまとめたものが表 1-1 になります。

表 1-1 神経伝達物質と薬

	種類	機能	薬物
モノアミン	ドーパミン	運動，ホルモン調節，快感情，意欲，学習など	抗精神病薬（ドーパミン受容体のブロックにより統合失調症に効果）
	セロトニン	気分の調節，摂食・睡眠・覚醒の制御，痛みの調節など	選択的セロトニン再取り込み阻害薬（シナプスのセロトニンの再吸収に作用し，うつ病・不安症に効果）
	ノルアドレナリン	注意や衝動性，性行動や食欲の制御など	セロトニン・ノルアドレナリン再取り込み阻害薬（シナプスのセロトニンとノルアドレリンの再吸収に作用し，うつ病に効果）

興奮性シナプスのドーパミン，セロトニン，ノルアドレナリンに関しては，まとめて**モノアミン**と呼ばれます。

まず**ドーパミン**について紹介します。ドーパミンは，運動やホルモン調節，快感情，意欲，学習などに関与すると考えられています。このドーパミンが非常に高すぎる状態になると症状が出てきたりします[02]。もちろん低くても症状が出てきます[03]。ドーパミン受容体[04]において，神経伝達物質の受け取りを阻害する薬が作られており，これは**抗精神病薬**と呼ばれ，主に統合失調症に効果があります。

次に**セロトニン**です。セロトニンは，気分の調節，摂食，睡眠，そして覚醒の制御などに関与する神経伝達物質になります。セロトニンに関する薬としては，**選択的セロトニン再取り込み阻害薬**（SSRI）があります。この薬は，使われなかったセロトニンの再取り込み[05]を阻害する作用があります。結果としてセロトニンがシナプス間隙の間に増えますので，うつ病や不安症に効果があると考えられています。

最後は**ノルアドレナリン**です。注意や衝動性，性行動や，食欲の制御にかかわります。この神経伝達物質に関連するものとして，**セロトニン・ノルアドレナリン再取り込み阻害薬**（SNRI）というお薬があります。これは先ほどのセロトニンだけでなくノルアドレナリンも阻害するお薬で，結果としてこの薬もセロトニンやノルアドレナリンがシナプス間隙の間に増えますので，うつ病に効果があると考えられています。

私たちが精神科臨床においてよく目にするこれらの薬が，先ほど紹介したニューロンとニューロンの情報伝達を媒介する神経伝達物質に関与するものであることを理解しておくと，薬の作用メカニズムが理解しやすくなると思います。

講義メモ

02 ドーパミンが高すぎる状態　たとえば，統合失調症に多く見られる妄想や幻聴の原因に，ドーパミンの過剰が指摘されている。

03 ドーパミンが低すぎる状態　たとえば，パーキンソン病に見られる運動機能の問題にはドーパミンの過少が指摘されている。

04 ドーパミン受容体　情報伝達における受け手のニューロンが，ドーパミンを受け取る部分。受容体はレセプターとも呼ばれる。

05 セロトニンの再取り込み　受け手のニューロンに伝わるべきセロトニンが，「使われなかったもの」として回収（再取り込み）されすぎてしまった場合，セロトニンが受け手のニューロンに十分に伝わらない。これが，うつ病の原因の一つとされている。

2　脳とは何か

ここまではミクロ[06]の話をしてきましたが，もう少しマクロ[07]な面を見ていこうと思います。

まず脳とは何か，確認しましょう。先ほど非常に小さな単位であるニューロンを紹介しました。このニューロンがたくさん集まってきて，さらにグリア細胞といわれる細胞も合わさったものが私たちの脳になります。

グリア細胞は，神経の栄養因子であったり，軸索にくっついているミエリン[08]を作ったりなど，いろいろな機能が発見されています。まとめると，グリア細胞は基本的に，ニューロンの活動のサポートをしていると考えられています。

このように，グリア細胞とニューロンから私たちの脳は作られています。

講義メモ

06 ミクロ　非常に小さいこと。微小。また，微視的であること（三省堂『大辞林　第3版』より）。

07 マクロ　巨大であること。巨視的であること。また，そのさま（三省堂『大辞林　第3版』より）。

08 ミエリン　神経を覆って保護している，脂肪性物質のこと。

ポイント3 **脳**

・脳：ニューロンとグリア細胞（神経栄養因子やミエリンの合成などさまざまな機能をもつ）から構成される

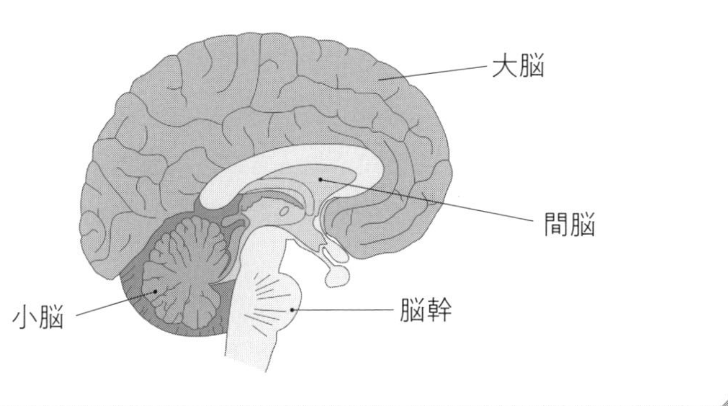

さらに大脳，間脳，脳幹，小脳といった分類がありますが，細かい分類については後でお話をいたします。

3 脳の名称

1．脳溝と脳回

さて，ここから脳の名前に関する話です。脳を細かく見ていくときに，私たちにとってあまり聞きなじみのない名前がたくさん出てきます。聞いたことがない名前が出てくることが，神経科学もしくは脳科学を勉強するうえで，結構ハードルになっているのではないかと私は考えています。そこで今から，名前についておさえていこうと思います。

ポイント4 **脳溝と脳回**

・大脳皮質の溝を，脳溝（sulcus）と呼ぶ
・大脳皮質の溝に挟まれた隆起部分を，脳回（gyrus）と呼ぶ

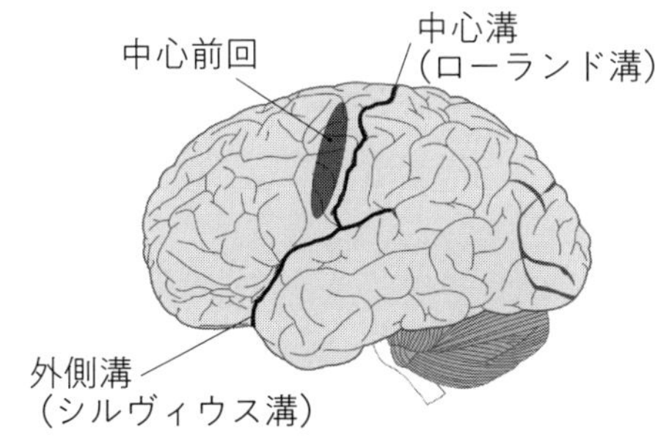

まず大脳皮質には，**脳溝**（のうこう）というものがあります。脳のしわみたいなものです。しわの部分は溝になっていて，「脳の溝」ということで脳溝と呼びます。有名な脳溝としては，**中心溝**（ちゅうしんこう）と**外側溝**（がいそくこう）があります。中心溝は脳のてっぺんから側面にかけてまっすぐ下りてくる，一番真ん中の溝になります。外側溝は側頭葉と他の場所を分けるような溝になります。

また，溝と溝の間にある隆起した部分のことを**脳回**（のうかい）と言います。脳の部位で「回」と出てきたときは，大脳皮質の隆起した場所の話をしているんだと理解をしてもらえるといいかと思います。

2. 脳の上下前後

次に脳の上下前後を表す言葉です。これが結構理解しにくいです。

まず，脳には上下前後があります。それをそのまま上下や前後と表現してくれたらわかりやすいですね。ただ，**背側**（はいそく），**腹側**（ふくそく），**吻側**（ふんそく），**尾側**（びそく）という言い方もよく出てきます。このような表現が出てくるので「脳はよくわからない！」となってしまうのかもしれません。そこで，わかりやすい例として四足歩行の動物を思い浮かべてもらえるとよいと思います。ポイント５の図をご覧ください。

ポイント５　**脳の上下前後**

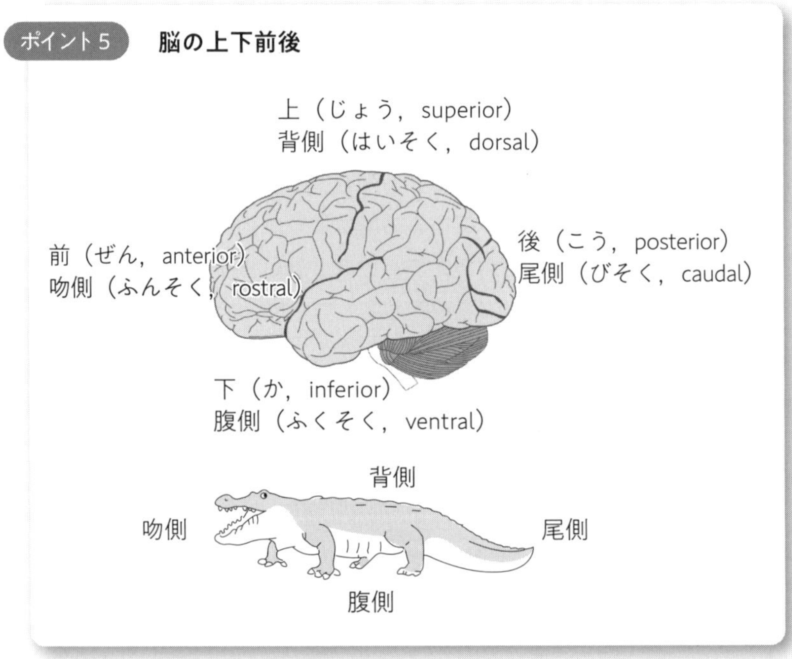

ワニの絵を見てください。ワニにとってお腹は下です。人間は直立していますからお腹は前になってしまいますが，ワニにとってはお腹は下，背

中は上，口は前，しっぽは後ろとなります。ですから，下は腹側，上は背側，前は吻側，後ろは尾側となります。上下前後を語るうえで，背側，腹側，吻側，尾側という言い方に慣れるためにも，この対応づけをしていただけるといいかと思います。わからなくなったときは，自分が四つん這いになったときに，お腹は下だなという理解をしてもらうと間違わないと思います。

簡単なことに思えるかもしれませんが，意外に背側・腹側という表現が引っかかって頭に入ってこなくなることがあるので，ぜひこれは覚えていただけるといいかと思います。

3. 脳の断面

さらにわかりにくい表現として，脳の断面に関する表現があります。3方向の断面があるのですが，それが頭の中でごちゃごちゃになりやすいです。ここについても，わかりやすい覚え方がいくつかあります。

まず**冠状断**（かんじょうだん）という断面があります。これは動物が冠をかぶったときの断面だと考えられています。

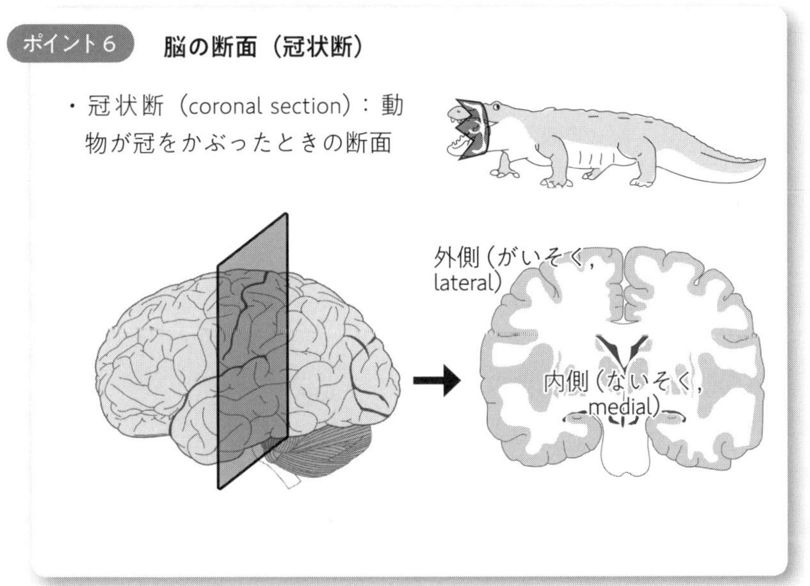

しかし，ただ冠をかぶったのであれば，水平向きが冠状断だと思うかもしれませんが，これも四足歩行動物で考えていただきたいと思います。ワニに冠をかぶせるとポイント6の図のようになりますね。これを「かぶっている」と呼んでよいかは疑問ですが，このような感じで前向きに冠をかぶせたときの断面が，冠状断です。

そうすると冠状断が，水平断という水平向きに切る断面と混ざらずにすむと思います。なお，この冠状断で切った場合，ポイント６の図のように**内側**（ないそく）と**外側**（がいそく）と呼ばれる場所が出てきます。単純に内側（うちがわ）が内側（ないそく）ですし，外側（そとがわ）が外側（がいそく）になります。これもよく出てきますので，先ほどの背側腹側と一緒に，覚えておいてください。

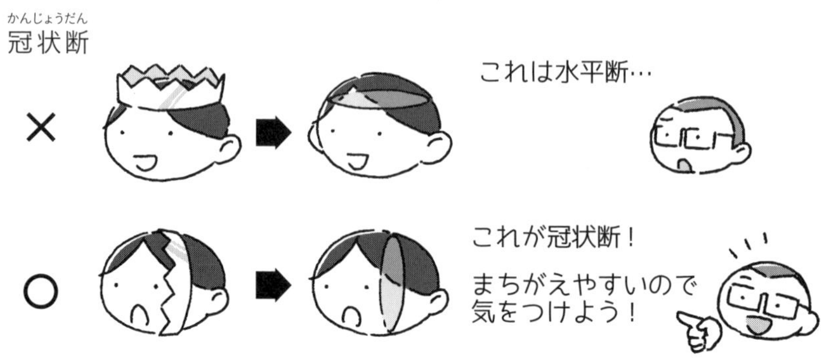

次に先ほど出てきました，**水平断**（すいへいだん）という脳の断面です。

ポイント７　脳の断面（水平断）

・水平断（horizontal section）：脳を水平に切断したときの断面

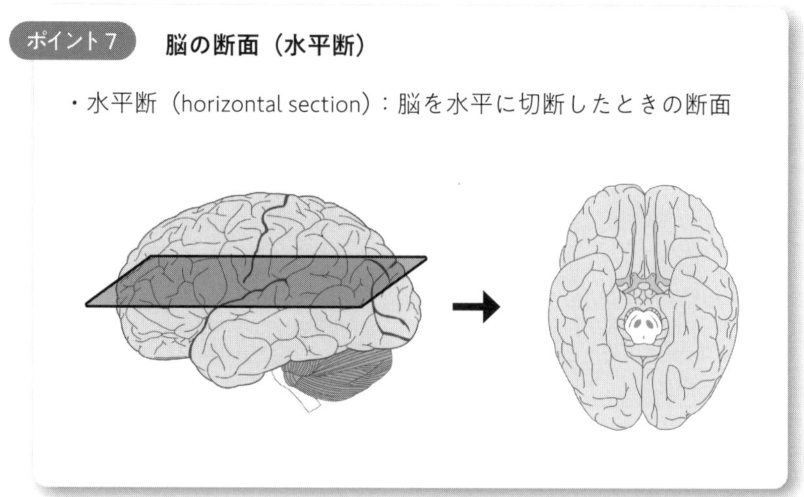

これは見てのとおり，私たちの体に対して，水平向きに脳を切断したときの断面になります。これは，冠状断との区別がついていれば，特にこれ以上お話することはないかと思います。

次に**矢状断**（しじょうだん）という断面です。これもわかりにくいですね。

ポイント８　**脳の断面（矢状断）**

・矢状断（sagittal section）：地面に垂直に（矢が刺さったときに割れる方向に）切断したときの断面

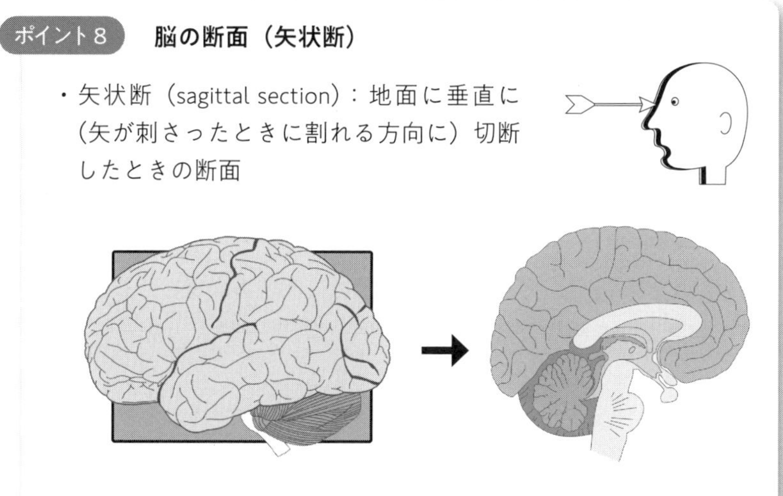

矢のような状態の断面とは何のことかと思うのですが，これは冠状断とは別の向きで，地面と垂直に切断したときの断面になります。矢状断について覚えるうえでメタファー[09]として，私たちの頭に矢が刺さることをイメージしてください。多くの場合，矢は前から飛んできますので，ポイント８の図のように前から刺さります。なかなかグロテスクな話をして恐縮ではありますが，矢が刺さったときに，私たちのあたまがバッと真ん中で割れたときの断面であると覚えていただくと，覚えやすいかと思います。正面から矢が刺さったときにぱっと，分割されるような断面が矢状断であるとご理解ください。

講義メモ

09 メタファー　比喩的表現のこと。

4. 脳部位の読み方

ここまでいろいろな話をしてきました。上下前後・内側外側，脳の３つの断面などを見てきました。そして，さらに少し覚えておくとよいことを以下にまとめました。

ポイント９　**脳部位の読み方**

・脳部位は，解剖学にしたがって，音読みする
・上下・前後・背腹・尾吻・内外などの位置と回・皮質・野などを組み合わせて呼ぶ
▶**例**：丸囲みの範囲は，前頭葉の下のほうになるので，下前頭回（かぜんとうかい）と呼ばれる

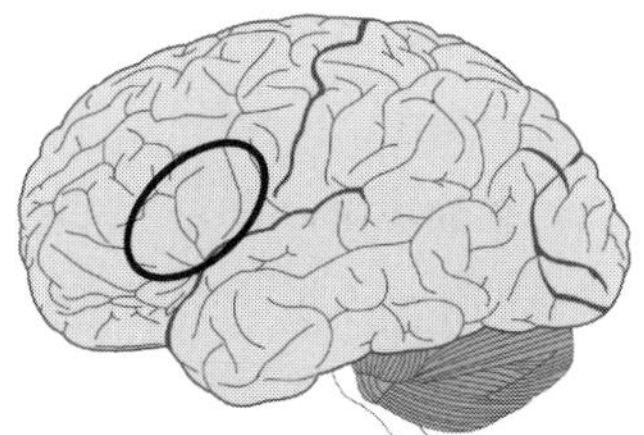

まず，脳の場所は解剖学にしたがって名前がついています。解剖学ではすべて漢字を音読みしますので，脳の場所は音読みするということを覚えておきましょう（もちろん，あくまで日本での話になります）。今後，よくわからない脳の名前が出てきたら，とりあえず音読みをすれば合っていますので，現場で恥をかかなくてすみます。

また，脳部位は，これまでにお伝えしてきた上下，前後，背腹（はいふく），尾吻（びふん），内外などの脳の位置に関する表現と，あとは最初のほうでお話しした隆起した部分である回・皮質・野といったものを組み合わせて，脳の場所が呼ばれることになります。

たとえばポイント９の図の丸で囲んだ場所は，前頭葉の下のほうで隆起した部分になりますので，下前頭回（かぜんとうかい）と呼びます。このように，おおよその脳の場所がイメージできるようになったのではないかと思います。こういった脳の名前がわかると，それだけでかなり脳の位置関係が見えてきて，なじみやすくなると思います。

4　心理職としておさえたいポイント

最後に，心理職としておさえておきたいポイントをまとめます。

ポイント 10　心理職としておさえたいポイント

- ニューロンの情報伝達について理解し，臨床現場で使用されている薬剤の作用メカニズムについて理解する
- 医療現場で遭遇する脳の部位名と場所（断面や位置など）について理解する

まず，ニューロンの情報伝達について理解しておくことです。詳細を調べ始めるときりがないのですが，ある程度理解しておくと，現場で使われる薬のメカニズムについて理解しやすくなります。もちろん，心理専門職が直接的に薬剤のメカニズムについてクライエントに説明する機会はあまりありません。しかし，他の専門家とチームで精神科医療にかかわっていくうえで，薬剤の作用メカニズムについて知らなくてもよいということはないと思います。

また，医療現場のカンファレンス[10]などで，脳損傷患者もしくは精神障害患者のケース報告の中で脳の部位名が出てくることがあります。脳の部位名にはある程度法則性がありますので，その都度，どこの部位ですかと聞かずとも，脳の部位名からおおよその場所を，また次にお話する脳の

講義メモ

10 カンファレンス　会議のこと。医療現場においては，ある患者の支援にかかわる者が集まって行なう，事例検討会が該当する。

部位ごとの機能をおさえていると，情報伝達がスムーズになるのではないかと思います。

まとめ

・ニューロンの神経伝達について理解することが，精神科医療などで用いられる薬剤の作用メカニズムの理解につながる。
・脳の部位名には，ある程度規則性がある。背腹・尾吻などの表現や，３つの断面に関する表現などをイメージできるとよい。
・脳の部位名や機能を理解していることで，医療現場やカンファレンスにおける情報共有が円滑になる。

脳の構造と機能

1 脳の大区分

それでは続きまして，脳の構造と機能についてお話しします。脳に関しては大きく次のように分けることができます。

ポイント1　脳の大区分

・脳は，大脳，小脳，間脳（視床，視床下部），脳幹（中脳，橋，延髄）に分けることができる

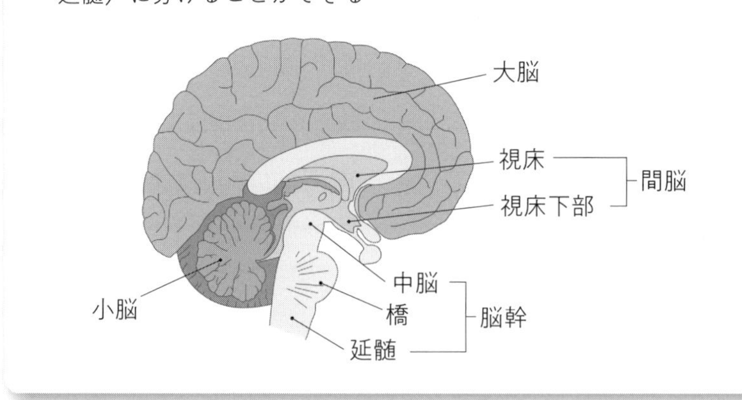

まず，脳の一番外側で一番大きな場所が，名前のままですが**大脳**になります。そして大脳から見て下側にくっついている部分が**小脳**になります。大脳から見てかなり内側に入った場所が**間脳**と呼ばれる場所で，間脳は**視床**と**視床下部**から構成されます。最後に脳と体をつなぐ場所として，**脳幹**（のうかん）という場所があります。これは脳の一番下に位置します。もし脳を手で持つとしたら取っ手になる場所が脳幹です。脳幹は**中脳**，**橋**（きょう），**延髄**に分かれています。

これらの脳の部位についてそれぞれお話をしていきます。

2 大脳皮質

1. 白質と灰白質

ポイント2　白質と灰白質

・脳は，ニューロンとグリア細胞からなる
・大脳皮質には，ニューロンの細胞体が多く，灰色がかった茶色に見える（灰白質）
・大脳皮質の下には，ニューロンの軸索が走っており（ミエリンが多い），白色に見える（白質）

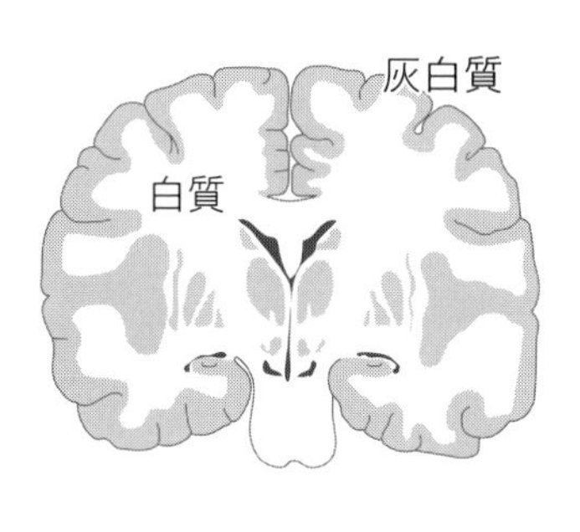

まず，大脳皮質全体の話をしていきます。脳はニューロンとグリア細胞[01]からなります。そして大脳皮質は，特にニューロンの細胞体が多い場所です。細胞体が多い場所は，全体的に灰色がかった茶色に見えます。そのため，この灰色がかった茶色の部分を**灰白質**（はいはくしつ）と言います。ポイント２の図からもわかるように灰白質の多くは，脳の表面になります。いわゆる脳の「皮」みたいな場所が大脳皮質である，と理解していただけるとよいかと思います。大脳皮質の皮の部分の下には，ニューロンの軸索が走っています。ここはミエリン[02]が多く，白色に見えます。こういった場所を**白質**（はくしつ）と言います。脳損傷の患者に関する話の中で，白質や灰白質という言葉が出てくることがありますので，頭の中でイメージしやすいよう，整理しておいてください。

講義メモ
01 ニューロンとグリア細胞
前章（p.146，148）を参照。

講義メモ
02 ミエリン　前章（p.148）を参照。

2. 大脳皮質の区分

ここからは，大脳皮質の区分の話をしていきます。講義の冒頭で少しお話をしましたが，大脳皮質は**前頭葉**，**側頭葉**，**頭頂葉**，**後頭葉**の４つに分けることができます。分けるうえで重要なポイントになってくるのが**中心溝**（ちゅうしんこう）と**外側溝**（がいそくこう）になります。

中心溝は脳のてっぺんから側頭葉にかけて走る大きな溝です。解剖をするとすぐに目につく場所です。この中心溝を境にして，前側が前頭葉，後ろ側が頭頂葉になります。まず中心溝で，頭頂葉と前頭葉が分かれるということをおさえておきましょう。また，側頭葉と他の場所を分ける溝を**外側溝**と言います。なお，脳の一番後ろが後頭葉になります。後頭葉と頭頂葉，後頭葉と側頭葉の境目に関する説明は結構難しいです。ここでは大まかに「脳の後ろのほうが後頭葉」ぐらいの理解でよいと思います。

ポイント3　**大脳皮質の区分**

・大脳皮質は，中心溝と外側溝から，前頭葉，側頭葉，頭頂葉，後頭葉に分けられる

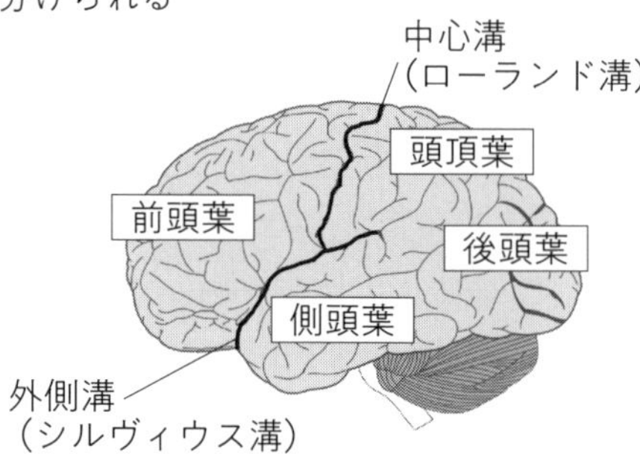

3　一次感覚野・一次運動野

ポイント4　**一次感覚野・一次運動野**

・中心溝から前が一次運動野（中心溝の左側の濃い色で示した部分），後ろが一次体性感覚野（中心溝の右側の薄い色で示した部分）になる
  ▶運動野と体性感覚野では，上下・左右が反転する
  ▶右半身⇔左半球
  ▶足が上，顔が下

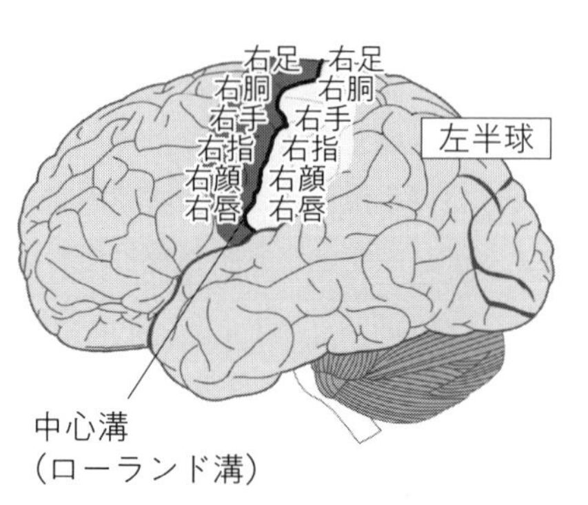

大脳の中でも明確に機能がわかっている場所として，感覚や運動にかかわる場所の話をしたいと思います。

先ほど，大脳には中心溝という溝があるという話をしました。この溝から前側を**運動野**と言います。我々の運動にかかわる場所です。一方，中心

溝の後ろ側は**体性感覚野**と言います。ポイント4の図の中心溝の左側の濃い部分が運動野で，中心溝の右側の薄い部分が体性感覚野です。このように，私たちの脳の中で感覚や運動を司る場所は中心溝をはさんで配置されています。

なお，運動野と体性感覚野を理解するうえで，上下左右が反転するということもおさえておいてください。我々にとって右半身の情報は左の脳半球に入りますし，左半身の情報は右の脳半球に入ります。さらに上と下も逆になります。文字を入れるとポイント4の図のような感じです。脳の上側のほうが足になりますし，順番に，胴，手，指，顔，唇という感じで，いわゆる我々の体において上側にあたる顔や唇が，脳においては下側になります。左右が反転することと上下が反転することを覚えておくと，脳損傷などを考えるうえで有効かと思います。

4 体性感覚の脳内マップ

ポイント5 体性感覚の脳内マップ

- ペンフィールドらは，体性感覚の脳内マップを調べた。その結果をもとに作成した身体部位の脳内マップは，図のようになる
  - ▶手や顔（特に唇）などは脳内で占める割合が大きい

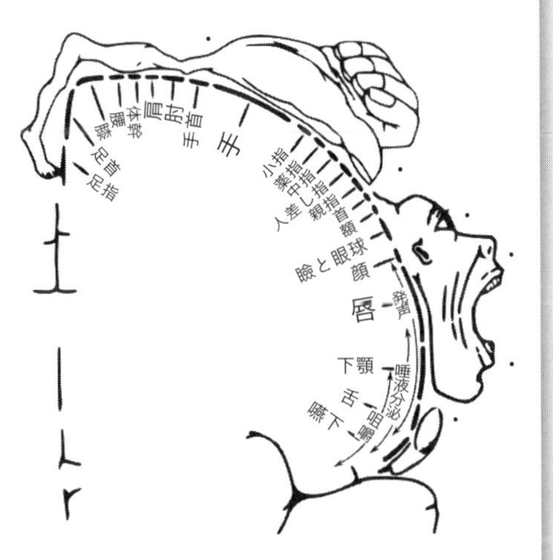

体の感覚を脳のどの場所が担っているのかを調べた脳内マップがあります。非常に有名なマップなので，ご存知の方もいると思います。調べたのはペンフィールド[03]たちで，彼らは体の感覚が，脳のどこに位置づけられるのか調べました。それを絵にするとポイント5の図のような感じになります。たとえば，図の上のほうにある肘や肩などは，脳の中で占める面積が非常に小さいです。一方，手や唇・顔に関しては，脳の中でたくさ

講義メモ

03 ペンフィールド（Penfield, W. G.：1891-1976） カナダの脳神経外科医。

んの場所が使われています。たくさんの場所が使われていることから，その場所は敏感ではないかと考えられます。

ここで皆さんに，エクササイズとしてやっていただきたいことがあります。つまようじのような棒を2本用意していただいて，この2本の棒を使って，指やいろんな場所を刺激していただきます。刺激をする際に，2本を同時に刺激するわけですが，それが2本別々に感じられるポイントから，1つとしか感じられないポイントまで，棒と棒の幅をいろいろと変えながら押していってもらいたいと思います。2本か1本か，きわどいラインまで来たとき「ぎりぎりここからは2本だな」とわかるラインが，2点弁別閾[04]になります。

04 弁別閾　2つの刺激を区別できる最小の刺激強度差のこと。

徐々に狭くしていき、2本に感じられなくなったら
そこが2点弁別閾

その幅を体のいろいろな部位で試していただくと，ペンフィールドのマッピングとほぼ一致するかたちで幅が決まります。たとえばペンフィールドのマッピングにおいて手は非常に広い領域が使われており，実際，手は敏感に弁別ができます。では，肘はどうか。背中はどうか。やっていただけると，我々の脳のマッピングを実際に体験することができるかと思います。

5　視覚野

次に，我々が多くの情報処理に費やしている視覚に関して見ていきます。

我々の目から入った情報は，ポイント6の図のように脳の一番後ろ（後頭葉）の**一次視覚野**（V1）という場所に入り，そのあと**二次視覚野**（V2），**三次視覚野**（V3），**四次視覚野**（V4）へと情報が送られていきます。

ポイント6 **視覚野**

・目から入った情報は，脳の一番後ろの後頭葉の一次視覚野（V1）に入る。その後，V2，V3，V4 へ情報が送られて空間や物の認知ができる

▶ V1：初期の視覚野で，パターンの認識をする

▶ V2：V1 から V3 以降へ情報を受け渡す

▶ V3：背側と腹側に分かれて処理をする

▶ V4：色や形の処理を行なう（物体認知）

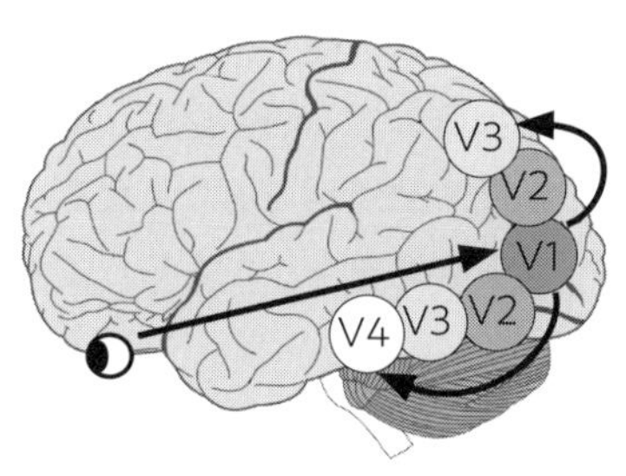

最初は非常に単純な情報だったものが，進んでいくたびに複雑な認識へと変化していきます。V1 においてはたとえば線分の傾きや丸など，非常に単純なパターンを認識していますが，V2, V3, V4 と情報が送られる中で，何がどこにあるのかということなど，複雑なことがわかっていきます。

ポイント7 **視覚の背側・腹側経路**

・1 次視覚野で，基本的な形の処理がなされ，V3 で背側経路と腹側経路に分かれる

▶ 背側経路（1 次視覚野→頭頂連合野）は，空間的位置と運動知覚に関する「どこ経路」

▶ 腹側経路（1 次視覚野→下側頭連合野）は，対象の形や色の認知に関する「なに経路」

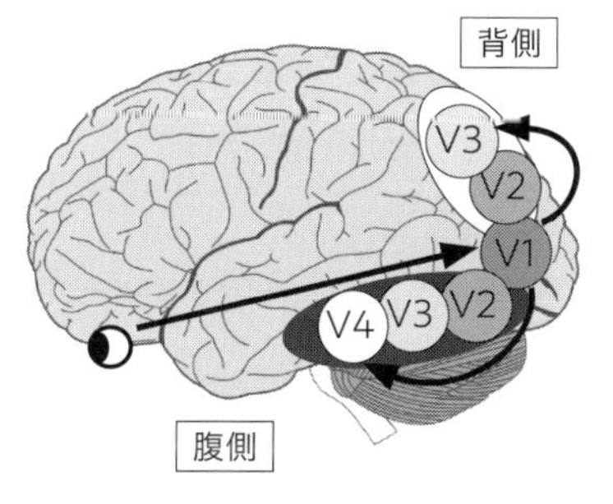

ここで，視覚野が背側（はいそく）に行く経路と，腹側（ふくそく）に行く経路に分かれていることに注目します。上側に行くのが背側，下側に行くのが腹側でしたね。

実は背側と腹側で，処理される内容が変わります。背側に行くものは，最終的に脳の上のほうの頭頂連合野に進んでいきます。進んでいく中で，自分の目に見えているものが「どういった位置にあるのか」といった空間

的位置や運動の知覚を行ないます。目に入ったものがどういう位置関係にあるのかを理解する，という意味で背側経路は**「どこ経路」**と呼ばれたりもします。

一方で腹側側に行く経路は一次視覚野から側頭葉の下のほうにある下側頭連合野に進んでいきます。ここでは対象の形や色の認識をするため，腹側経路は**「なに経路」**と呼ばれたりします。

たとえば脳のどこかを損傷した場合，空間の認知ができなくなることもあれば，物の認知ができなくなることもあります。そういったときに背側経路と腹側経路を少しでも知っておくと，理解しやすくなるかと思います。

6　聴覚野と言語野

ここからは，言語の話をしていきます。

ポイント8　聴覚野と言語野

・耳から入った聴覚情報は，1次聴覚野で処理されてから，ウェルニッケ野で言語的に理解される（後部言語野で記憶や知覚との照合が行なわれる）

▶ウェルニッケ野とブローカ野は弓状束で接続している

▶ウェルニッケ野で理解したことに対して，ブローカ野の処理をとおして発話する

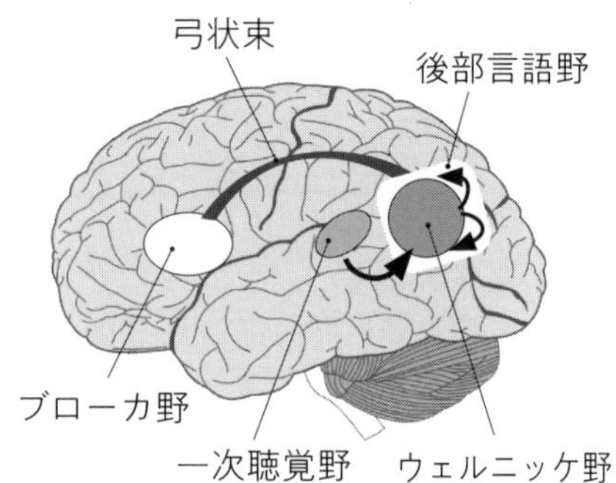

耳から入ってきた聴覚情報は，まず**一次聴覚野**で処理されます。そのあと，**ウェルニッケ野**という側頭葉の少し後ろのほうに入って，言語的な理解がなされます。つまり，ウェルニッケ野は言語理解にかかわる場所になります。また聴覚情報は，ウェルニッケ野の後ろにある**後部言語野**と呼ばれる場所で，過去の記憶や視覚情報などの他の五感との照合をします。

ウェルニッケ野と後ほど紹介するブローカ野は，**弓状束**（きゅうじょうそく）という神経の束でつながっていて，情報が送られます。ウェルニッケ野で理解したことに対して私たちが発話するとき，**ブローカ野**という場所が機能します。ブローカ野は，我々がしゃべること，発話することに

かかわる脳の領域になります。聞いたことをウェルニッケ野で理解し，ブローカ野で話すという流れで，私たちの言語処理が行なわれています。

このような言語にかかわる領域が脳損傷や脳腫瘍などによって障害を受けると**失語症**になります。

1．失語症①：ブローカ失語

まず失語症について，**ブローカ失語**を紹介します。これは何らかの脳損傷によって，ブローカ野を損傷したときに生じるものになります。ブローカ野が損傷を受けた場合，言語的な理解はできるわけですが，発話に著しい障害が生じます。これがブローカ失語の特徴[05]です。また，動詞や名詞よりも形容詞，副詞，前置詞などが障害を受けやすいと言われています。会話は「み…かん…食べる」といったように，たどたどしくなります。この例の場合，ミカンという単語はスムーズには読めていないわけですが「この人はみかんを食べたいんだな」もしくは「今から食べようと思っているんだな」ということは理解できます。よって，たどたどしくはあるけれども，何を言いたいかは伝わることは多いです。

講義メモ

05 ブローカ失語　本文中でも説明されているとおり，発話に著しい障害が生じることから，運動性失語とも呼ばれる。

ポイント9　ブローカ失語

・ブローカ失語：何らかの脳損傷により，ブローカ野に損傷が生じると，言語的な理解はできるが，発話に著しい障害が生じる

▶動詞・名詞より，形容詞，副詞，前置詞が障害される

▶会話が電文調になりがちだが，言いたいことはわかることが多い（例：「み…かん…食べる」）

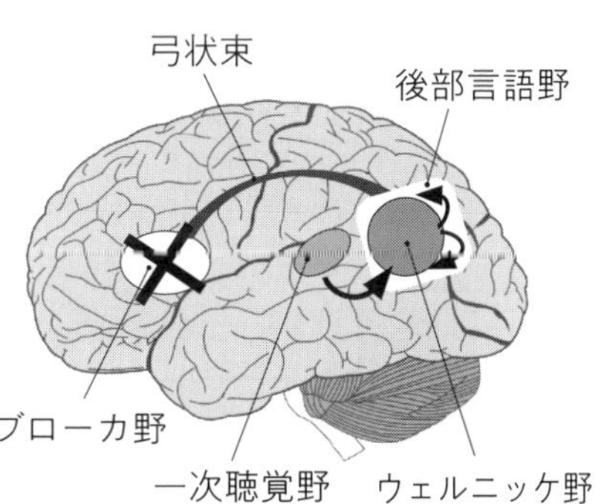

2．失語症②：ウェルニッケ失語

次に**ウェルニッケ失語**を紹介します。ブローカ野ではなく，ウェルニッケ野が損傷を受けたらどうなるでしょうか。ウェルニッケ野が損傷を受けた場合，言葉はなめらかに話せますが，今度は言葉の理解が難しくなります。これがウェルニッケ失語の特徴[06]です。

患者さんはなめらかに話はされますが，こちらが伝えた内容の理解，そして本人が話した内容の理解が困難である，という特徴があります。たと

講義メモ

06 ウェルニッケ失語　ウェルニッケ失語は，言葉の理解そのものが難しいことから感覚性失語とも呼ばれる。

えば「お名前は？」とお聞きしたときに「そりゃも。いりご。前にあったときにね。なんぼってな」となめらかに返事が返ってくる。「前にあったときにね」や「なんぼってな」など何となくわかる言葉もありますが，こちらの「お名前は？」という質問は理解されていないようですし，本人が何を言おうとしているかもうまく伝わってきません。こういった言語理解の部分に障害が生じるのがウェルニッケ失語になります。

ポイント10　ウェルニッケ失語

- ウェルニッケ失語：ウェルニッケ野に損傷が生じると，言葉は流暢に話せるが，言語理解ができなくなる
  - ▶一見，流暢に話すが，こちらが言うことの理解はできておらず，本人の発話から意味をくみ取ることは難しい（例：「お名前は？」「そりゃも。いりご。前にあったときにね。なんぼってな」）

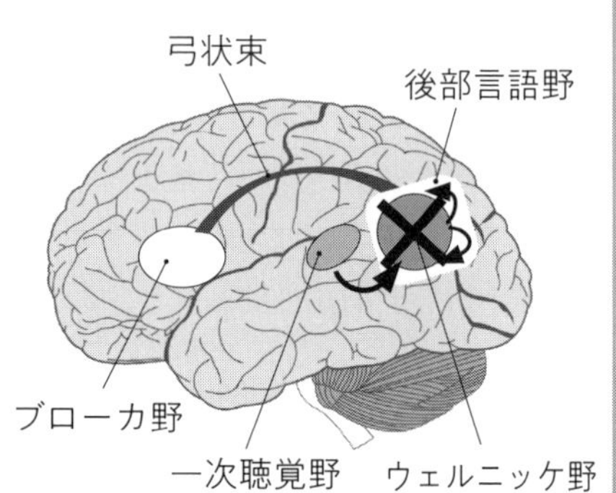

　このように，脳の損傷部位によって障害が特異的に生じてくるということがわかります。

3. 失語症③：伝導失語と失名詞失語

ブローカ失語とウェルニッケ失語が有名ですが，**伝導失語**についても説明します。さきほど，ウェルニッケ野とブローカ野が弓状束でつながっているという話をしましたが，この弓状束が損傷することがあります。弓状束の損傷が起こると，言語的な理解と発話は個々にできるわけですが，復唱が困難になります。これは理解する部分と話す部分の接続がうまくいかないことが原因ではないかと考えられています。たとえば「リンゴ」と復唱してもらう場合，「リンゴと復唱する」という指示について理解することと，自分が発話する「リンゴ」がつながっていないため，復唱だけできなくなるという珍しい現象が起こります。

さらにウェルニッケ野より後ろ側にある後部言語野といわれる場所に障害が生じた場合，**失名詞失語**というものが起こります。後部言語野だけ損傷するということは実際には多くありませんが，後部言語野の障害によって言語に関連した記憶や知覚との照合がうまくいかなくなり，名詞が思い出せなくなります。言葉と実体がうまくつながらないので，名前が思い出せなくなり，一見，記憶障害のように見えます。たとえば，ボールペンという言葉とボールペンという物体がつながらなくなるため，ボールペンを見ても「ボールペン」と言えなくなってしまいます。

ポイント 11　伝導失語と失名詞失語

- 伝導失語：弓状束に損傷が生じると，言語的な理解と発話はできるが，復唱ができなくなる。
- 失名詞失語：後部言語野に損傷が生じると，言語とそれに関連した記憶や知覚との照合ができなくなり，名詞を思い出せなくなる

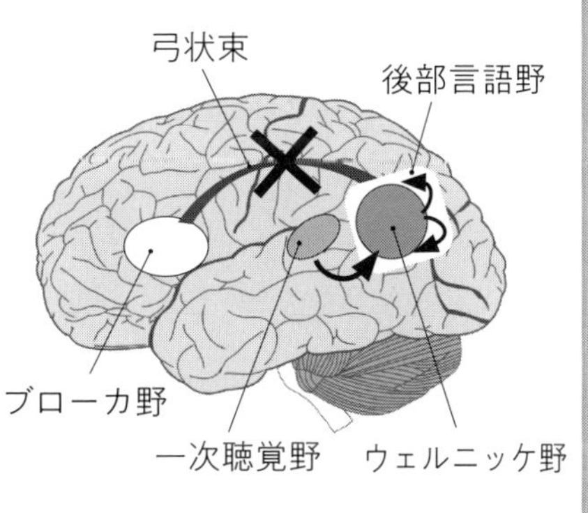

このようにさまざまな脳領域の機能が理解できていると，患者の症状を考えるうえで，どのような脳領域の損傷なのか理解しやすくなります。さらにこのような知識は，患者の脳画像所見[07]がある場合，その画像所見を見るうえでも参考になると思います。

講義メモ

07 脳画像所見　脳画像所見に関する詳しい話は，次章参照。

7　大脳辺縁系とは

いろいろな脳の場所の話が続いて疲れてきたかもしれませんが，がんばっていきましょう。今までは大脳皮質の知覚，視覚，聴覚などの機能を見てきたわけですが，今度はもう少し脳の内側の話をしたいと思います。我々の大脳皮質の下には**帯状回**という部分があります。脳梁という部分を囲むように，帯のように伸びていますので帯状回と呼ばれます。さらに**海馬**と呼ばれる場所や，見にくい場所ではありますが**乳頭体**，そして**扁桃体**や**脳弓**という部位があります。こういった部位を総称して，**大脳辺縁系**と呼びます。

中でも海馬はよく聞く名前かと思います。海馬は学習や記憶に関係する場所と考えられています。また扁桃体は，他の大脳辺縁系の部位と協働しながら情動の生起に関与すると考えられています。

ポイント12　大脳辺縁系

・大脳皮質下の帯状回，海馬，扁桃体，乳頭体，脳弓，乳頭体からなる部位を大脳辺縁系と呼ぶ
　▶海馬は，学習や記憶に関係する
　▶扁桃体や辺縁系の一部は，情動に関係する

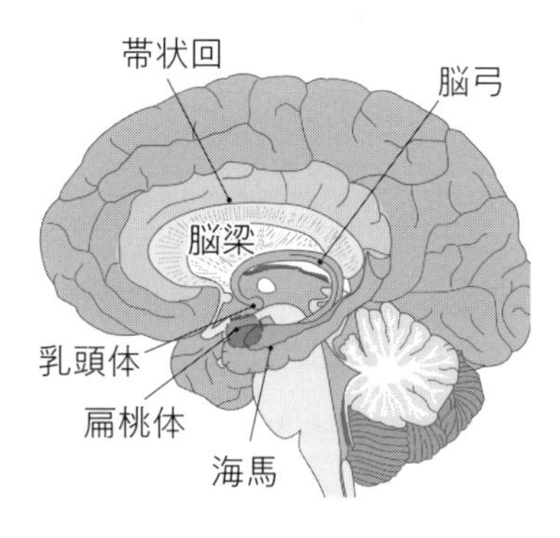

1. 海馬と記憶

では**海馬**と**記憶**について見ていきましょう。海馬に関する有名なケースとして，重度のてんかん患者のHMさんという方のケースがあります。彼は27歳のときに，海馬を含む両側の内側側頭葉の切除手術を受けました。切除手術をするときに，海馬も一緒に切除することになりました。そしてこの手術の結果，大きなてんかん発作はなくなりました。また，手術によって感覚・運動・知能に影響が起こることもありませんでした。ただ，HMさんは手術をしてからそれ以降のことについては，まったく覚えられなくなってしまいました。このように，ある出来事を境にして，それ以降の記憶ができなくなることを**順行性健忘**[08]と言います。

HMさんが重度の順行性健忘になってしまったことから，海馬が記憶

講義メモ

08 順行性健忘と逆行性健忘
「これから」の記憶が作られなくなる順行性健忘に対して，「これまで」の記憶が思い出せなくなる場合は，逆行性健忘と呼ばれる。

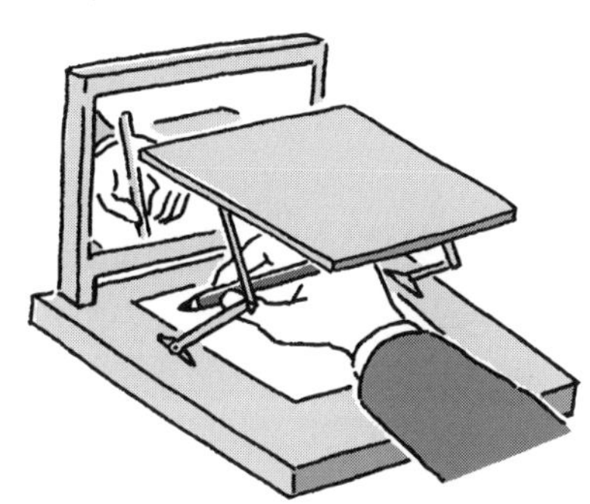

図 2-1 鏡映描写の実験

に関係するだろうと考えられました。さらにHMさんを対象に，神経心理学者が検査をし，その中でわかってきたことは，海馬がない状態ではあっても運動的な学習はよくできるということでした。

たとえば，鏡映描写[09]をさせたときに，HMさんの成績はどんどん上がっていくわけです。ただHMさんは「課題をやったことがない」と毎回おっしゃる。どうやら宣言的記憶[10]に関しては障害を受けるようですが，運動などの手続き記憶[11]は障害を受けないようである，とわかってきました。以上のことから海馬は，宣言的記憶に関係する場所ではないかと考えられています。

講義メモ

09 鏡映描写の実験 自分の手元を直接見ることはできず，鏡に映った手元と図形だけを見て，示された図形を鉛筆でなぞってもらうという課題。

10 宣言的記憶 言語で表現可能な記憶。宣言的記憶は，体験したことに関する記憶であるエピソード記憶と，単純な知識としての記憶である意味記憶に二分される。

11 手続き記憶 言語で表現困難な運動や技能に関する記憶。多くの場合，想起意識（思い出すという感覚）を伴わない。

2. 扁桃体と情動

次に**扁桃体**と**情動**について見ていきましょう。

非常に珍しい遺伝病がありまして，その遺伝病によって両側の扁桃体を欠損したSMさんという患者がいます(Adolphs ct al., 1994)。この方は，自分や他者の恐怖の認識に障害があります。たとえば，SMさんは他者の表情を見るときに，目ではなく口あたりを見てしまうため，なかなか他者の恐怖感情に気づきにくかったようです。また他人だけではなく，自分自身の恐怖感情にも気づきにくかったようです。SMさんは「ヘビが嫌い」とおっしゃるわけですが，ヘビを見せても，そのヘビを手でつかめたりして，恐怖反応が非常に小さい。日常生活や過去の生活に関していろいろ聞き取りをしても，あまり恐怖を感じることがなさそうだということがわかりました。このように扁桃体は，恐怖の記憶や経験において非常に重要な脳領域と言えます。

恐怖以外のネガティブな情動に関しても，扁桃体は非常に重要な領域と言われています。扁桃体については後の講義でも出てくるため，そこでより詳しい話をしたいと思います。

8　その他の脳の構造と機能

1. 大脳基底核

次に，今まで話をしてきた大脳辺縁系の近くにある，**大脳基底核**という場所を紹介します。これはあまり聞くことがないかもしれません。大脳基底核は，大脳皮質の下側にある神経核になります。尾状核と被殻からなる線条体という場所と，淡蒼球といわれる部位を含んでいます。ここは，運動の制御，認知，感情，学習にかかわる領域です。

中脳と呼ばれる場所にある**黒質**という場所から，ドーパミンの投射を受けるのが**線条体**になります。ドーパミンを投射する黒質側に異常が生じる神経疾患として，**パーキンソン病**[12]があります。パーキンソン病になると黒質からのドーパミンの投射が減少し，結果として線条体に情報が行かず，運動機能に障害が生じます。なお，線条体という場所は，ドーパミンの投射を受ける場所であるため，私たちが何かうれしいことや報酬を経験したときに活動が高くなる領域でもあります。

講義メモ

12 パーキンソン病　振戦（手足のふるえ），筋肉のこわばり，緩慢動作，歩行障害などを主な症状とする神経疾患。難病に指定されている。

抗精神病薬の副作用や脳障害，レビー小体型認知症などでもパーキンソン症状は見られる。

ポイント13　**大脳基底核**

・大脳基底核：大脳皮質下にある神経核。尾状核と被殻からなる線条体，淡蒼球を含む

▶運動の制御，認知機能，感情，学習にかかわる

▶線条体は中脳の黒質からドーパミン投射を受けている

▶パーキンソン病（運動機能に障害）は，黒質の異常が原因

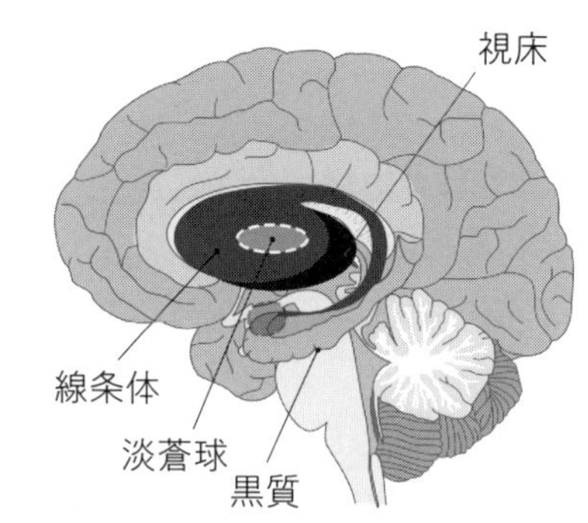

2. 間脳（視床・視床下部）

次に**間脳**です。これは脳の真ん中で，脳幹の上にくっついている場所になります。**視床**と**視床下部**からなります。この視床と視床下部はよく聞く名前かと思います。

視床は，嗅覚以外の感覚情報，視覚，聴覚，体性感覚などを大脳皮質に送ったり中継したりする場所になります。非常に重要な領域といえます。

さらにその下側に，**視床下部**という場所があります。この部位も非常に重要で，自律神経系や内分泌系を制御する場所になります。我々が何かアクションを起こす場合に，それにかかわる情報を体に送り，制御します。

視床下部の先には**下垂体**（かすいたい）という場所があります。この下垂体からホルモン[13]が分泌されるのですが，視床下部からホルモン分泌を促したり，視床下部で作成したものを下垂体経由で放出したりといったことが，視床下部の機能になります。

講義メモ

13 ホルモン　ホルモンとは，外部環境の変化に対して，体内環境を調整する役割をもつ化学物質のこと。

体内物質をエネルギーに変え，成長を促進する「成長ホルモン」，代謝を促進する「甲状腺刺激ホルモン」，血糖・血圧を上昇させる「副腎皮質刺激ホルモン」など，さまざまな種類のホルモンがある。

ポイント14　**間脳（視床，視床下部）**

- 視床：嗅覚以外の視覚・聴覚・体性感覚などの入力を大脳皮質に中継する役割がある
- 視床下部：視床の下にあり，自律神経系や内分泌を制御する（闘争，逃避，食欲，性行動を制御する）
  ▶視床下部は，下垂体からのホルモン分泌を促したり，生成したホルモンを下垂体経由で放出したりする

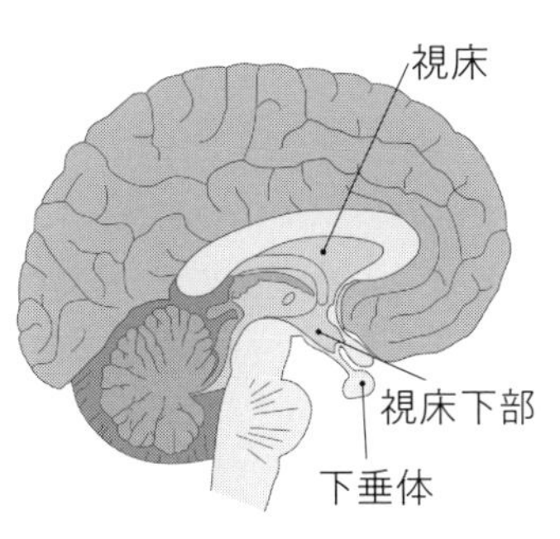

3. 小脳

次に，**小脳**という場所についてです。これは大脳の下側，脳幹の後ろ側にくっついている小さな脳になります。小さな脳ですし，あまり役に立たないのかなと思うんですが，この小脳を損傷してしまうと，自然に立ったり歩いたりすることが難しくなってしまいます。小脳は，このような**協調運動**[14]にかかわっていると言われています。さまざまな感覚の情報や，体を動かしている筋肉の情報をうまく統合して，頭の中でシミュレーションしながら運動出力をする，これが小脳の機能といわれています。

講義メモ

14 協調運動　運動の欲求や動機に基づき，適切な筋肉の組み合わせ，適切な強さ，適切な時間で，円滑な運動を遂行すること。

ポイント15　**小脳**

- 小脳：大脳の下，脳幹の後ろにくっついている小さな脳
  ▶小脳を損傷すると，立つ・歩くなどの協調運動が障害される
  ▶感覚情報と筋の動きの情報を統合して，運動出力を調節している

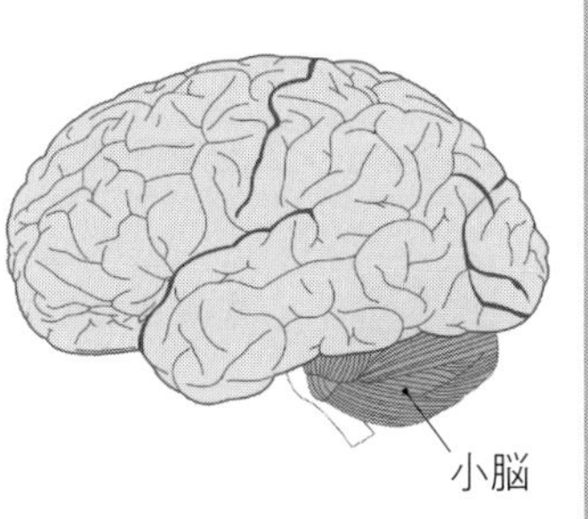

4. 脳幹

さて最後に，**脳幹**を紹介します。脳幹は一番体に近い場所にあり，**中脳**，**橋**（きょう），**延髄**が含まれています。**中脳**が非常に重要で，視覚の反射だけでなく，先ほど紹介したドーパミンを放出するニューロンが存在する黒質を含む部位です。**橋**は大脳皮質と小脳をつなぐ場所で，**延髄**は体と脳をつなぐ場所になります。また，中脳から延髄にかけて**網様体**という，神経核が非常にたくさん集まった場所があります。この場所は，睡眠や覚醒，心臓，呼吸そして筋緊張など，いろいろな体の制御にかかわっている場所になります。

もし脳幹を損傷してしまうと，この機能がストップしてしまいますので，非常に危険です。よって，脳幹は生命維持においてとても重要な部位と言えます。他の脳部位の損傷は，場合によっては補償的な機能によって何とかなることがありますが，脳幹の損傷は我々の生命維持において，かなりクリティカルに効いてくる場所[15]になります。

講義メモ

15 クリティカルに効く　この文脈において「クリティカル」とは「批判的」という意味ではなく，「重大・危機的」という意味。

脳幹の損傷は，生命にとって非常に危機的であるという意味で使われている。

ポイント16　**脳幹（中脳，橋，延髄）**

・中脳は視覚反射にかかわり，ドーパミンニューロンが存在する黒質を含む。橋は大脳皮質と小脳をつなぎ，延髄は，脳と体をつなぐ

▶中脳から延髄にかけて網様体という神経核の集合があり，睡眠–覚醒，心臓・呼吸，筋緊張，運動，生体反射にかかわる

▶脳幹は，生命維持において重要な部位になる

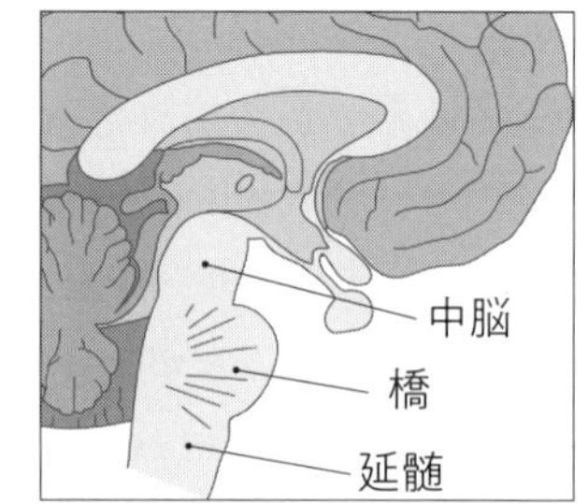

9　心理職としておさえたいポイント

さて，いろいろとお話をしてきました。最後に，心理職としておさえておきたいポイントをまとめます。

ポイント17　**心理職としておさえたいポイント**

・脳の部位名と機能について理解する

・心理的・身体的障害について，脳の構造や機能の問題から理解を深める

まず，脳の部位名と機能について，対応づけしながら理解をしておくと，皆さんが担当する患者の理解がより深まるのではないかと思います。また，心理的・身体的障害においては，脳の損傷もしくは機能不全という要因の可能性がありますので，脳の構造や機能に関する知識をもとに理解していけると，より深い理解につながるのではないかと思います。

まとめ

- 脳のさまざまな部位について，部位名と機能を関連づけながらおさえておくとよい。
- 失語症やパーキンソン病など，心理的障害や身体的障害の背景には，脳の損傷や機能不全が疑われるものがある。これらの障害について，脳の部位名と機能に関する知識があることで，より深い理解が可能となる。

心理的アセスメントと神経科学

1 脳のアセスメント方法

心理的アセスメントと神経科学についてお話をしていきます。特に，脳のアセスメント方法について，勉強する機会はあまりないと思われますので，ここで概要をおさえていただければと思います。

脳のアセスメント方法は，大きく分けて次の２つの方法があります。

ポイント1　脳のアセスメント方法

①脳を直接的にアセスメントする方法（脳画像検査法）
　▶脳の構造画像法（CT，MRI）
　▶脳の機能画像法（脳波，PET，MRI，NIRS）
②脳を間接的にアセスメントする方法
　▶神経心理学検査

１つめは脳を直接的にアセスメントする脳画像検査法です。これはさらに脳の**構造画像法**と脳の**機能画像法**の２種類に分けることができます。２つめは，脳を間接的にアセスメントする方法です。この点については特に，**神経心理学検査**についてお話をしていきます。

2 脳構造画像法

1. CT

まず最初に**CT**と呼ばれるものから紹介します。**コンピューター断層撮影法**（Computed Tomography）の略称でCTです。これは脳の**構造画像**になります。構造画像というのは，脳の形に関する画像のことです。

CTはエックス線を利用して，脳の断面画像を得ます。そして，脳の形を測定したり，病変の特定をしたりすることに使用できます。たとえば，脳梗塞や脳損傷が疑われる場合はCTを撮ることが多いです。脳出血，脳腫瘍などを特定することができますし，アルツハイマー病などの認知症の検討にも使用されています。

ポイント2 **CT（Computed Tomography，コンピュータ断層撮影法）**

・CT：X線を利用して脳の断面画像を得る方法
▶脳の形の測定や病変の特定に使用できる
▶脳出血，脳梗塞，脳腫瘍などの病変を検出できる。アルツハイマー病などの認知症の検討にも使用される

2. MRI

CTと同様に，脳の構造を調べるものとして**MRI**があります。**磁気共鳴画像法**（Magnetic Resonance Imaging）の略称でMRIです。これは磁場を用いる方法です。得られるものはCTと同様に，脳の断層画像（断面図）です。ただ，MRIはCTと比べて，より詳しい画像を得ることができます。よって，脳梗塞や脳出血，脳腫瘍，委縮などが非常に小さな場合，MRIのほうが，より詳細に検討することができます。

認知症をはじめ，気分障害や統合失調症などさまざまな精神疾患に関しても，MRI画像はたくさん撮られており，どのような脳部位が萎縮しているかなども，データとして集まってきています。ただ，精神疾患の診断に使うというところまでは，まだたどり着けていません。

ポイント3 **MRI（Magnetic Resonance Imaging，磁気共鳴画像法）**

・MR：磁場を用いて脳の断層画像を得る方法
▶CTよりも詳しい画像が得られるため，脳梗塞，脳出血，脳腫瘍，萎縮などの病変の詳細については，MRIが優れる
▶認知症をはじめ，精神疾患の構造上の特徴についてもデータが蓄積されつつある

3 脳機能画像法

1. 脳波

ここまでは，脳の形態について調べる構造画像の話をしました。ここからは**機能画像**の話になります。

脳の機能を調べる方法として，一番古くから用いられている方法は**脳波**になります。脳波（Electroencephalogram）の略称で**EEG**とも呼ばれます。脳波は脳の電気的活動の集合であり，頭皮上で測定します。電気を伝えていくのがニューロンの機能であるという話を本講義中でしましたが[01]，ニューロン１個ずつの電気的活動はとても小さいので，さすがに調べようがありません。しかし，たくさんのニューロンの電気的活動が集まったときに発生する電位変化を脳波として調べることができます。ただ，頭皮上で測定しますので，精度がやや落ちます。

講義メモ

01 ニューロンの機能　PART 4「1　神経科学の基礎知識」を参照。

なお，このあと話す他の検査法は，脳の電気的活動ではないものを測定しています。そのため，脳の電気的活動を直接的に調べているという点が，脳波の特徴になります。

脳波に関しては，何もしていなくても自発的に発生する**自発脳波**と，何か心理的な課題や実験課題を行なっているときに，その課題に特有の波形を調べるという**事象関連電位**の２種類があります。自発脳波のほうが臨床的に利用されることが多いです。

脳波は，脳損傷，アルツハイマー病，てんかん[02]などの検出に非常に有効です。特にてんかんに関しては，脳波を使って検出することができます。

講義メモ

02 てんかん　脳の神経細胞に突如発生する電気的な興奮により，けいれんや意識消失などのてんかん発作が起こることを特徴とする。

なお，脳波以外に似たものとして，**脳磁図**というものがあります。これは脳波と違って，磁場を使って電気活動を調べる方法です。こちらのほうが非常に細かい部分が見られますが，導入されている病院はあまり多くありません。よって，病院では脳波を使うことが多いかと思います。

ポイント４　**脳波（Electroencephalogram：EEG）**

・脳波：脳の**電気的活動**の集合を頭皮上で測定したもの
▶何もしていなくても出ている**自発脳波**と，何か心理的な作業を行なったときに生じる**事象関連電位**がある
▶脳損傷，アルツハイマー，てんかんなどの検出に有効である
※磁場を使って神経細胞の電気的活動を測定する脳磁図（Magnetoencephalography：MEG）もあり，脳波よりも空間解像度に優れる

2. PET

次に機能画像法の一つである**PET**を紹介します。**陽電子断層装置**（Positron Emission Tomography）の略称でPETです。PET自体は脳以外にもいろいろな場所で使われます。

やり方は少しわかりにくいのですが，放射性同位体と呼ばれる，陽電子を放出するような酸素を作って，体内に注入します。そして，酸素が消費されると陽電子が放出されるようにしておきます。それをずっと撮影をしていると，どこでたくさん酸素が使われているかを調べることができます。我々の体の中で酸素が使われるということは，そこに血流がたくさん流れ込んでいることになります。このような情報を利用して，間接的に血流量を調べることができるのがこの PET です。

酸素以外の放射性同位体もありますので，たとえば頭の中での糖の代謝を調べることも可能です。最近有望視されているものとして，アミロイドβの画像化・視覚化を行なう**アミロイド PET** と呼ばれるものがあります。アルツハイマー病は，アミロイドβというたんぱく質が頭の中に溜まっていくことが原因ではないかと考えられています。つまりアミロイドβの蓄積が早い段階でわかると，アルツハイマー病に対する早期介入ができるわけです。このように，アミロイドβの体内の動きを画像化するアミロイド PET は，認知症の早期発見において有望視されている検査になります。このような検査手法は，非常に速い速度で進化しています。突然臨床利用されることがありますので，ぜひ今後の動向も追っておくとよいと思います。

なお，PET 以外に SPECT（スペクト）という，似たような検査もあります。

ポイント 5　**PET（Positron Emission Tomography，陽電子断層装置）**

- PET：放射性同位体（酸素など）を体内に注入して，それが消費されたときの信号を利用して，**血流**や**代謝**を調べる脳機能画像法
  ▶アミロイドβの脳内沈着はアルツハイマー病の原因と考えられている。これを画像化できるアミロイド PET があり，認知症などの検査として有望視されている
  ※ Single Photon Emission Computed Tomography（SPECT）という方法もある

3. fMRI

次に**ファンクショナル MRI（fMRI）**です。これは皆さんが普段生活している中でも聞く検査法のように思います。**機能的磁気共鳴画像法**（functional Magnetic Resonance Imaging），略称 fMRI です。これは先ほどの磁気共鳴画像（MRI）を高速で撮影する方法になります。高速で撮影すると，時間ごとの脳画像が撮れますので，その画像を使うことで，

脳の血流を測定します。

fMRI はいろいろな研究論文が出ていて，花形的な検査ではあります。しかし，実験課題をしているときの fMRI を撮る場合，構造画像や安静時の脳機能画像に比べて，参加者の心理的変化の影響を受けやすく，実施に慎重な統制が必要だったり，繰り返し測定が必要なため，1 回の撮影にかかる時間の長さが長くなるなどがあります。また，現状では実験的な検討で用いられることが多く，グループの平均的な値の議論がなされており，個人の fMRI 画像から何かを論じる段階にはありません。そういったこともあって，この fMRI が臨床的に使われることは，まだあまりない状態になります。

ただ安静状態の fMRI を撮影する方法もありますので，こういった方法により，短時間でより簡単に脳の機能評価がなされるようになっています。特に海外においては，認知症をはじめとした精神疾患において，安静状態の fMRI を使って診断をする方向性も出てきています。よって，安静時の fMRI の活用に関する動向を少し意識的に見ておくと，最新の情報が得られるかもしれません。

ポイント 6　**fMRI（functional Magnetic Resonance Imaging，機能的磁気共鳴画像法）**

- fMRI：磁気共鳴画像を高速で撮影することで，**脳血流**を測定する脳機能画像法
  - ▶研究で行なわれる実験課題をしているときの fMRI は，課題を実施する条件の設定や必要な時間などから臨床利用が難しい面がある
  - ▶安静時 fMRI により，比較的短時間で簡易に脳機能の評価もされるようになってきており，認知症をはじめ精神疾患でのデータも蓄積されるようになってきている

4. NIRS

最後に NIRS（ニルス）を紹介します。これは**近赤外光スペクトロスコピィ**（Near-infrared Spectroscopy）の略称で NIRS です。日本の場合，**光トポグラフィー**の名称でよく広まっているかと思います。

この検査は，近赤外線を使って脳の皮質，特に大脳皮質の血流を測定する方法です。よく行なわれる方法として，言語流暢性課題を用いたものがあります。非常に簡単な課題で，平仮名 1 文字から続く名詞をできるだけたくさんあげてくださいというものです。たとえば「み」という文字が

画面に出てきたら，「み」に続く単語をできるだけたくさん言います。「耳」「みみずく」「みみず」などをあげていくわけです。そして，このような課題を行なっているときの脳の血流を，この光トポグラフィーで測ることが行なわれています。

統合失調症やうつ病の患者に対して，特に国内において大量のデータが蓄積されてきています。そういったこともあり，2014 年から光トポグラフィーは，抑うつ症状の鑑別診断の補助として保険診療に含まれるようになりました。

ポイント 7　NIRS（Near-Infrared Spectroscopy，近赤外光スペクトロスコピィ）

- NIRS：近赤外線を使って，脳の皮質の**血流**量を測定する脳機能画像法。光トポグラフィーとも呼ぶ
  - ▶言語流暢性課題を行なっているときの光トポグラフィーに関して，統合失調症やうつ病などのデータが蓄積されてきている
  - ▶ 2014 年より，光トポグラフィーは，抑うつ症状の鑑別診断の補助として保険診療に含まれるようになった

このような検査を我々が直接評価することはないわけですが，実際にカルテの中にこのような検査に基づく情報が入っていることがあるかもしれません。

4　神経心理学検査

最後に**神経心理学検査**[03]についてです。すべてお話しすることはできませんので，かいつまんでお話をしていきます。神経心理学検査は非常に多岐にわたりますが，おおまかに以下のような検査があります。

03 神経心理学検査　神経心理学検査とはそもそも何かについては，PART 2 を参照。

1．知能検査・記憶検査

まず知能という全般的な知的能力を調べるうえでよく使われているのは，**ウェクスラー知能検査**[04]です。また，記憶検査として，ウェクスラー記憶検査もよく使われます。ポイント 8 にいくつか知能検査と記憶検査をあげてみました。この中にはよく知らない検査も入っていると思いますが，こういった神経心理学検査は非常に有用性が高いので，よく知らないものに関してはぜひ調べていただければと思います。

講義メモ

04 ウェクスラー知能検査　ウェクスラー知能検査の詳細は PART 3「知能検査を臨床場面で活用するために」を参照。

ポイント8　**知能検査・記憶検査**

・知能検査
▶ウェクスラー知能検査（WAIS，WISC）
▶田中ビネー知能検査
▶ミニメンタルステート検査（MMSE）
▶長谷川式簡易知能評価尺度
・記憶検査
▶ウェクスラー記憶検査（WMS）
▶ベントン視覚記銘検査
▶リバーミード行動記憶検査
▶ MMS 言語記憶検査

2. 注意機能検査・視知覚機能検査

注意機能検査に関しては，**トレイル・メイキングテスト**[05]が代表的です。また，半側空間無視[06]の方に対して用いる**線分抹消検査**[07]などもあります。視覚的な知覚の機能を調べるものとしては，**ベンダー・ゲシュタルト検査**[08]が代表的です。

ポイント9　**注意機能検査・視知覚機能検査**

・注意機能検査
▶トレイル・メイキングテスト
▶ Paced Auditory Serial Addition Task（PASAT）
▶線分抹消検査
▶ D-CAT 注意機能スクリーニング検査
▶ BIT 行動性無視検査（BIT）
・視知覚機能検査
▶ベンダー・ゲシュタルト検査
▶標準高次視知覚検査（VPTA）
▶フロスティッグ視知覚発達検査

3. 失語症検査・遂行機能検査

最後に，言語や遂行機能[09]に関する検査です。失語症患者に対しては失語症検査が行なわれますし，脳損傷患者のアセスメントにおいて，遂行機能検査も必要になることがあります。また，**遂行機能障害症候群の行動評価（BADS）**[10]や**ウィスコンシンカードソーティングテスト（分類検査，**

講義メモ

05 トレイル・メイキングテスト　PART 2「3　認知症の評価・神経心理学検査」を参照。

06 半側空間無視　大脳半球の損傷により，損傷した大脳半球と反対側の空間を認識することが困難になること。半分の空間が認識できなくなるため，人や物にぶつかったり，体のバランスを崩しやすくなってしまう。PART 2「3　認知症の評価・神経心理学検査」も参照。

07 線分抹消検査　36 本の短い線分のすべてに印をつけていく神経心理学検査。半側空間無視がある場合，認識困難な空間に線分の見落としが見られる。

08 ベンダー・ゲシュタルト検査　提示された 9 枚の図形の模写を行なう神経心理学検査。半側空間無視がある場合，半分だけ模写して，すべてを模写したつもりになっていることがある。

09 遂行機能　遂行機能とは，意思決定をする能力，企画して実行する能力，効果的に行動する能力などの総称。実行機能とも呼ばれる。

10 BADS　日常生活に即した実際的な問題解決場面を想定した 6 つの下位検査（各 0 点～ 4 点）により構成。24 点満点で遂行機能の評価を行なう。

11 ウィスコンシンカードソーティングテスト（分類検査，WCST）　PART 2「3　認知症の評価・神経心理学検査」を参照。

WCST）[11]などは，統合失調症患者の遂行機能を検討するうえで使用されることがあります。

ポイント10　失語症検査・遂行機能検査

・失語症検査
▶標準失語症検査（SLTA）
▶失語症検査（WAB）
▶失語症構文検査
・遂行機能検査
▶遂行機能障害症候群の行動評価（BADS）
▶ウィスコンシンカードソーティングテスト（WCST）
▶ストループテスト
▶ギャンブリング課題

5　心理職としておさえたいポイント

さて，心理職としておさえておきたいポイントをまとめます。

ポイント11　心理職としておさえたいポイント

・脳構造画像法や脳機能画像法は，心理職が測定・評価することはないが，その測定内容と結果については理解できることが望ましい
・神経心理学検査を実施し，脳構造画像や機能画像の結果もふまえたうえで，神経心理学的な評価ができることが望ましい

私たちは，脳構造画像検査や脳機能画像検査を実施したり，もしくは解釈・評価することはあまりないと思いますが，その内容について，もしくは書かれている結果について，おおよそ理解ができることが望ましいと思います。どういった測定をして得られた結果なのか，それが意味するところは何なのかをおさえておけるとよいでしょう。

さらに今回は検査名の紹介のみでしたが，神経心理学検査について，実際に神経心理学検査を実施できることや，画像検査の結果を組み込んだかたちで神経心理学検査の結果の評価・解釈をしていくことが，今後求められると思います。

まとめ

・脳構造画像検査は脳の形態を，脳機能画像検査は脳の機能をそれぞれ可視化する。
・神経心理学検査を実施し，脳画像検査の内容をふまえたうえで，神経心理学的な評価ができることが望ましい。

心理学的介入と神経科学

1 うつ病と神経科学

それでは次に，心理的介入と神経科学についてお話をしていきます。この章では主にうつ病についてお話をしていきます。

ポイント1　うつ病

- うつ病：①抑うつ気分と，②興味・喜びの減退を中心とした症状を示す精神疾患
  - ▶今後，最も支障度の高い疾患の一つになると予想されている（WHO）
  - ▶日本では，気分障害に対して約1兆1000億円のコストがかかっている（Okumura & Higuchi, 2011）
  - ▶うつ病について，神経科学的アプローチからの研究も多くなされてきている

うつ病[01]とは，抑うつ気分と興味・喜びの減退を中心とした症状を示す精神疾患です。WHOによると，今後最も支障度が高い疾患の一つになると予想されていますし，日本においては気分障害に対して約1兆1,000億円のコストがかかっていると言われています（Okumura & Higuchi, 2011）。よって，うつ病は早急に対応すべき精神疾患であり，神経科学的研究もこのうつ病を対象に多く行なわれています。

講義メモ

01 うつ病　DSM-IVまでは「大うつ病性障害」と呼ばれていた精神疾患。DSM-5からは双極性障害と明確に区分され，かつ「うつ病」と名称が改められた。

2 うつ病患者の脳の構造と機能

1. うつ病患者の脳の構造

うつ病患者の**脳の構造（形態）**について調べる研究は多くなされています。うつ病患者の脳の萎縮が全体として非常に大きいということはないのですが，健康な方と比べると，ポイント2に示した部位に統計的に有

意な減少が認められます。

ポイント2　うつ病患者の脳の構造

・うつ病患者では，以下の脳部位の体積が減少していると報告されている

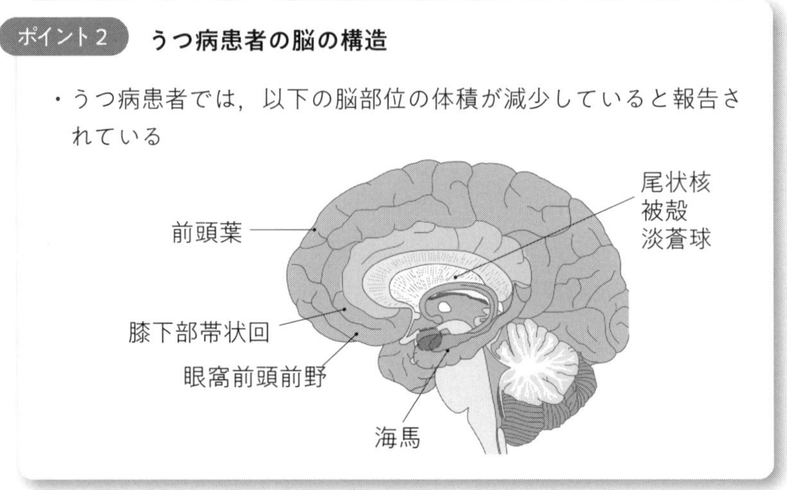

たとえばですが，大脳基底核の尾状核，被殻，淡蒼球といわれる場所や，海馬，前頭葉や，前頭葉の下のほうの眼窩前頭前野といった場所に脳の体積減少が認められます（Kempton et al., 2011）。さらに，帯状回の中でも一番前のほうにあたる膝下部と呼ばれる場所に，体積減少が報告されています（Drevets, Savitz, & Trimble, 2008）。

2. 反すうと脳構造体積

ここで，私もかかわった研究の話を少しだけします。

これは，**治療抵抗性うつ病患者**の脳の形を調べた国内の研究になります（Machino et al., 2014）。治療抵抗性うつ病とは，標準的な抗うつ薬治療を行なっても症状に改善が認められないうつ病のことを指します。うつ病患者の多くは抗うつ薬治療でよくなりますが，中には投薬治療を行なってもうまく改善が認められない患者がいます。

この治療抵抗性うつ病の患者を対象に，脳の形を測定するMRIを撮りました。すると，健康な者に比べて，右の腹側前部帯状回や，左の背側帯状回，右の上前頭回，小脳に体積の減少が認められました。

さらに心理的な変数との関連を見てみるために，**反すう傾向**と脳の体積の関連を調べました。反すう傾向とは，うつ病患者によく認められる，うつ症状や過去の出来事を繰り返し反復的に考えてしまう思考スタイルのことです。そして，反すう傾向が高い人のほうが，右の上側頭回の体積が大きいという結果が得られました。この右の上側頭回が，ネガティブ情動処理に関与することは，fMRI研究のメタ分析で示されていました。

よって右上側頭回が大きいと，ネガティブな情動処理をしやすくなるた

め，結果として反すう傾向が高まってしまうのではないかという解釈をしました。このような感じでうつ病患者の脳の構造的な体積減少と，心理的な機能を調べる研究が行なわれてきています。

ポイント3　治療抵抗性うつ病における 反すうと脳構造体積

・治療抵抗性うつ患者を対象に MRI を実施
・治療抵抗性うつ病患者において，右腹側前部帯状回，左背側帯状回，右上前頭回，小脳などの体積が減少していた
・右上側頭回の体積は，反すうと 正の相関を示した（r = .55）
→右上側頭回は，ネガティブ情動処理時に関与
▶右上側頭回が大きいほど，処理スペースが大きくなり，反すうしやすい？
（Machino et al., 2014）

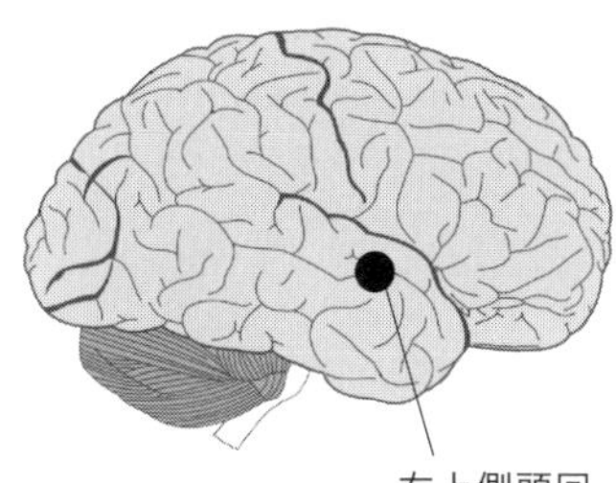

3. アンヘドニアと脳機能

次は脳の機能の話をします。つまり，これまでは脳の形態の話をしていましたが，ここからは，たとえば脳の血流などについて考えていきます。精神疾患の場合，もちろん脳の構造の問題もありますが，それよりも脳の血流やネットワークといった脳の機能に問題があるのではと考えられています。

先ほど，うつ病患者は抑うつ気分と興味・喜びの減退の 2 つの症状があるとお話ししました。そこでまず，興味・喜びの減退を見ていきます。なお，このような興味や喜びの減退を**アンヘドニア**とも言います。

好きな飲み物やお金や，好きな音楽といった，多くの方にとって報酬になるものを MRI の中で見せる実験が行なわれました（McCabe, Cowen, & Harmer, 2009；Pizzagalli et al., 2009；Osuch et al., 2009）。なお，好きな飲み物は実際に MRI 内で飲ませています。好きなものを飲んだり，好きな音楽を聞かせたりすると，我々の脳の中の大脳基底核の**線条体**での酸素消費が高くなります。線条体はドーパミンの投射を受ける場所で，報酬にかかわる脳の場所と言われています。うつ病患者は，このような報酬処理にかかわる線条体の活動が低下していることが確認されました。よって，線条体の体積減少だけでなく機能不全が，アンヘドニアを持続させているかもしれないということが研究知見として得られています。

ポイント4　**うつ病のアンヘドニアと脳機能**

・うつ病では，報酬処理にかかわる腹側線条体の活動が低下している

▶興味・喜びの減退

- 好きな飲み物（McCabe, Cowen, & Harmer, 2009）
- 金銭的報酬（Pizzagalli et al., 2009）
- 好きな音楽（Osuch et al., 2009）

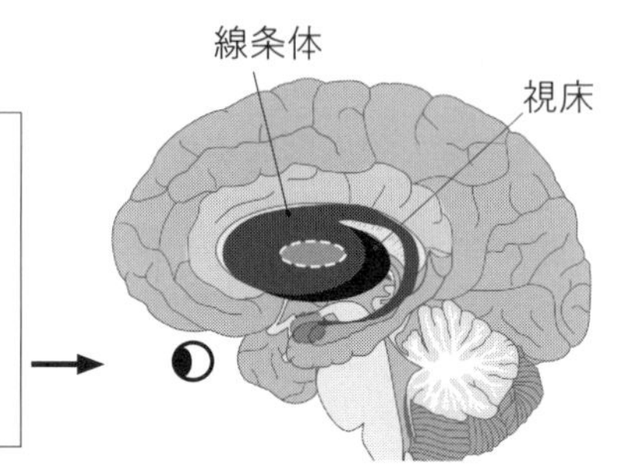

3　うつ病における抑うつ気分，ネガティブ情動

1．情動刺激に対する注意バイアス

ここまではアンヘドニアの話をしたわけですが，今度はうつ病のもう一つの症状である抑うつ気分について話をしていきます。

ポイント5　**情動刺激に対する注意バイアス**

・うつ病患者は，背外側前頭前野，前部帯状回，腹外側前頭前野のネットワークの活動が低く，結果として上頭頂皮質に影響し，ネガティブ刺激への固着が生じる

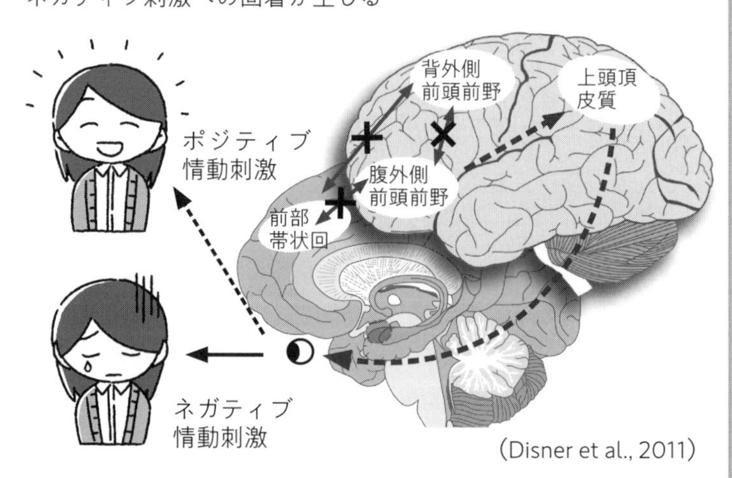

（Disner et al., 2011）

うつ病では，抑うつ気分の持続が問題としてあげられます。私たちは誰

でも抑うつ気分が生じるわけですが，それが非常に長く続くことが問題になります。まずうつ病患者は，ネガティブな刺激に対して**注意バイアス**[02]があるということが考えられています。たとえばポイント５の図のように，笑っている顔と泣いている顔の２つの画像を見せたときに，ネガティブな情動刺激（泣いている顔）のほうに注意が割かれてしまうと言われています。

なぜこのようなことが起こっているのかについて，MRI 研究の結果に基づき以下の仮説が考えられています（Disner et al., 2011）。まず，うつ病患者は，背外側の前頭前野や，前部帯状回や，腹外側の前頭前野という，脳のさまざまな制御を担う部位間のネットワークが機能不全を起こしており，活動が低くなっていると言われています。結果として上頭頂皮質に延びるパスも弱くなっており，上頭頂皮質の活動も落ちるとされています。上頭頂皮質は頭頂葉にあり，空間的な認知や空間的な処理にかかわっています。通常は，ネガティブな刺激から視線をそらしたり移動させる機能があるわけですが，頭頂葉の活動が落ちてしまうと，それがなかなかうまく機能せずに，ネガティブ刺激に対して固着が生じてしまうのではないかと考えられています。

講義メモ

02 注意バイアス　バイアスとは「歪み」のこと。注意バイアスとは，刺激に対して注目する内容に偏りがあることを指す。

2. ネガティブ情動処理時の扁桃体活動

次に，うつ病患者に対してネガティブな情動刺激を提示したときの**扁桃体**の活動を調べた研究を紹介します（Siegle et al., 2002）。

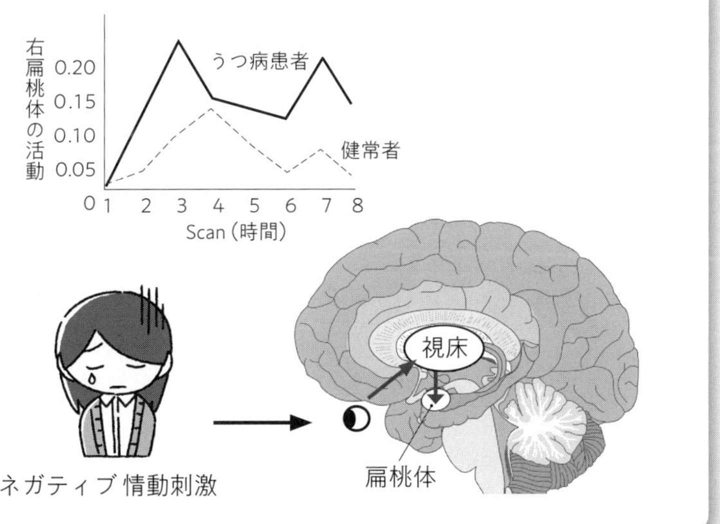

ポイント６の図の左上のグラフを見てください。うつ病患者と健常者を見比べたとき，健康な方よりうつ病患者のほうが扁桃体の活動が大きくなっています。さらに健康な方の場合は，扁桃体の活動が上がったあと時間とともに落ちていくわけですが，うつ病患者は上がったあと，あまり下がりきらずに，上がったままになります。このように，扁桃体の活動が高いだけではなく，持続するということが起こっています。こういったことから，おそらく扁桃体の過活動が抑うつ気分の持続にかかわるのではないか，と考えられています。

3. ネガティブ情動の維持

ただ，扁桃体の過活動だけではなく，先ほども少しお話した制御する**前頭葉**の問題もありそうなのです。

先ほど，うつ病患者さんがネガティブな情動刺激を見せられたときに，扁桃体の活動が高くなることをご紹介しました。健康な人の場合，扁桃体の活動が上がった場合は，前頭葉もしくは帯状回のほうから抑制するようなかたちで認知的な制御が行なわれます。しかし，うつ病患者においては背側の前部帯状回や背外側の前頭前野の活動が落ちていますので，扁桃体の過活動に対する制御が，本来は行なわれるはずなのにどうも機能しません。その結果として扁桃体の活動が高いまま，ずっと持続してしまうと言われています（Disner et al., 2011）。

ポイント７　**ネガティブ情動の維持**

- 扁桃体と膝下部帯状回の活動は，背外側前頭前野と背側帯状回から制御される
- うつ病では，背外側前頭前野の活動が低下→認知的制御が低下し，扁桃体の活動が高いまま持続

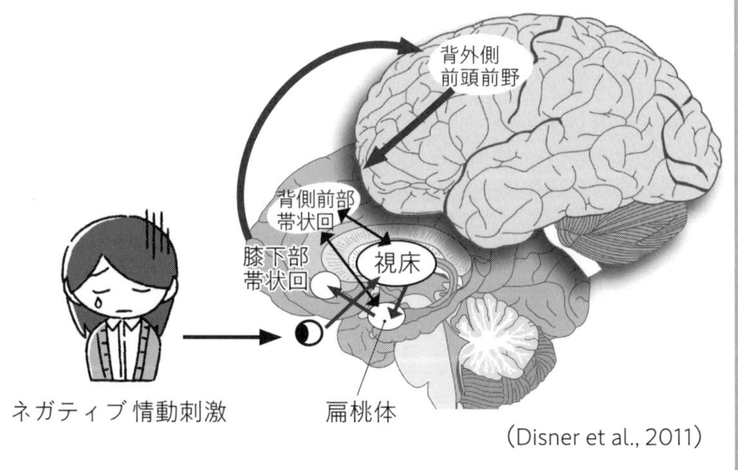

（Disner et al., 2011）

4. 自己関連づけバイアス

ここまでの話を一旦整理します。うつ病患者はネガティブな情動刺激に注意が向きやすいこと，扁桃体の過活動で情動が高まりやすいこと，そして情動を制御するための背外側の前頭前野の活動もどうも落ちてしまっていること。これらがうつ病の症状維持に関与しているのでは，と言われています。

さらにそういった情動刺激だけではなくうつ病患者は，自分をとらえるための自己概念についてもバイアスがかかっていると言われています。

うつ病患者はネガティブな刺激を自己と関連づけるときに，扁桃体，内側前頭前野，前部帯状回の活動が高くなると考えられています（Disner et al., 2011）。たとえば「みじめ」という感情（状態）が，自分とどう関連づけられるか調べる実験課題をしたとき，前述した領域の活動が高くなるといわれています。おそらく自分という存在が，「みじめ」という概念と密接にくっついた状態になっていますので，自己の表象に関連する内側前頭前野と，感情にかかわる膝下部帯状回が絡み合った状態で機能してしまっているようです。

ポイント8　**自己関連づけバイアス**

- うつ病では，ネガティブな自己関連づけ時に，扁桃体，内側前頭前野，前部帯状回の活動が高い
  ▶ネガティブ刺激と自己との関連づけにかかわるネットワークの活性化が強いため，自己関連スキーマが維持

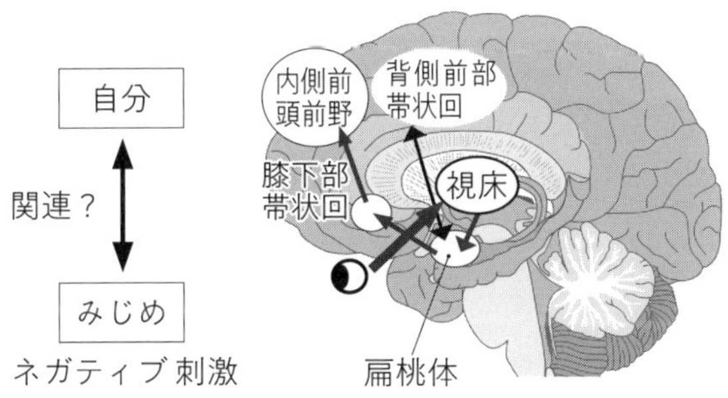

（Disner et al., 2011）

多くの方は，ポジティブな刺激とネガティブな刺激に対して，同じような感じで処理がなされます。しかしうつ病においては，ネガティブな刺激に関しては自己との関連づけが強く，ポジティブな刺激に関しては自分との関連づけが弱くなるような関連づけが，脳のレベルで起こっていると考えられています。

このようなことがあるために，ネガティブな自己概念がずっと維持した状態にあり，自己関連づけバイアスがなかなか消えません。しかもこのようなことが，脳の機能の問題として起こっている可能性が考えられているのです。

4　心理療法の脳への作用

1．うつ病の病態にかかわる神経メカニズム

ここまでの話を整理します。うつ病の病態に関して次のような神経メカニズムが考えられます。

ポイント9　うつ病の病態にかかわる神経メカニズム

①報酬処理システム（線条体）の活動低下
②情動処理システム（視床や扁桃体）の活動増加（ボトムアップシステムの亢進）
③情動制御システム（背・腹外側前頭前野）の活動低下（トップダウンシステムの低下）
④ネガティブな自己関連づけスキーマを促進・維持するネットワーク（前部帯状回，内側前頭前野，扁桃体）の亢進
▶心理療法（認知行動療法）は，どのような神経作用メカニズムをもつのか？

まず，報酬にかかわる処理をする脳の場所が，活動低下しています。これはアンヘドニアにかかわると考えられています。さらにネガティブな情動を処理するうえで，扁桃体の活動が活動亢進しています。一方，ネガティブな情動が起こったときに制御するシステムは，活動低下しています。**ボトムアップ**[03]のシステムが亢進していることに対し，**トップダウン**[04]のシステムが低下しているわけです。さらにネガティブな自己関連づけにかかわるスキーマを維持する脳のネットワークが，活動亢進状態にある。以上のことがうつ病患者には起こっているのではないか，と考えられています。

ここで我々心理専門職として気になるところは，我々が行なう心理療法は，脳に対してどういった作用機序をもつのか，という点です。そして，その検討も行なわれてきています。

講義メモ

03 ボトムアップ　部分から全体を理解する過程のこと。本文では，末梢神経から中枢神経にいたる処理のことを指している。

04 トップダウン　全体から部分を理解する過程のこと。本文では，中枢神経から末梢神経にいたる制御のことを指している。

05 認知行動療法　刺激に対する反応を「認知・感情・身体・行動」に分けて理解したうえ（ケース・フォーミュレーション）で，エビデンスの認められた技法を用いて「認知・感情・身体・行動」の変容を目指す技法の総称。

2．認知行動療法の神経作用メカニズム

認知行動療法[05]の前後の安静時脳活動を，PET や fMRI を用いて検討

した研究がデルベイスら（DeRubeis, Sigle, & Hollon, 2008）によってまとめられています。

ポイント 10　認知行動療法の神経作用メカニズム（安静時の脳活動）

・認知行動療法を行なうことで，背外側前頭前野などの前頭前野の機能が上がり，結果として扁桃体などの皮質下への制御が回復する（トップダウンメカニズム）

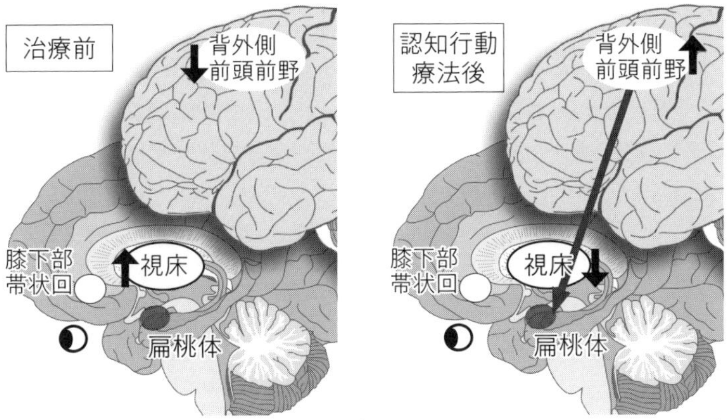

（DeRubeis, Siegle, & Hollon, 2008）

認知行動療法を行なう前がポイント 10 の左側の図です（DeRubeis, Siegle, & Hollon, 2008）。扁桃体や膝下部の帯状回などの活動が非常に高くなっており，一方で背外側の前頭前野は，活動が落ちた状態です。これに対して認知行動療法を行なうと，まず背外側の前頭前野の活動が上がっていきます。前頭葉の活動レベルが上がることで，扁桃体への制御が回復するので，扁桃体の活動も低められます。このように，上から下へトップダウンのメカニズムが働いているようです。なお，抗うつ薬を用いて扁桃体の活動を低めることで前頭葉の活動レベルを上げていくというメカニズムも示されてきています。

3. 認知行動療法と自己関連づけバイアス

先ほど紹介したものは安静状態の脳活動でしたが，もう少しうつ病患者に特異的な認知について検討したいという目的のもと行なわれた研究もあります。これはうつ病患者を対象にして，ネガティブな情動刺激と自分を関連づけているときの脳活動を調べた研究になります（Yoshimura et al., 2014）。

うつ病患者は，ネガティブ刺激と自己関連づけをしているときに，自己の表象にかかわる脳部位である内側前頭前野，感情にかかわる吻側の前部帯状回の活動が高いと言われています。そして，認知行動療法を実施することで，こういった場所の活動が低下するということがわかってきました。活動が低下すると，ネガティブな情動刺激に対し自分と関連づけず，距離をとることができることが，脳の作用機序として説明できることがわかってきました。

ポイント11　**認知行動療法と自己関連づけバイアス**

・うつ病では，ネガティブな情動刺激との自己関連づけにおいて，内側前頭前野と吻側前部帯状回の活動が高くなる

▶認知行動療法を実施することで，ネガティブ刺激に対する自己関連づけ時の内側前頭前野と吻側前部帯状回の活動が低減した

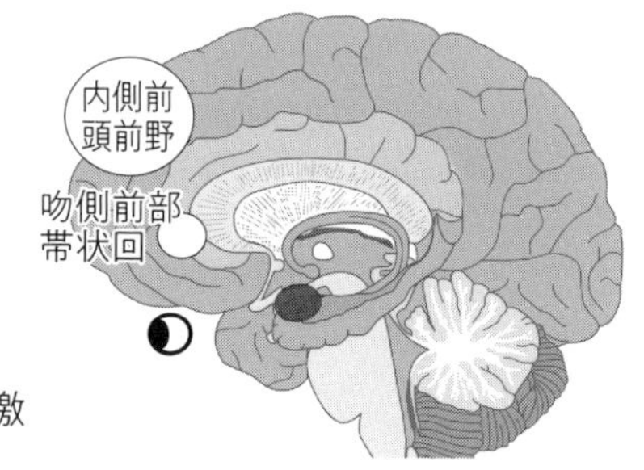

（Yoshimura et al., 2014）

4. 心理療法の神経作用メカニズムの経路

ここまで，認知行動療法とうつ病について考えられていることをお話ししてきましたが，うつ病にかぎらず他の精神疾患についても，神経作用メカニズムを考えるうえでは，次の２つの経路を押さえておくといいかと思います（Barsaglini et al., 2014)。

ポイント12　**心理療法の神経作用メカニズムの経路①**

①もともと疾患において生じていた非機能的な神経回路が正常化することによって改善する経路

②もともとの非機能的な神経回路とは異なる神経回路が補償的に変化することによって改善する経路

（Barsaglini et al., 2014）

まず１つめは，もともと疾患において生じていた非機能的な神経回路

が正常化することです。先ほど，自己関連づけにかかわる脳部位の活動と，ネガティブな刺激にかかわる脳部位の活動が，認知行動療法によって下がるという話をしました。これは１つめの経路の話をしています。

一方，もともとの非機能的な神経回路とは異なる神経回路に何か変化が起こることで，補償的に症状の改善が起こる場合もあります。これが２つめの経路になります。うつ病については主に１つめの話をしてきましたが，他の精神疾患においてはどうだろうかというのを，以下に紹介します。

ポイント 13　心理療法の神経作用メカニズムの経路②

・うつ病・強迫症は，非機能的な神経回路の正常化が症状改善に寄与し，パニック症は補償的な神経回路の変化が症状改善に寄与している（Barsaglini et al., 2014）

疾患名	疾患の影響	共通部分	心理療法の影響
うつ病		前頭前皮質，内側側頭皮質，大脳基底核，海馬，扁桃体，前部帯状回，後部帯状回	眼窩前頭皮質，視床
強迫症	大脳基底核	眼窩前頭皮質，視床，前部帯状回，内側前頭皮質	
パニック症	扁桃体，島皮質	海馬	後部帯状回，前頭前皮質，腹側帯状回，橋，小脳

ポイント 13 の表に示した疾患以外にもさまざまな疾患がありますが，紙幅の都合でうつ病と強迫症[06]とパニック症[07]の３つにしぼっています。

表を説明すると，左から２列目の「疾患の影響」は，疾患になることで変化が起こった脳の場所になります。たとえば強迫症の場合，大脳基底核に変化があります。一番右側の「心理療法の影響」とは，心理療法をすることで変化があった脳の場所になります。右から２列目の「共通部分」というのは疾患によって変化が起こっただけでなく，心理療法によっても変化した場所，つまり疾患によって機能不全が起こっていた場所が，心理療法によって正常化した場所になります。

このように考えたときに，うつ病と強迫症における変化は，多くは共通部分であることがわかります。疾患によって変化した場所が，心理療法によって正常化されたというかたちです。一方でパニック症を見ていただくと，共通部分が少なくて，心理療法の影響の場所が多いです。この場合，パニック症によって変化した場所に対して，心理療法が直接機能するわけではなく，帯状回など他の場所の変化を経由することで，結果として症状

講義メモ

06 強迫症　強迫観念と強迫行為の２つの症状からなる病態。

強迫観念とは，自分自身では無意味とわかっているものの，ある考えが反復して出現し，考えることを止められない現象のこと（例：「不用意に物に触れると，他人の汚れが自分についてしまう」）。

強迫行為とは，強迫観念による苦痛や不安を予防したり緩和したりするために，明らかに過剰に反復的に行なわれる行為のこと。

07 パニック症　理由もなく突然に生じるパニック発作の反復を主症状とする病態。

パニック発作は，周囲の状況とはまったく無関係に生じる動悸，発汗，震え，息苦しさ，めまい，胸腹部の不快感などの身体症状のこと。このような発作が何度なく反復するため，患者はどのような状況になるかまったく想像がつかず，常に発作の再発を恐れるようになる（予期不安）。その結果，外出を恐れるようになりやすい（広場恐怖）。

改善が起こっていると言えます。

どのような経路で症状が改善されるかは，心理療法や心理療法の対象によって異なりますので，このあたりも少し意識しながら見ておくとよいかもしれません。

5. 認知行動療法への反応予測

応用的な話にはなりますが，認知行動療法に関して治療への反応を予測するという研究がいくつかなされています。

ポイント14　認知行動療法への反応予測

・情動刺激への膝下部帯状回の活動が低く，扁桃体の活動が高いと，認知行動療法への反応性が高い（Siegle, Thompson, & Collier, 2006; Siegle et al., 2012 にて膝下部帯状回は再現）
・島皮質の活動が低いと認知行動療法への反応性が高いが，抗うつ薬への反応性は低くなる（McGrath et al., 2013）
▶治療反応予測はまだデータが少ないが，今後の個別化医療の推進には重要！

これもうつ病の話になりますが，情動刺激に対して膝下部帯状回の活動が低く，扁桃体の活動が高い人は，認知行動療法への反応性が高い，つまり認知行動療法が効きやすい人である，ということが報告されています（Siegle, Thompson, & Collier, 2006; Siegle et al., 2012）。また，他の研究においては，大脳皮質のちょっと奥まったところにある島皮質という場所の活動が低いと認知行動療法の反応性は高いけど，抗うつ薬への反応性は低くなるという研究結果が得られています（McGrath et al., 2013）。まだ研究段階ですが，今後，それぞれの患者に認知行動療法が効くのか効かないのかを考え，個に応じた個別化医療を進めるうえで，こういった反応予測は重要になってくると思います。

6. 心理療法と神経科学

心理療法と神経科学についてまとめます。

神経科学の知見がなくても，心理療法の開発は可能です。もともとそのように開発されてきましたし，効果に関しても臨床試験で効果を確認することもできます。しかし，神経作用メカニズムを理解することによって，私たちは新たな仮説を立てることができますし，心理療法の技法の洗練化や，治療反応予測による効率化ができるのではないかと思います。

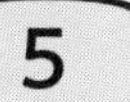

5　心理職としておさえたいポイント

まとめになります。

> **ポイント15　心理職としておさえたいポイント**
>
> ・実施する心理療法の神経作用メカニズムについて簡単にでもよいので整理しておくと自身の実践を振り返るうえでも有用かもしれない
>
> ・今後，治療反応予測に関するバイオマーカーが見つかる可能性もあるので，精神疾患における神経科学的研究の動向にも注意をしておくとよいと思われる

実施する心理療法について，どのような神経メカニズムが働いているのか整理しておくと，とてもよいと思います。また心理支援に対して治療反応性を示す**バイオマーカー**[08]を，多くの研究者が探しています。バイオマーカーの発見によって，もしかするとこれから皆さんが行なう実践が変わる可能性があります。バイオマーカー研究は多くの場合「期待させてうまくいかない」ということが多いのですが，今後新たなバイオマーカーが見つかるかもしれません。本講義をきっかけに，神経科学的研究の動向に注意を払っていただけばと思います。

以上で「心理職のための神経科学入門」の講義を終わります。

> 講義メモ
>
> **08 バイオマーカー**　身体状態を客観的に測定し評価するための指標のこと。血圧や心拍数，血液検査の結果だけでなく，本講義で紹介されている脳画像診断データなども含む。

まとめ

・神経科学の知見を得ることで，心理的障害のより充実した理解や，心理支援の治療反応性の予測などが可能となる。

・心理支援の治療反応性を示すバイオマーカーの発見により，今後の心理支援のあり方が大きく変わる可能性がある。今後の神経科学的研究の動向に目を向けられるとよい。

確認問題

TEST 1

以下の文章について，正しい文章には○，正しいとは言えない文章には×をつけなさい。

(1) ニューロンが受け取った情報は，樹状突起を通り活動電位として次のニューロンへと送られていく。 (　　　)

(2) 脳の前部は吻側，脳の後部は尾側と呼ばれる。 (　　　)

(3) 脳を背側から腹側にかけて，前と後に分けるように切断した断面のことを冠状断と呼ぶ。 (　　　)

(4) 前頭葉と後頭葉を分ける脳溝のことを，外側溝と呼ぶ。 (　　　)

(5) 運動野と体性感覚野は，右半身の情報が左の脳半球に入るなど，左右は反転しているが，上下は反転していない。 (　　　)

(6) 視覚野の背側経路は，目に入ったものがどのような位置関係にあるのかを理解する働きをもつ。 (　　　)

(7) 後部言語野の損傷によって，復唱に困難を示す伝導失語が生じる。 (　　　)

(8) 扁桃体は，恐怖の記憶や経験において重要な役割を担う。 (　　　)

(9) CT は，MRI と比較して，より詳しい脳画像を得ることができ，脳梗塞や脳出血，脳腫瘍，萎縮などが非常に小さい場合は，CT のほうがより詳細に検討が可能である。 (　　　)

(10) 機能的磁気共鳴画像法（fMRI）では，脳血流を測定することで，脳機能画像を得る。 (　　　)

確認問題

TEST 2

次の空欄に当てはまる用語を記入しなさい。

(1) シナプス間隙と呼ばれる送り手のニューロンと受け手のニューロンのすきまで（　　　　）が介在するかたちで情報の伝達が行なわれる。

(2) SNRIは，セロトニンや（　　　　）の再取り込みを阻害することで作用する。

(3) 脳溝と脳溝の間にある隆起した部分のことを（　　　　）と呼ぶ。

(4) 視覚野は大脳皮質の（　　　　）に存在する。

(5)（　　　　）が損傷を受けた場合，言語的な理解はできても，発話に著しい障害が生じる。これを運動性失語と呼ぶ。

(6)（　　　　）が損傷を受けた場合，言語はなめらかに話せるが，言葉の理解が難しくなる。これを感覚性失語と呼ぶ。

(7) 小脳は，運動の欲求や動機に基づき適切な筋肉の組み合わせ，適切な強さ，適切な時間で円滑な運動を遂行する（　　　　）にかかわっているとされている。

(8)（　　　　）は，睡眠や覚醒，心臓や呼吸，筋緊張などの働きを担う，生命維持に関するきわめて重要な部位である。

(9) 放射性同位体を体内に注入して，それが消費されたときの信号を利用して血流や代謝を調べる陽電子断層装置は（　　　　）と呼ばれている。

(10) うつ病の病態にかかわる神経メカニズムには，末梢神経系から中枢神経系にいたる処理であるボトムアップシステムと，中枢神経系から末梢神経系にいたる処理である（　　　　）システムの両方が関与している。

確認問題

TEST 3

次の表や図の空欄に当てはまる語を記入しなさい。

(1)　以下は大脳皮質の図である。①〜④に当てはまる語を答えなさい。

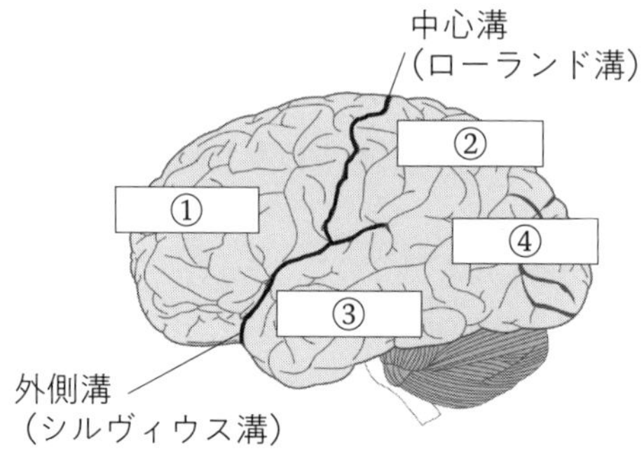

(2) 以下の神経伝達物質の機能について，ア〜ウから選んで答えなさい。

	名　称	機　能
①	ドーパミン	
③	セロトニン	
⑤	ノルアドレナリン	

ア.　注意や衝動性，性行動や食欲の制御など

イ.　運動，ホルモン調節，快感情，意欲，学習など

ウ.　気分の調節，摂食，睡眠，覚醒の制御，痛みの制御など

(3) 以下のア〜キの検査を，脳の構造画像法と脳の機能画像法に分けなさい。

脳の構造画像法	脳の機能画像法

ア. fMRI　イ. 脳波　ウ. MRI　エ. 脳磁図　オ. PET　カ. CT　キ. NIRS

確認問題

TEST 4

以下の問いに答えなさい。

(1) 医療領域で勤務する心理職が神経科学を学ぶべき理由について，論じなさい。

(2) 冠状断，水平断，矢状断について，それぞれ区別がつくように説明しなさい。

(3) 視覚野の腹側経路と背側経路について，その役割を中心に論じなさい。

(4) ウェルニッケ失語とブローカ失語について，違いが明確になるように述べなさい。

(5) 自己関連づけバイアスについて，関連する脳部位やその機能に着目して述べなさい。

(6) 心理療法の神経作用メカニズムは主に2つの経路があると言われている。その2つは何か，それぞれ説明しなさい。

解答例

TEST 1

(1) ×　樹状突起ではなく，活動電位は軸索を通って次のニューロンへと送られる。
(2) ○
(3) ○
(4) ×　外側溝ではなく，中心溝。外側溝は側頭葉と他の部位を分ける溝のこと。
(5) ×　上下も逆転している。脳の上側が足の運動や感覚を担い，下に行くにつれて胴，手，指，顔，唇と移行していく。
(6) ○
(7) ×　後部言語野ではなく，弓状束の損傷によって伝導失語は生じる。
(8) ○
(9) ×　CT よりも MRI のほうが詳細な検討が可能である。
(10) ○

TEST 2

(1) 神経伝達物質
(2) ノルアドレナリン
(3) 脳回
(4) 後頭葉
(5) ブローカ野
(6) ウェルニッケ野
(7) 協調運動
(8) 脳幹
(9) PET
(10) トップダウン

TEST 3

(1) ①前頭葉，②頭頂葉，③側頭葉，④後頭葉
(2) ①イ，②ウ，③ア
(3)
脳の構造画像法　ウ，カ
脳の機能画像法　ア，イ，エ，オ，キ

TEST 4

(1)　現代的な医療においては，生物・心理・社会の3つの観点からクライエントを理解する生物－心理－社会モデルがよく用いられる。「心理職は心理面のエキスパートであればよい」という考えもあるが，それだけでは，生物－心理－社会モデルという現代の医療における一般的な共通理解から外れてしまう。また，医療領域において，心理職以外は生物学や神経科学について詳しいことが多いため，心理職がもっていない共通の基盤を，心理職以外だけで共有していることになりかねない。よって，他のスタッフと円滑にコミュニケーションを取るためにも，心理職は生物学的側面に関する最低限の知識が必要である。

(2)　冠状断，水平断，矢状断はいずれも脳の断面ではあるが，その断面の向きが異なる。まず冠状断は，動物が冠をかぶったときの断面と考えられており，脳の背側から腹側にかけて脳を前後に分けるような断面になる。水平断は，地面に水平になるように脳を上下に分けるような断面となる。最後に矢状断は，脳の吻側から尾側に向けて，脳を左右に分けるような断面となる。

(3)　視覚野は背側経路と腹側経路の２つに分かれており，処理される内容が異なる。背側の経路は，最終的に脳の上のほうの頭頂連合野に進んでいく。進んでいく中で，空間的位置や運動の知覚といった役割を担う。目に入ったものがどういう位置関係にあるのかを理解するという意味で，背側経路は「どこ経路」と呼ばれることもある。一方で腹側側に行く経路は，一次視覚野から側頭葉の下のほうにある下側頭連合野に進んでいく。ここでは対象の形や色の認識をするため，腹側経路は「なに経路」と呼ばれることもある。

(4)　ブローカ野が損傷を受けた場合，言語的な理解はできるが，発話に著しい障害が生じる。また，動詞や名詞よりも形容詞，副詞，前置詞などが障害を受けやすいと言われている。会話は「み…かん…食べる」といったようにたどたどしくなり，発話に著しい障害が生じることから，運動性失語とも呼ばれる。対してウェルニッケ野が損傷を受けた場合，言葉はなめらかに話せるが，言葉の理解が難しくなる。これがウェルニッケ失語の特徴であり，言葉の理解そのものが難しいことから感覚性失語とも呼ばれる。

(5)　多くの者は，ポジティブな刺激とネガティブな刺激に対して同じような処理がなされるが，うつ病患者の多くはネガティブな刺激に関しては自己との関連づけが強く，ポジティブな刺激に関しては自分との関連づけが弱くなる。このことを自己関連づけバイアスと呼ぶ。うつ病患者はネガティブな刺激を自己と関連づけるときに，自己の表象に関連する内側前頭前野と，感情にかかわる膝下部帯状回が絡み合った状態で機能しているために，脳の問題としてネガティブな自己概念が維持した状態にあり，自己関連づけバイアスがなかなか消えないと考えられている。

(6)　心理療法の神経作用メカニズムは，大きく分けて以下の２つがある。第１に，もともと疾患において生じていた非機能的な神経回路の正常化である。第２に，もともとの非機能的な神経回路とは異なる神経回路に変化が起こることで，補償的に症状の改善が起こることである。たとえばうつ病・強迫症は，非機能的な神経回路の正常化が症状改善に寄与することに対し，パニック症は補償的な神経回路の変化が症状改善に寄与すると考えられている。

公認心理師試験に出題された心理検査

検査名	出題	第１回試験	第１回追試	第２回試験	第３回試験
MMPI	6	1	2	1	2
田中ビネー知能検査	6	1	1	3	1
WAIS	5	2	2	1	
KABC-II	5	1	2	2	
BDI（BDI-II）	5	1	2	1	1
MMSE	5	1	1	1	2
WISC	4	1	2	1	
HDS-R	4	1	1	2	
ベンダー・ゲシュタルト検査	4		2	2	
Y-BOCS	4		1	1	2
新版 K 式発達検査	3		2	1	
Vineland-II	3		1	1	1
AQ-J	3			1	2
MAS	2	2			
NEO-PI-R	2	1	1		
バウムテスト	2	1	1		
MPI	2	1		1	
STAI	2	1		1	
TEG	2	1		1	
YG 性格検査	2	1		1	
CAARS	2		1	1	
COGNISTAT	2		1	1	
IES-R	2		1	1	
SDS	2		1	1	
WMS-R	2		1	1	
WPPSI	2			2	
疲労蓄積度自己診断チェックリスト	2			2	
P-F スタディ	2	1			1
TAT	2	1			1
LSAS-J	2		1		1
CAPS	2			1	1
HAM-D	2			1	1

BACS	1	1			
CMI	1	1			
IAT	1	1			
ADHD-RS	1		1		
ADOS-II	1		1		
BADS	1		1		
DN-CAS 認知評価システム	1		1		
GHQ-28	1		1		
M-CHAT	1		1		
グラスゴーコーマスケール (GCS)	1		1		
バーセルインデックス	1		1		
リバーミード行動記憶検査標準プロフィール	1		1		
内田クレペリン精神作業検査	1		1		
法務省式ケースアセスメントツール	1		1		
ADAS	1			1	
CBCL	1			1	
Conners3	1			1	
CPT	1			1	
Luria-Nebraska 神経心理学バッテリー	1			1	
PARS-TR	1			1	
S-M 社会生活能力検査	1			1	
VRT	1			1	
ウィスコンシンカード分類検査	1			1	
エジンバラ産後うつ病質問票 (EPDS)	1			1	
コース立方体組み合わせテスト	1			1	
遠城寺式乳幼児分析的発達検査	1			1	
時計描画テスト	1			1	
SCT	1				1
ロールシャッハテスト	1				1
Clinical Dementia Rating<CDR>	1				1
Q-U	1				1
GAD-7	1				1

問題文（事例文や注意がき含む），選択肢の文章中に記載された心理検査を集計。１つの問題に同じ心理検査が複数回載っていた場合は，１つと心理検査する。例えば，問題文中に「YG 性格検査」とあり，同じ問題の選択肢の文章中に「YG 性格検査」と表記があったとしても，１つとしてカウントする。

引用・参考文献

PART 1

American Psychiatric Association. (2013). *Desk reference to the diagnostic criteria from DSM-5*. Washinton, DC: American Psychiatric Association. （アメリカ精神医学会　日本精神神経学会（監訳）(2014). DSM-5 精神疾患の分類と診断の手引　医学書院）

松本真理子・森田美弥子（編）(2018). 心理アセスメント：心理検査のミニマム・エッセンス　ナカニシヤ出版

沼 初枝 (2020). 臨床心理アセスメントの基礎［第２版］ ナカニシヤ出版

下山晴彦 (2008). 臨床心理アセスメント入門　金剛出版

下山晴彦 (2014). 臨床心理学をまなぶ２：実践の基本　東京大学出版会

下山晴彦（編）(2019). 公認心理師技法ガイド　文光堂

PART 2

小林知博 (2019). 顕在的自尊心と潜在的自尊心　心理学ワールド, *87*, 21-22.

小山充道 (2008). 必携 臨床心理アセスメント　金剛出版

松本真理子・森田美弥子（編）(2018). 心理アセスメント：心理検査のミニマム・エッセンス　ナカニシヤ出版

下山晴彦（監修）(2018). 臨床心理フロンティア　公認心理師のための「発達障害」講義　北大路書房

下山晴彦（編）(2019). 公認心理師技法ガイド　文光堂

PART 3

Deary, I. J. (2001). *Intelligence: A very short introduction*. Oxford University Press. （ディアリ，I. J.　繁桝算男（訳）松原達哉（解説）(2004). 知能　岩波書店）

Flanagan, D. P. & Kaufman, A. S. (2009). *Essentials of WISC-IV assessment, Second Edition*. John Wiley & Sons. （フラナガン，D. P.・カウフマン，A. S.　上野一彦（監訳）(2014). エッセンシャルズ WISC-IV による心理アセスメント　日本文化科学社）

Flynn, J. R. (1984). The mean IQ of Americans: Massive gains 1932 to 1978. *Psychological Bulletin*, *95*, 29-51.

松田 修 (2013a). 日本版 WISC-Ⅳテクニカルサポート #7：VCI 下位検査から妥当な結果を得るために　日本文化科学社 https://www.nichibun.co.jp/documents/kensa/technicalreport/wisc4_tech_7.pdf

松田 修 (2013b). 日本版 WISC-Ⅳの理解と活用　教育心理学年報, *52*, 238-243.

日本版 WISC-IV 刊行委員会（訳編）(2010a). 日本版 WISC-IV 実施・採点マニュアル　日本文化科学社

日本版 WISC-IV 刊行委員会（訳編）(2010b). 日本版 WISC-IV 理論・解釈マニュアル　日本文化科学社

日本版 WISC-IV 刊行委員会（編著）(2014). 日本版 WISC-IV 補助マニュアル　日本文化科学社

日本版 WAIS-IV 刊行委員会（訳編）(2018). 日本版 WAIS-IV 理論・解釈マニュアル　日本文化科学社

Snyderman, M. & Rothman, S. (1988). *The IQ controversy, the media and public policy*. New Brunswick: Transaction Books.

上野一彦・松田 修・小林 玄・木下智子 (2015). 日本版 WISC-IV による発達障害のアセスメント　日本文化科学社

PART 4

Adolphs, R., Tranel, D., Damasio, H., & Damasio, A. (1994). Impaired recognition of emotion in facial expressions following bilateral damage to the human amygdala. *Nature, 372*(6507), 669–672.

Barsaglini, A., Sartori, G., Benetti, S., Pettersson-Yeo, W., & Mechelli, A. (2014). The effects of psychotherapy on brain function: a systematic and critical review. *Progress in Neurobiology, 114*, 1–14.

DeRubeis, R. J., Siegle, G. J., & Hollon, S. D. (2008). Cognitive therapy versus medication for depression: treatment outcomes and neural mechanisms. *Nature Reviews. Neuroscience, 9*(10), 788–796.

Disner, S. G., Beevers, C. G., Haigh, E. A. P., & Beck, A. T. (2011). Neural mechanisms of the cognitive model of depression. Nature Reviews. *Neuroscience, 12*(8), 467–477.

Drevets, W. C., Savitz, J., & Trimble, M. (2008). The subgenual anterior cingulate cortex in mood disorders. *CNS Spectrums, 13*(8), 663–681.

Kempton, M. J., Salvador, Z., Munafò, M. R., Geddes, J. R., Simmons, A., Frangou, S., & Williams, S. C. R. (2011). Structural neuroimaging studies in major depressive disorder. Meta-analysis and comparison with bipolar disorder. *Archives of General Psychiatry, 68*(7), 675–690.

Machino, A., Kunisato, Y., Matsumoto, T., Yoshimura, S., Ueda, K., Yamawaki, Y., Okada, G., Okamoto, Y., & Yamawaki, S. (2014). Possible involvement of rumination in gray matter abnormalities in persistent symptoms of major depression: an exploratory magnetic resonance imaging voxelbased morphometry study. *Journal of Affective Disorders, 168*, 229–235.

McCabe, C., Cowen, P. J., & Harmer, C. J. (2009). Neural representation of reward in recovered depressed patients. *Psychopharmacology, 205*(4), 667–677.

McGrath, C. L., Kelley, M. E., Holtzheimer, P. E., Dunlop, B. W., Craighead, W. E., Franco, A. R., Craddock, R. C., & Mayberg, H. S. (2013). Toward a neuroimaging treatment selection biomarker for major depressive disorder. *JAMA Psychiatry, 70*(8), 821–829.

Okumura, Y., & Higuchi, T. (2011). Cost of depression among adults in Japan. *The Primary Care Companion to CNS Disorders, 13*(3). https://doi.org/10.4088/PCC.10m01082

Osuch, E. A., Bluhm, R. L., Williamson, P. C., Théberge, J., Densmore, M., & Neufeld, R. W. J. (2009). Brain activation to favorite music in healthy controls and depressed patients. *Neuroreport, 20*(13), 1204–1208.

Pizzagalli, D. A., Holmes, A. J., Dillon, D. G., Goetz, E. L., Birk, J. L., Bogdan, R., Dougherty, D. D., Iosifescu, D. V., Rauch, S. L., & Fava, M. (2009). Reduced caudate and nucleus accumbens response to rewards in unmedicated individuals with major depressive disorder. *The American Journal of Psychiatry, 166*(6), 702–710.

Siegle, G. J., Steinhauer, S. R., Thase, M. E., Stenger, V. A., & Carter, C. S. (2002). Can't shake that feeling: event-related fMRI assessment of sustained amygdala activity in response to emotional information in depressed individuals. *Biological Psychiatry, 51*(9), 693–707.

Siegle, G. J., Carter, C. S., & Thase, M. E. (2006). Use of FMRI to predict recovery from unipolar depression with cognitive behavior therapy. *The American Journal of Psychiatry, 163*(4), 735–738.

Siegle, G. J., Thompson, W. K., Collier, A., Berman, S. R., Feldmiller, J., Thase, M. E., & Friedman, E. S. (2012). Toward clinically useful neuroimaging in depression treatment: prognostic utility of subgenual cingulate activity for determining depression outcome in cognitive therapy across studies, scanners, and patient characteristics. *Archives of General Psychiatry, 69*(9), 913–924.

Yoshimura, S., Okamoto, Y., Onoda, K., Matsunaga, M., Okada, G., Kunisato, Y., Yoshino, A., Ueda, K., Suzuki, S.-I., & Yamawaki, S. (2014). Cognitive behavioral therapy for depression changes medial prefrontal and ventral anterior cingulate cortex activity associated with self-referential processing. *Social Cognitive and Affective Neuroscience, 9*(4), 487–493.

索引

執筆者紹介

監 修

下山晴彦（しもやま・はるひこ）

跡見学園女子大学心理学部 教授　教育学博士
【主著】
臨床心理アセスメント入門　金剛出版　2008 年
臨床心理学をまなぶ 1　これからの臨床心理学　東京大学出版会　2012 年
臨床心理学をまなぶ 2　実践の基本　東京大学出版会　2014 年
誠信 心理学辞典 新版（編集代表）　誠信書房　2014 年
公認心理師必携　精神医療・臨床心理の知識と技術（編著）　医学書院　2016 年
臨床心理フロンティアシリーズ　認知行動療法入門（監修・著）　講談社　2017 年

編集［講義］

下山晴彦（しもやま・はるひこ）…PART 1

監修

宮川　純（みやがわ・じゅん）…PART 2，講義メモ・確認問題

河合塾 KALS 講師（心理系大学院受験対策講座担当）
【主著】
公認心理師・臨床心理士大学院対策 鉄則 10 & キーワード 100 心理学編　講談社　2014 年
公認心理師・臨床心理士大学院対策 鉄則 10 & キーワード 25 心理統計編　講談社　2015 年
受験カウンセリング：心理学が教えてくれる上手に学ぶ秘訣 40　東京図書　2015 年
臨床心理フロンティア　公認心理師のための「基礎科目」講義　北大路書房　2020 年
赤本 公認心理師国家試験対策 2022　講談社　2021 年

松田　修（まつだ・おさむ）…PART 3

上智大学総合人間科学部 教授　博士（保健学）
【主著】
日本版 WISC-Ⅳによる発達障害のアセスメント（共著）　日本文化科学社　2015 年
最新老年心理学（編著）　ワールドプランニング　2018 年
公認心理師のための基礎から学ぶ神経心理学（編著）　ミネルヴァ書房　2019 年
公認心理師技法ガイド（編著）　文光堂　2019 年

国里愛彦（くにさと・よしひこ）…PART 4

専修大学人間科学部 教授　博士（医学）
【主著】
計算論的精神医学：情報処理過程から読み解く精神障害（共著）　勁草書房　2019 年
公認心理師必携：精神医療・臨床心理の知識と技法　「脳画像検査」（pp.197-198）　下山晴彦・中嶋義文（編）　医学書院　2016 年
公認心理師養成のための保健・医療系実習ガイドブック　第 3 章 7 節「脳神経系の神経心理学的理解と認知機能の障害」（pp.79-86）　鈴木伸一・田中恒彦・小林清香（編）　北大路書房　2018 年
公認心理師技法ガイド：臨床の場で役立つ実践のすべて　第 3 章「レスポンデント学習の理論モデル」（pp.275-279），「レスポンデント学習の理論に基づくケースフォーミュレーション」（pp.280-284）　下山晴彦・伊藤絵美・黒田美保・鈴木伸一・松田修（編）　文光堂　2019 年

臨床心理フロンティア

公認心理師のための「心理査定」講義

2021年4月20日　初版第1刷発行
2022年5月20日　初版第2刷発行
定価はカバーに表示してあります。

監修者　下山晴彦
編著者　下山晴彦
宮川純
松田修
国里愛彦

発行所　(株)北大路書房
〒603-8303　京都市北区紫野十二坊町12-8
電話 (075) 431-0361 (代)
FAX (075) 431-9393
振替　01050-4-2083

編集・デザイン・装丁 上瀬奈緒子 (綴水社)　イラスト かわいしんすけ
印刷・製本 亜細亜印刷 (株)
©2021　ISBN978-4-7628-3155-3　Printed in Japan
検印省略　落丁・乱丁本はお取り替えいたします

監　修　下山晴彦　編集協力　宮川　純

講義動画と組み合わせて重要なテーマを学べるシリーズ

現代臨床心理学を牽引するエキスパートによる講義を実現。
講義で取り上げた用語やキーワードは「講義メモ」で丁寧に補足し、
内容理解が深まる「確認問題」と「付録」つき。

★シリーズ続刊予定　公認心理師のための「心理支援」講義（仮題）

公認心理師のための「基礎科目」講義

宮川　純・下山晴彦・原田隆之・金沢吉展　編著

B5判・224頁・本体3000円＋税
ISBN978-4-7628-3097-6　C3311

PART 1では心理学の学び方入門，PART 2では臨床心理学入門，PART 3ではエビデンスベイストプラクティスの基本，PART 4では心理職の職業倫理について学べる。

公認心理師のための「発達障害」講義

桑原　斉・田中康雄・稲田尚子・黒田美保　編著

B5判・224頁・本体3000円＋税
ISBN978-4-7628-3045-7　C3311

PART 1では障害分類とその診断の手続き，PART 2では心理職の役割について，PART 3では自閉スペクトラム症に焦点をあてたその理解（アセスメント）の方法，PART 4ではその支援について学べる。